U0611943

The Education Series
for a New Era

新时代教育书系

洪镇涛
和青年教师谈语感教学

洪镇涛 著

长江出版传媒 | 长江少年儿童出版社

图书在版编目（CIP）数据

洪镇涛和青年教师谈语感教学 / 洪镇涛著 . — 武汉：
长江少年儿童出版社 , 2020.5
ISBN 978-7-5721-0143-4

Ⅰ . ①洪…　Ⅱ . ①洪…　Ⅲ . ①语文教学－教学研究－
文集　Ⅳ . ① H19-53

中国版本图书馆 CIP 数据核字（2020）第 042129 号

出版发行　长江少年儿童出版社
地　　址　湖北省武汉市洪山区雄楚大街 268 号出版文化城
电子邮箱　cjcpg_cp@163.com
书　　号　ISBN 978-7-5721-0143-4
印　　刷　湖北恒泰印务有限公司
开　　本　720 毫米 ×1000 毫米　1/16
字　　数　390 千字
印　　张　19.5
版　　次　2020 年 5 月第 1 版　　2020 年 5 月第 1 次印刷

定　　价　39.00 元

序言

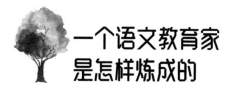

一个语文教育家
是怎样炼成的

　　洪镇涛先生是我的导师。值先生的著作《洪镇涛和青年教师谈语感教学》出版之际，作为一名执教 47 年的语文教育战线上的老兵，我觉得应该对广大语文教师同仁说点什么。当好一名语文教师，既需要理论上的学习研究，也需要实践上的艰苦探索，但要快速成长，还必须树立人生道路上一座高标。我就谈谈自己成长道路上的一座高标——著名语文教育家、语感教学流派创始人洪镇涛先生，从一名普通的语文教师成长为著名的语文教育家对我们有哪些启示吧。

一

　　我是一个"追星族"，不过追的是教坛之星、语文教改之星。1993 年，我被破格评为第四批湖北省特级教师。然而，作为一名年轻的语文特级教师，我却似乎仍然没有找到一条正确的语文教学之路。记得是 1996 年，我从一个偏远的山城——保康一中收到《中学语文》杂志社寄给我的邀请函，自费到武汉解放军通讯指挥学院观摩洪镇涛先生的《荷花淀》演示报告，我一下子就入了迷！洪先生的教学拨开了多年来一直萦绕在我心头的迷雾——语文课就得这么教！ 1997 年，我被调入武汉。1998 年，我就投到了洪镇涛先生语感教学研究与实验的旗帜下，参与编写北京开明版教材和教师指导用书，以及开辟实验基地并与全国广大的语感教学志愿者们一道开展语感教学研究与实验，一晃竟22个年头了！

22年来，我在与洪镇涛先生接触的耳濡目染中，在洪先生的耳提面命的教诲中，越来越觉得我当年的选择是正确的，找对了导师，走对了路！同时，我也越来越觉得洪镇涛先生是我国当代语文教育教学的一座丰富的宝库，一座高山。太史公曰："《诗》有之：'高山仰止，景行行止。'虽不能至，然心向往之。"作为语文人，我们有责任、有义务来传承洪先生丰赡而宝贵的语文教育思想，有责任、有义务来传承洪先生的语文教学理论、教学方法、教学艺术，让其发扬光大，变成更广泛的社会财富，从而惠及更多的语文教师和莘莘学子！

二

洪镇涛先生在20世纪70年代末，即1978年，在全国率先举起语文教改的大旗，开展语文教学改革。80年代初，洪镇涛先生被评为湖北省语文特级教师。与此同时，他提出了著名的"变讲堂为学堂"的教学主张，实施课堂教学结构的改革，解决了各学科的一个共性问题，即教与学的关系问题。他认为，教学过程的本质是教师指导下的学生自学。为此，他建立了以学生自学为主的五步课堂教学结构：提示设问—阅读思考—讨论切磋—归纳总结—练读练写。在课堂教学上，实行了"三变"：变"全盘授与"为"拈精摘要"，变"滔滔讲说"为"以讲导学"，变"默默聆受"为"研讨求索"。创立了八字教学法："拈""讲""点""拨""逗""引""合""读"。

洪镇涛先生的演示课和学术报告传遍大江南北。但是他从未满足，为探索真理，他敢冒风险。于是，1992年他又发表了振聋发聩的《是学习语言，还是研究语言——浅论语文教学中的一个误区》一文，提出了"变研究语言为学习语言"的主张，实施语文教学本体改革，解决了语文学科的个性和本质问题，即语文课教什么、怎么教，学什么、怎么学的问题。洪老师又一次站在了语文教改的前沿，让自己的事业掀起了又一个更高的浪峰。这在当今中国语文教育改革家中是绝无仅有的！

三

在长期的教育改革实践中，洪镇涛先生不仅积累了丰富的教育实践经验，而且探索出了自成体系的语文教育理论。毋庸置疑，今天，我们解读这些经验和理论，对于促进语文教育事业的发展，对于语文教师专业化提升，是十分必要也是十分有益的。洪镇涛先生由一名普通的语文教师，成长为一名享誉全国的著名语文教育家。人们不禁要问，洪老师是怎样在教育实践中，在教育理论与实践的求索中，成为一名语文教育家的呢？这名语文教育家是怎样炼成的呢？换言之，成为一名教育家，必须具有怎样的品格呢？

我以为，一名教育家，他首先应当是一名思想家。正如《内蒙古教育》主编孙志毅先生 2016 年 10 月在"著名教育家洪镇涛先生语文教育思想研讨会暨从教 60 周年纪念"活动上所说："任何一个学科，教育思想与教育方法相比，总是'道'与'术'的关系。'道'永远高于'术'，方向永远比方法重要；'教什么'永远高于'怎么教'；'为什么而教'，永远重于'怎样教'。这个观点同样适用于语文教育。因为思想之下可以有无数个方法，但在同一问题上往往正确的思想只有一个。方法是通向'罗马'的大道，但这个大道不会只有一条。为什么要去罗马呢？是因为有一个思想在指导着，影响着。我们一定要纠正教师中普遍存在着的一个误区：认为研究教育思想是专家学者的事，与一线教师无关；学名家，只学其技巧、方法，不学其思想精髓；一旦模仿没有效果，就认为'学名家也没用'。其实谁都知道，如果没有思想做支撑，哪来的精彩课例？哪来的名师？哪来的精美教材？其实谁都知道，我们之所以喜欢课例和名师，是因为他们把思想诠释了，他们把思想转化成了教学行为，成了我们看得见、摸得着的东西。如同一个活生生的人有血有肉会说会笑，而不是白骨一堆；一座大厦有精美的装饰华丽的外表，而不是钢筋骨架；一桌饭菜色香味俱全营养丰富，而不是白米生菜。"洪镇涛先生的语文教育思想是什么呢？一言以蔽之，就是"两变"，即"变讲堂为学堂，变研究语言为学习语言"，可简而化之为"在学堂，学语言"。

一名教育家，他同时应当是一名教育改革家。他绝不因循守旧，绝不盲从。永远一只眼看着当下，一只眼看着未来，既遥望星空，更脚踏实地。1978年，洪镇涛先生根据语文学科的特点，根据自己教育中的心得体会，写出了《关于中学语文课教学改革的建议》，并投寄给《湖北教育》，旗帜鲜明地亮出了自己的教改主张。与此同时，在执教的教学班实施改革，让每一个学生成为改革的参与者。1980年，武汉市召开"语文课堂教学研讨会"，由他执教鲁迅小说《药》。全新的教学理念，全新的教学结构，全新的教学方法，使听众眼睛为之一亮，全场为之轰动。从北京前来听课的专家，张志公、叶苍岑、张寿康、章熊等无不叫好。我国语文教学法创始人之一、70多岁的叶苍岑先生激动地站起来说："镇涛，你这课讲得好，不是一般的好，它代表了语文教改的方向。"洪镇涛是怎样教这堂课的呢？《药》花了三个课时，累计135分钟。135分钟内，老师作的提高性讲解2分钟，师生双方活动（回答、朗读、讨论、归纳等）共花88分钟。学生自学自写、讨论共花45分钟，千百年来老师讲、学生听的老模式被无情地否定了。洪老师将自己教法概括为"少讲精练，加强自学，多读多写，读写结合"。最后，他将自己的教改经验言简意赅地概括为"变讲堂为学堂"。在这一理念指导下，他相继推出了一系列"经典课堂"——《天上的街市》《最后的讲演》《荷花淀》《"友邦惊诧"论》《伶官传序》，等等。可以说，在全国语文教学改革的第一波大潮中，洪镇涛这艘"破冰船"正式起航了。

一个教育家，他还应当善于思索，善于发现，勇于追求，坚持真理。

20世纪80年代末的语文教改中，有的人主张加强思想教育，语文课改成了"政治"课；有的人主张语文课就是语文知识课，讲透语文知识就算完成了任务，因此在课堂上大讲字词句篇语修逻文；有的人主张语文课就是文学课，重在分析人物形象、写作特色。众说纷纭，不一而足。面对各种议论和主张，洪镇涛认为："语文教材的思想内涵极为丰富，语文教材可以相当全面地提高思想认识，非常有力地促进学生世界观的形成。又由于语文教材和语文教学的形象性、情感性很强，因此语文教学中的思想教育除了提高认识性的一面，还有培养情感的一面，这些情感是热爱祖国、热爱正义事业、同情善良的劳苦大众、喜爱美好事物。然而，这些认识与情感培养，不能如政治课一样做理论灌输，也不能是两张皮，它只能在语文训练中完成。"他还认为，语文口头为语，书面为文，学习语文的本意在于让学生学习语言。语文教学之所以"少""慢""差""费"，他直言：原因在于，多少年来语文教学走入了误区，即：都在指导学生研究语言，而不是组织与指导学生学习语言。他将自己的看法在《走出误区，变研究语言为学习语言》一文中做了深刻的阐述。20多年的教学实践表明，洪镇涛的观点和主张是多么地正确！

一名教育家，他还应当善于汲取、善于博采众长，从而创造出属于自己的领域。"语感"一词最早来自老一辈语文教育家叶圣陶先生，他说："至于语言文字的训练，最要紧的是训练语感。""多读作品，多训练语感，必将渐能驾驭文字。"至于如何训练语感，除了"多读作品"，则语焉不详。洪镇涛深受叶老的启发，根据自己的教学体会，身体力行，经过成年累月的辛苦耕耘，终于开花结果，于是就有了"语感教学"流派，有了语感教学的系统理论与实践，以及"语感培养""语感分析""语感实践""语言积累""品味语言"等语汇。20 多年来，语感教学在全国范围 23 个省市基地学校开展连续性实验，长盛不衰，成为我国语文教育的奇迹。

我国著名的语文教育家朱绍禹先生是这样评价洪老师的：他"或是在前人的基础上达到新的认识水平，或是独有创见，做到了在扩展深化中前进"，"他的学术主张从提出到形成乃至成熟，都有其针锋相对的特点。他从不掩盖问题，从不回避分歧，从不模棱两可，从不躲闪是非，而是以其学术良知，迎着难题和焦点，以挑战的姿态肯定其所立，否定其所破"，"洪镇涛先生同语文教育战线的其他一些精英，已被重彩载入当代语文教育史册中"。

2016 年 10 月，在武汉市教育学会举办的"著名教育家洪镇涛先生语文教育思想研讨会暨从教 60 周年纪念"活动结束时，洪镇涛先生在《答辞》中概括了自己从教 60 年的体会，他概括提炼为"坚持、探究、超越"三个关键词，我想在洪镇涛先生三个关键词的前面，加一个关键词，那就是"目标"或"方向"，组成我们人生成功的四个关键词：目标—坚持—探究—超越！愿我们广大语文人都像洪镇涛先生那样，一生只做一件事，一生做成一件事！

洪镇涛先生的著作《洪镇涛和青年教师谈语感教学》马上就要与广大教师见面了！从这本书中，相信大家会和我一样，在聆听洪镇涛先生谆谆教诲的同时，也会感受着先生特有的睿智与风采。

王先海，全国优秀教师，湖北省特级教师，武汉市十大名师，武汉市人民政府津贴专家，武汉市教育局王先海名师工作室导师暨硚口区王先海首席教师工作室导师，硚口区人民政府突出贡献专家。现任中国教育学会语感教学研究与实验专题组秘书长暨全国洪镇涛教育思想研学共同体理事长，武汉市教育学会会长暨《武汉教育学刊》主编。

目录

第一篇
洪镇涛和青年教师谈语感教学

　　我的语文教学思想可以概括为两个"变"，即变"讲堂"为"学堂"，变"研究语言"为"学习语言"。80年代初，我提出了变"讲堂"为"学堂"的主张，实行课堂教学结构改革，解决教与学的关系问题；90年代初，我又提出了变"研究语言"为"学习语言"，实行语文教学本体改革，解决语文课教（学）什么，怎么教（学）的问题。前者带有各学科的共性，后者体现本学科的个性，两者有机结合，是一个不可分割的整体。

——洪镇涛

凡事都要解决道、法、术三个层面的问题。「道」是事物的本原，元质；「法」是方法，途径；「术」是操作技术。道派生法，法派生术；术服从和服务于法，法服从和服务于道。

语文教育的"道、法、术"

　　凡事都要解决道、法、术三个层面的问题。"道"是事物的本原，元质；"法"是方法，途径；"术"是操作技术。道派生法，法派生术；术服从和服务于法，法服从和服务于道。道要明，法要当，术要精。只有道明，法当，术精，才能做好一件事。

　　我不是一个理论工作者，而是一名教了一辈子书的语文教师，而且是一名走了许多弯路、犯了许多错误的语文教师。如果说我还有什么语文教育观的话，那也只是在语文教育实践中不断纠正错误的过程中逐步形成的一些理念和经验。不过值得欣慰的是，这些理念和经验，竟然触及了语文教育的道、法、术三个层面的问题。下面就从道、法、术三个方面跟青年教师们谈谈语感教学。

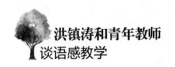

语文教育本体论——语文教育之道

一、语文教育本体论的基本理念

1. 语文教育要以语言为本体

凡事都有它的本体。音乐的本体是音符的组合，其核心是旋律（旋律是乐曲的基础，乐曲的思想、情感都是通过它表现出来的）。美术的本体是线条、形状和色彩的组合。体育的本体是肢体运动。如果脱离了本体或者本体不明，事物就会异化，就会走样。比如音乐课脱离了旋律训练，大讲乐曲的思想感情，大讲审美，只能是空泛不实的课。美术课脱离了线条、形状、色彩和谐组合的操作训练，一味搞美术欣赏，就无法完成美术教学任务。体育课脱离了肢体运动，大量灌输运动学知识，那显然是本末倒置的做法。

语文教育的本体是语言，语文课的目的就是教孩子们学语言（包括口头语言和书面语言，重点是书面语言）。2006年教师节，温家宝总理视察北京黄城根小学，听了一节语文课《奇怪的玻璃》，课堂上师生互动，说出了许多新型的"玻璃"材料。课后温总理说，语文课固然要向学生传授一些知识，但更主要的是教孩子们学习表达。说得真好！什么是表达？用语言文字来表情达意、叙事状物，就是表达。学习表达，就是学习课文作者如何运用语言文字来表情达意、叙事状物的，并通过训练，达到自己能准确而熟练地运用语言文字来表情达意、叙事状物。

有人会问：那语文课还要不要思想教育？还要不要思维训练？还要不要情感熏陶？还要不要知识传授？还要不要文化积淀？我们说，都要。语言是个载体，它承载着思想、情感、知识、文化，在学习语言的过程中，自然要接受相应的思想、情感、知识、文化。"学习语言"是语文课有别于其他课程的个性和本质特征。组织和指导学生学习语言（不是研究语言）

是语文教学的根本任务。至于思想教育、思维训练、审美陶冶、知识传授，等等，都是派生的任务，是在教学生学习语言的过程中体现出来的，是与"学习语言"自然地和谐地融为一体的。如果脱离语文教育的本体——语言，而去一味追求"人文"，那必然会导致语文课的异化。要分清根本任务和派生任务，明确二者的关系不是并列的姊妹关系而是包孕的母女关系。

2. 语文教学要着力培养语感

说到语感，一般人都觉得很玄，是一种看不见摸不着的东西。其实，语感并不神秘，它事实上存在于一切语言实践之中。通俗地说，语感就是对语言的敏锐感觉。这种感觉，凡是用语言的人都会有，大人有，小孩也有。

举个例子。我的外孙女 6 岁 (刚上小学) 的时候，有一天，她对我说："外公，我胆大！"我说："嗯，你胆大包天！"她迟疑了一下，马上噘起嘴巴说："不！我不胆大包天。"我又说："那你胆大心细。"她马上显出得意的神情，说："嗯，这还差不多。"一个六岁的孩子，并没有学过什么"褒义""贬义"，也没有学过上述两个词语的定义，她为什么拒绝"胆大包天"而接受"胆大心细"呢？这全凭她的语感。那么，她这种语感是从哪儿来的呢？是与生俱来的吗？不，是从语言实践中来的。可能的情况是：这之前她接触过（也许不只一次）"胆大包天"这个词语，并且从当时的语境中感觉到它是贬义的；这之前她接触过（也许不止一次）"胆大心细"这个词语，并且从当时的语境中感觉到它是褒义的，因此有了相关的语感。可见，语感不是从理性知识中得来的，而是从语言实践中得来的。

科学地说，语感是一种语言修养，是对一种话语系统的敏锐感觉。它是在长期规范语言的感受和运用中养成的一种带有浓厚经验色彩的比较直接迅速地感悟语言的能力。人们在长期语言实践和有意识的语言训练中，词语含义、语法规则、修辞手法、"文章图样"、文意、文情、文序、文境、文术等，往往以"格"的形式在头脑中固定下来。"格"（指正确的"格"）

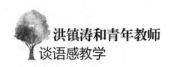

越多，越固定，语感力就越强。语感力强的人，看一篇文章，听一番谈话，不仅可以迅速领会其内容，还可以直觉地判断其正误、优劣。与"格"契合者为正，为优；与"格"悖谬者为误，为劣。同样，在运用语言时，可以不假思索地（指不用考虑词语含义、语法规则、修辞手法、语言结构等）借助于"格"自由地表情达意，写出"得体"的文章，说出"得体"的话。语感的表现形式是感性的、直觉的，它依靠直觉思维而不依赖分析思维；其实质是感性中蕴含着理性，直觉中积淀着思考。

语感可以划分为三大类别，即分寸感、和谐感、情味感。

所谓分寸感，指对语言合乎规范、合乎逻辑、合乎情境的感受能力。规范，包括语音的规范、词法的规范、语法的规范，等等。长期大量感受、领悟、积累、运用规范的语言，就会养成对语言是否合乎规范的敏锐感觉。逻辑，就是事理。合乎逻辑，指的是概念、判断、推理合乎事理。长期大量感受、领悟、积累、运用合乎逻辑的语言，就会养成对语言是否合乎逻辑的敏锐感觉。情境，即语境，就是言语环境，具体地说，就是谁在何时何地对谁说什么话。长期大量感受、领悟、积累、运用表现不同情境的语言，就会养成对语言是否合乎情境的敏锐感觉。

形式美的最高原则是和谐。和谐感指对书面语言材料（文章）整体上的多样统一、组合上的搭配相宜和表达上的生动流畅的感受能力。一篇文章的和谐，首先表现在总体上必须符合多样统一的要求。所谓"多样"，就是要尽可能地富于变化，如语音的抑扬顿挫、句式的变化、结构的参差、情节的波澜，等等。如果没有变化，就显得板滞，缺乏活力。所谓统一，就是要服从总体组合关系的统一要求，如首尾的照应、布局的和谐、事件发展的一气贯通等。文章的和谐还表现在"搭配"上面，如词语的搭配、材料的搭配、技法的搭配（综合运用）等。文章的和谐还表现在"表达"上面，如连贯流畅、生动形象等。长期感受、领悟、积累、运用和谐的成篇章的语言（文章），就会在头脑里形成一些"文章图样"（言语式样），就会产生对文章是否合乎和谐要求的敏锐感觉。

情味感，指对文情、文质、文势、语味的感受能力。文情，指文章中流露的情感、情绪，如有的热情奔放，有的抑郁忧思，有的昂扬激越，有的静穆闲适。文质，指文章的质地，如有的自然质朴，有的华丽典雅，有的清新优美，有的凝重深沉，有的柔婉细腻，有的泼辣犀利。文势，指文章的气势，如有的粗犷豪放，有的洒脱飘逸，有的舒缓从容，有的起伏跌宕。语味，指语言的韵味，如有的亲切动人，有的幽默诙谐，有的弦外有音，有的褒贬抑扬。长期感受、领悟、积累、运用富于情味的语言，就会具有对语言情味的敏锐感觉。

语感是在语言实践中形成的，是语言能力的核心。有人会反对说，语文能力的核心应该是思维呀！不错，思维是语言的内核，语文能力怎么可能脱离思维呢？但思维是管总的，它是人类一切创造性活动的能力核心。把思维说成是语文能力的核心当然没有错，但过于泛化，缺乏个性，不大能解决问题，也就没有价值了。作为一种特殊创造性活动的能力核心，应该有其独特的个性。比如音乐，也是离不开思维的，但音乐能力的核心应该是"乐感"。无论是对音乐作品的解读，还是音乐作品的创作，都离不开"乐感"。如果把音乐能力的核心说成是思维，那有什么意义呢？

我国古代文人和教育家都很重视语感。如王安石的"春风又绿江南岸"诗句中，对"绿"字的选用（备选字还有到、过、入、满，等等）就是凭着对语言的直接感觉。朱熹强调读书有"三到"（心到、眼到、口到），为什么要求"口到"呢？就是要通过出声诵读，形成牢固的语感。但可惜，古代文人对语感的认识，始终停留在经验形态而没有上升到理论形态，甚至没能出现"语感"二字。到了近代才出现了语感之说，一些语文教育大师，明确指出语感培养的重要性。如叶圣陶先生说过："至于文字语言的训练，

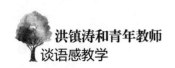
我以为最要紧的是训练语感。"吕叔湘先生也说过:"语文教学的首要任务,就是培养学生各方面的语感能力。"

在作为"官方文件"的语文教学大纲中,直到 2001 年公布的《九年义务教育语文课程标准(实验稿)》才第一次提出并强调语感培养,确立了语感培养在语文教学中的重要地位。这对我们于 20 世纪 90 年代初倡导并逐步发展起来的语感教学实验,提供了有力的支持。为此,我感到欣慰。

3. 学习语言要遵循的途径:感受—领悟—积累—运用

语文姓"语"。口头为语,书面为文,"语文"就是指口头语言和书面语言。这里所说的"语言",不是理论意义上的语言学,而是实践意义上的语言运用。语文教学就是语言运用的教学。从本质来看,语文教学不是一种知识体系,而是一种能力建构。学生语文能力(听说读写能力)的形成,主要靠语言实践,在听说读写实践中,感受语言,触发语感—领悟语言,生成语感—积累语言,积淀语感—运用语言,形成语感。我们认为"感受—领悟—积累—运用"是学习语言、培养语文能力的唯一的正确途径。

"感受—领悟—积累—运用"的提法,同过去的语文教学大纲提出的"感知,理解,运用"有着根本性的区别。"感知,理解,运用"是从认识论的角度提出来的,认为语文学习是一种认知活动,是一种获取知识的过程。感知知识,理解知识,运用知识,反复进行,就可以获得知识。"感受—领悟—积累—运用"的提法,出于对语文学习的一种全新的理解,认为学习语言不是一种纯客观的认识过程,而是一种带有浓厚主观色彩的感性与理性统一的感悟过程。这种感悟,不是纯知识性的感知,它包括对文字符号、文字符号所负载的思想内容、文字符号组合的方式方法等的总体的综合性的感知和领悟。语言是思维和信息的载体,又是交际和交流思想的工具。语言具有整体性和综合性,一篇文章,一个语段,甚至一句话,都是一个完整的综合体。它既包含思想内容,又包含情感情绪,还包括语言组合规则和语言运用方法，等等。学习语文，主要不在于获取知识，而在于吸收、积累语言和习得、积淀语感，从而形成理解和运用语言文字的能力。感受，指对语言材料（包括内容和形式、思想和感情）的整体感受，这就不只是认知意义上的，还有情感上的。感受，不同于感知。感受，感同身受，物我一体；感知，认识事物，物我对立。领悟，主要指对语言运用之妙的领悟，而不是指对思想内容和写作形式的透彻理解。积累，不能理解为单纯的孤立的词语积累，而是文道统一的、内容和形式一体的成块语言的积累。成块语言的积累，不仅积累了语境中的动态的词语，同时积累了言语范式，积累了知识和文化，而且从语言运用的分寸感、和谐感、情味感方面综合受益，有利于提高语感能力。运用，指运用语言表情达意、叙事状物，而不是指孤立的语言知识的应用。"感知，理解，运用"符合学习知识的规律，而"感受—领悟—积累—运用"反映了学习语言的规律。感受，是学习语言的前提；领悟，是学习语言的关键；积累，是学习语言的基础；运用，是学习语言的目的。从感受到运用的过程，是学生在教师指导下，以感性习得为主的过程，是学生借助于语言知识切身感悟言语意蕴和语言规律的过程。

学龄前儿童学习口头语言，遵循的就是这样一条途径：感受（听取）语言—领悟语言（生成语感）—积累（记住）语言—运用（说）语言。

例如：湖北大学有一对青年教师，他们有个四岁的孩子。一天天气很冷，先生下班回来了，女士上前迎接，握住先生的手说："今天真冷，看把你的手冻得冰凉。"这一幕被他们的孩子看到了，孩子说："你们两个手拉手，卿卿我我，干什么呀？"——一个四岁的孩子怎么会用"卿卿我我"这个词语呢？肯定不是大人教给他的，而是自己学到的。可能是从电视里看到男女亲热的画面，同时听到"卿卿我我"这个词语，这是他在"感受"。接着自己"领悟"：男女之间有亲热的动作就是"卿卿我我"。于是自己"积

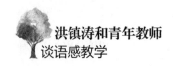

累"，他记住了。现在出现了类似的语境，于是他调动起头脑中的积累，把"卿卿我我"运用上了。

可见，儿童语言能力的提高靠的是反复的语言实践而不是理性的语言知识的指导。给词语下定义、背定义、考定义的做法，是与学习语言的规律背道而驰的，是有害无益的。

我国百年前的传统语文教学采取的也是这条"感受—领悟—积累—运用"的途径。传统语文教学非常重视学生对经典语言材料的积累。一般用三年左右的时间，让学生背熟《三字经》《千家诗》《幼学琼林》《四书》《诗经》等。在大量积累的基础上，老师才"开讲"。所谓开讲，就是对文本做些点评，点评哪个字妙，哪句话好，哪段文字精彩，都属于"语言表达"的范围，一般不讲语言知识，也不深究文本中所反映出来的道理。传统语文教学非常重视学生的自悟，自己吟咏，自己体会，逐步生成语感。传统语文教学还重视语言的运用。欧阳修说："无它术，惟勤读书而多为之，自工。世人患作文字少，又懒读书，每一篇出，即求过人，如此少有至者。疵病不必待人指摘，多作自能见之。"

4. 语文教学要以学生为主体

20 世纪 60 年代以来，特别是改革开放以来，人们比较关注语文教学中的主体问题，从启发式的倡导到突显学生主体地位的教学模式的创建，取得了很大成绩。如钱梦龙的"三主"（以学生为主体，以教师为主导，以训练为主线）明确提出了"以学生为主体"。魏书生的"民主、科学"和六步（定向，自学，讨论，答疑，自测，自结）教学，突显的也是以学生为主体。我的"变讲堂为学堂"（"变全盘授与为拈精摘要""变滔滔讲说为以讲导学""变默默聆受为研讨求索"等"三变"）其实质也是以学生为主体。但这些主张都只是从教育的角度，从各学科共性的角度，从解决教与学的关系的角度提出来的。

语文教育本体论认定，学生在教学中的主体地位，更多的是从语文教学的个性，从语文教学的本质出发的。如前所述，语文教育的本体是语言，语言学习的途径是"感受—领悟—积累—运用"，这就必然要求语文教学要以学生为主体，让学生去感受语言，领悟语言，积累语言，运用语言，从而培养学生的语感，提高理解和运用民族语言的能力。决不能以教师的感悟代替学生的感悟，不能以教师的"讲授"为主要方式。德国语言学家洪堡特说："没有人能真正传授一种语言，只能提供条件让语言在学习者的头脑中自然地发展起来。"语文教育的本体，决定了语文教学的主体。这是语文教学本体论的"以学生为主体"与一般的倡导自学，以及新课标的"自主，合作，探究"等主张的区别所在。如果不首先解决本体问题，只关注主体问题，照样不能解决语文教学的本质问题，照样不能解决语文教学的异化问题，照样不能解决语文教学的效率问题。

让我们在语文教学本体论的观照下，"变讲堂为学堂"吧！

二、语文教育本体论提出的背景和意义

1. 语文教育本体论是针对现代语文教育百年来本体不明的历史状况提出来的

语文教育的本体是什么？两千多年的传统语文教育和百年来的现代语文教育，都没有明确回答这个问题，甚至连这样的追问也是罕见的。

封建时代的私塾，没有明确的课程设置，所学的几乎没有理工方面的东西，只涉及文史哲方面的内容。而文史哲又不细分，而是包含在一些经典和诗文之中，因此，不可能明确语文教育的本体。

百年前建立了现代教育体制，语文独立设科，这本来是个划时代的进步，但遗憾的是，一百多年来，语文教育本体问题却仍然没有解决。

2. 语文教育本体论是针对语文课严重异化的现实状况提出来的

长期以来，语文教学领域里存在着一个奇怪的现象，语文老师(包括我)

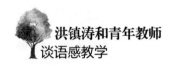

教的语文课，大多数算不上真正的语文课。有时教成政治课，有时教成文学课，有时教成科普课。语文老师往往不自觉热心去种别人的田，就是荒了自己的地。之所以出现这种课程性质异化的状况，是因为教学理念出了偏差，是在语文教学的本体层面上出了偏差。

偏差之一，知识本位教学观。这种教学观，认为语文课同数学、物理、化学、历史、地理等课程一样，是一门知识课、一门认知性的课程。学语文，主要是学语文知识，掌握了系统的语文知识，自然就有了语文能力。在知识为本位的教学理念的指导下，注重知识的传授，在知识的严密性和系统性上下功夫。教给学生的知识是：语音知识、词法知识、语法知识、修辞知识、逻辑知识、文章学知识、文学知识，等等。面对一篇篇课文，把它作为知识的"例证"，从中拎出相关的可以印证知识的例子或抽取某些知识。如：这个词语的本义是什么，有哪些兼义；这个句子是什么句式，这个复句是什么类型的，有几层意思；这里用了什么修辞格；这篇文章用了什么叙事方法、论证方法或说明方法；这篇文章分几段，段落大意是什么，全文的中心思想是什么，写作上有哪些特点，等等。

长期以来，有一种误解，以为学生掌握了语法知识，他们就会发表符合语法规范的书面和口头语言；让学生了解文章的各种文体和文章的各种结构，他们就会写出多种文体和多种结构的文章；让学生了解了各种表达方式，他们就会熟练地运用各种表达方式；让学生了解了各种修辞手法，他们就会灵活地运用各种修辞手法。还有，以为学生能够识别论点、论据和论证方法，就表明他们有了议论文的阅读能力；学生能够识别记叙文的六要素，就表明他们有了记叙文的阅读能力；学生能够识别说明的种类、顺序和方法，就表明他们有了说明文的阅读能力；其实，大谬不然！一个教练员决不会认为运动员的运动水平主要靠掌握系统的运动学知识来提高，而是认为靠运动实践，即操作—领悟（包括必要的点拨）—积累（经验、熟练技巧）—操作，循环往复，逐步提高。同样，学生听、说、读、写能力的形成，主要不是靠系统的语言知识，而是靠语言实践。在听、说、读、写的实践中，感受语言，领悟语言（生成语感），积累语言，运用语言。语言知识不是完全没有作用，学一点可以辅助语言能力的提高，如同一个运动员懂得一点运动学知识，对提高其运动水平是有益的一样。

偏差之二，义理本位教学观。这种教学观，认为语文课同数学、物理、化学、历史、地理等课程一样，是传授义理的。学语文，主要是学课文中的义理。古代语文教育，主要是传授儒家经典，让学生接受孔孟之道；现代语文教育的目的，主要是传授教材中涉及的自然、社会、人生的义理。学得了丰富的义理，学生既受到教育，又自然有了语文能力，在义理为本位的教学观念的指导下，特别注重义理的灌输，一方面着力挖掘课文中的义理，一方面尽量补充相关材料，丰富课文中的义理。为了让学生对课文中的义理领会得透彻，还常常联系社会实际和学生的思想实际。

遇上阐述哲学观点的文章，以义理为本，自然就教成了哲学课（如《人的正确思想是从哪里来的？》，向学生诠释实践论观点）；遇上描述历史事件的文章，以义理为本，自然就上成了历史课（如《赤壁之战》，大讲赤壁之战的史实）；遇上文学作品，以义理为本，自然就教成了故事课或文艺评论课（如《狂人日记》，大讲作品的时代背景、人物形象，作品的典型手法，作品的思想意义和艺术价值）；遇上科技作品，以义理为本，自然就教成了科普课（如《食物从何处来》，讲自养、异养；《看云识天气》，讲云彩的变化预示着天气的变化；《死海不死》，解释人掉进死海死不了的原因；《景泰蓝的制作》，介绍景泰蓝的制作过程）。总之，义理为本的语文教学着力于对课文内容的诠释，给学生脑子里装进了各方面的义理。学生头脑里丰富了各方面的义理，对于提高语文能力有一定的作用，但对提高语文能力则没有直接的帮助。偏离了本体的语文教学，不可能切实地

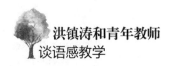

培养学生的语感，提高学生的语文能力。

偏差之三，人文本位教学观。新课改以来，由于强调人文性，提倡综合性，鼓励语文课程与其他课程沟通，于是在语文教学中又出现了人文为本的教学观。这种教学观，认为语文教育的核心是人文教育，语文教学不能局限于文本义理的阐释，语文教学的人文内涵越丰富就越有价值。在这种教学观的指导下，语文课的异化现象更为严重。

例 1　北京的一位著名的小学特级教师，在河北霸州讲学时，教《锡林郭勒草原》：①同学们，你们喜不喜欢草原哪？（喜欢！）你们去过草原吗？（大多数：没去过。个别：去过。）你们想赞美草原吗？（想！）好，让我们一起来歌唱草原吧！（于是课堂上歌声嘹亮，从德德玛唱到腾格尔）②我们歌唱了草原，是不是没有层次啊？（是的。）那怎么办呢？（画出来！）好，现在各人拿出纸和笔，把你们心中美丽的草原画出来！（于是，课堂上鸦雀无声，孩子们都精心作画）③我们把心中美丽的草原画出来了，我们尽兴了吗？（没有。）那怎么办？（跳舞！）好，让我们用舞蹈的形式来表达我们对草原的热爱！（于是,课堂上学生都退到幕后去准备去了,课堂上空空如也。几分钟后，表演开始，独舞，齐舞，孩子跳得很欢）④我们再来看看，课文的作者是如何描述草原的？（终于翻开了课本，齐读一遍，下课）

例 2　一位高中语文老师执教《米洛斯的维纳斯》：①利用多媒体投影，在屏幕上介绍作者，介绍维纳斯，介绍卢浮宫。②让学生观察屏幕上维纳斯的形象，各人谈感觉（学生谈不出什么感觉，老师硬"启发"还是不行，最后老师说出维纳斯与中国古代仕女图的飘逸不同，显得壮硕）。③学生齐读课文中的一句话和印发的补充材料（评价维纳斯的）。④在屏幕上出示问题、提问：A. 作者是如何看待维纳斯失去双臂的？ B. 作者是如何阐释他的观点的？（答前，让学生朗读 1—3 段；学生作答，模棱两可）教师出示 6 个句子，又出示"虚实相生法"字样，和《画鉴析览》中的一段文字。

质和任务决定的。中小学生的课堂阅读，它不同于成人的阅读。成人的阅读，或为了搜集处理信息，或为了研究问题，或为了消遣，或为了学习，并没有严格的规定和要求。中小学生的课堂阅读则不然，它是一种范文阅读，是在教师指导下进行的，是有严格的规定和要求的。它基本上属于学习性的阅读，接受性的阅读。基于语文课程所负担的独特任务，中小学生的课堂阅读，应该是中小学生吸纳语词、语料，积累言语范式，形成良好语感从而提高理解和运用民族语言的能力的重要途径。语文课本（文本）是学生学习语言的范例，阅读教学理所当然应该立足文本，深入文本；不能对文本浅尝辄止，更不能把文本抛在一边。但文本包含内容和形式，涉及思想、情感、知识、语言等方面，不能眉毛胡子一把抓，应该狠抓本体，直面语言。

一般来说，课文教学有三个层次。第一个层次，让学生了解文本中写了些什么内容及文章的主旨；第二个层次，让学生了解作者是怎样组织这些内容的（即文章的构建）；第三个层次，品味作者是用怎样的语言来表达这些内容的，为什么这样表达。第一个层次是必要的步骤，但并非教学目的。在这个层次上尽量作简洁处理，不要把太多的时间花在对内容的理解上。理解上的某些障碍，老师可以直接帮助学生解决，用不着都让学生思考、讨论，非得从学生口里问出来不可。第二、三两个层次特别是第三个层次，是学习表达的，是教学的重点。

阅读教学，还可以简化为抓两件事。第一件，引导学生从宏观上、整体上了解内容，领会主旨，了解布局，把握思想。第二件，指导学生深入到语言里头去，品味范文语言运用之妙，培养学生对语言的分寸感、和谐感、情味感。

要做到立足文本，直面课堂，必须处理好以下几个问题：

1. 关于相关材料的引进

一篇课文，相关的材料很多。如时代背景、作者经历、文章的社会影响、相关评论，等等，要不要引进呢？我认为，凡是对学习课文语言没有直接影响的，一律不引进；确实对学习课文语言有直接影响的，也要慎重引进，点到为止，不可贪多，要坚决杜绝大量引进相关材料的做法。

2. 关于教学手段的运用

教学中适当地、恰当地运用一定的教学手段，特别是先进的科技手段，是无可厚非的。但要明确，先进的科技手段，如多媒体，在教学中也只能起辅助作用，而且弄得不好，还起负作用。

运用多媒体要防止两种偏向：一是把思维的结果凝固化。比如说，对文章的结构、人物的评价、主旨的归纳等事先做好结论，人为的评价储存于课件之中，到时候，按钮一按，展示给学生，强迫学生接受。此前学生思考、讨论的意见，都不算数。这不仅没有起到辅助作用，相反成了捆绑师生思维的绳索。第二种偏向是，用视听形象代替语言形象，以对视听形象的感受，代替对语言形象的感受。如有人教《林黛玉进贾府》，放映电影《红楼梦》中的相关片段，教《林教头风雪山神庙》，放映电视剧《水浒传》中的相关片段。这种做法，表面上增强了直观性、趣味性，有助于语文教学；实际上，它是有害于语文教学的。因为它脱离了文本，抛弃了语言形象，剥夺了学生对语言的感受和领悟，钝化了学生对语言的感觉。

视听形象是不能代替语言形象的。比如，《水浒传》中的《鲁提辖拳打镇关西》，其中对鲁提辖打镇关西三拳的描写非常精彩。把第一拳打下的结果比作"似开了个油酱铺"，是从嗅觉角度写的；把第二拳打下的结果比作"似开了个彩帛铺"，是从视觉角度写的；把第三拳打下去的结果比作"似做了个全堂水陆的道场"，是从听觉角度写的，写得痛快淋漓。像这样惩治恶人，非常解恨。如果以视听形象来代替，放录像，只看见鲁提辖打了三拳，打得狠，打得过瘾，怎么也品味不到文本中对三拳描写的那种语言，它代替不了对文本语言的感受。再比如，《林教头风雪山神庙》

中有一句"那雪正下得紧"，历来评论家都认为这个"紧"字用得好。如果以视觉形象来代替，那么屏幕上就是在下大雪，有什么"紧"不"紧"的。还有更为重要的是，语言为读者提供了广阔的想象空间和作品再创作的空间。一旦用视觉指实了，反而索然无味。人们读了《红楼梦》，心里都有了林黛玉的形象，都很美好，这就是语言的魅力。换成看电影或电视剧，原来林黛玉就是陈晓旭那么个模样，一米六左右高，下巴有点尖，眼睛有点吊，脸色有点儿苍白，你会感到很失望的。

3. 关于文本内容的直观演示

在阅读教学中，运用一点表演朗读是可以的，也是有益的。特别是在小学，有点直观演示，有助于提高学生的学习兴趣；在中学，也可以利用课外活动，表演课本剧。但直观演示不宜在课堂上滥用。

例如，有一年，全国省级城市语文教学大奖赛在武汉举办，有位老师教《装在套子里的人》：上课，起立，坐下，突然从教室门口走进来一个人。那是五月份，这人竟然穿了一件长棉袍，戴了一个能捂住耳朵的大棉帽，还戴了个大口罩和一副墨镜。教室里的人都吃了一惊。老师问："你从哪里来？"来人答："我从俄罗斯来。"老师又问："你叫什么名字？"来人又答："我叫别里科夫。"大家都看着他们两个人对话。对了两分钟的话，才让那人脱掉衣服帽子，摘下口罩和墨镜，原来是一名学生装扮的课本中的人物。这简直是一场闹剧。

再如，在同一次教学大奖赛上，有位老师教《林教头风雪山神庙》：让两位学生上台一个扮演林冲，一个扮演陆虞候，表演什么呢？表演林冲杀死陆虞候的情景。老师把事先准备好的木棍交给"林冲"，要他去刺杀"陆虞候"。作为评委的我捏了一把汗，我想这糟了，如果表演到位了，"林冲"一棍刺去，不就把"陆虞候"刺伤了吗？幸好老师没能把"林冲"的仇恨调动起来，"林冲"嬉皮笑脸地把棍子晃动了一下，"陆虞候"就倒下去了。

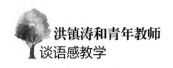

表演得很轻松，并无危险。这同样是一场闹剧，与学习语言毫不相干。

4. 关于课的导入

"导入"的观念，来自凯洛夫教育学的五环节课堂教学结构（①组织教学；②复习旧课，导入新课；③讲授新课；④巩固新课；⑤布置作业）。这种教学结构，比较适用于那些知识性、认知性的课程，那些课程是由比较严密的知识体系组成的。学习新知识之前复习一下学过的知识，从新旧知识的联系上过渡到新知识的学习，很有好处。但是，对于从本质上来讲不是一种知识体系而是一种能力建构的语文教学来说，"导入"并非必要的环节。语文课本上的每篇文章，都是一个独立的封闭系统，与前后课文并无必然的逻辑联系。如果说，为了创造一定的良好的教学氛围，偶尔来一点课引子，原也无可厚非。如果不问教学内容，千篇一律地规定必须有"导入"的环节，那就不妥当了。至于有人在"导入"上大做文章，花去大量时间，严重干扰对文本的学习，那是绝对不可取的。

例如，有人教《我的小桃树》：从研究"桃树是先开花还是先长叶"开始，到研究作者（贾平凹）名字的读音和含义，再到研读三首有关桃花的唐诗，由此"导入"课文。有位小学老师教《猫》，"导入"花了五分钟："同学们你们见过猫没有？""你们家里养猫没有？""是黑猫、黄猫还是花猫？""你是喜欢老猫还是小猫？为什么？""猫有什么作用？""猫的性格有什么特点？"，等等，不一而足。

5. 关于读写结合

读写结合的理念本来是不错的。读是吸收，写是输出，读写结合，理所当然。但这是从宏观上、总体上说的，不能作形而上学的理解，不能作急功近利的处理。

学生学习的语言有三个层次：一是精粹语言（内涵着传统文化精髓的古汉语精品语言），是奠定功底的，是长远见效的，不可能立竿见影地同写结合起来；二是目标语言（用现代汉语表达或翻译的高于学习者语言发展水平、是学习者一定时期的攀登目标的有丰富文化内涵的精品语言），也不可能立马与写结合起来；三是伙伴语言（相当或略高于学习者语言发展水平、已经或可能在伙伴交际时使用的语言，包括语言成品），这倒是学了就可以用的。在说写训练时，选一点伙伴语言即例文例话，供学生借鉴是很好的。但阅读课本，很少有伙伴语言，大都是精粹语言和目标语言，不宜于立竿见影式的读写结合（如学了《在烈日和暴雨下》，立马让学生写一写武汉的炎热等）。阅读教学应集中精力搞好文本的阅读。

三、语感实践和语感分析并重

语感教学的主要手段是实施语感训练。语感训练包括两个方面：一是语感实践，一是语感分析。语感实践，就是指导学生感受语言材料和运用语言，也就是说，让学生多读、多听、多背、多写成套的语言，这是语感形成的基础。但仅有语感实践是不够的，为了使学生对语言的感觉从无意识的自发状态提高到有意识的自觉状态，还要有语感分析。

语感分析，就是分析语言的运用。它不同于通常说的语文分析课。其区别主要有以下几点：

1. 目的要求不同。"分析课"分析的目的在于使学生理解课文的思想内容和表现形式；语感分析的目的在于提高学生对语言运用的分寸感、和谐感、情味感的感受能力。

2. 角度重点不同。"分析课"着力于语言材料（文章）的表面特征，从课文的思想内容到表现形式作全面细致的分析；语感分析则是从语言运用的角度，深入到语言内部，捡出某些语感因素强的地方，做语言例析。

3. 方式方法不同。"分析课"的分析，属于知识传授性质，最便捷的方式是老师讲学生听；语感分析，属于语言感悟性质，其方式只能是学生在老师的指导下，对语言进行比较、推敲、品味，而这些又是同语感实践

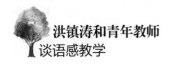

紧密结合的。

4. 作用效果不同。"分析课"大都采用一种静态的架空的分析,对提高学生的语文能力作用不大,何况大都不让学生参与分析,只让学生被动接受,效果就更不好了。语感分析是一种紧扣语境的动态的例析,内容比较具体实在,思考性、趣味性都比较强,学生又是参与分析的主体,一般积极性较高,因此对提高学生的语文能力作用较大,效果较好。

语感实践和语感分析是语感训练的两手,这两手都要硬。在语感实践和语感分析的交叉作用下,让学生把一些感性的东西上升到理性。感性—理性—感性,螺旋式上升,语感能力也随之不断提高。需要特别指出的是,语感训练不但不排斥"分析",而且确定的是要采用分析的方法;不但不排斥语言知识,而且确定的是需要某些语言知识的介入(但不要求也不需要语言知识的系统性),语言知识可给语感分析以理性观照。

四、把握四个"结合"

1. 语感训练与思想教育结合

语文教学的根本任务是组织和指导学生学习语言,而语言是思想的结晶。作为学习语言的范本的语文教材,大都是思想性很强的典范作品。对学生进行思想教育,是语文教学义不容辞的责任。由于语文教材的思想感情内涵极为丰富,语文教学可以相当全面地提高学生的思想认识,非常有力地促进学生正确世界观的形成,极为深入地培养学生高尚的道德情操。但是语文教学中的思想教育,不同于政治课的系统的理论灌输,它是与语言训练密切结合、同步进行的。要在语感训练中,引导学生感受语言描绘的形象,体味语言传递的情感,理解语言表述的道理,从而接受教材中固有的思想教育内容,受到潜移默化的熏陶感染。

2. 语感训练与思维训练结合

语言是思维的外壳,语言离不开思维。语文学科是一门思辨性很强的学科。对学生进行思维训练，也是语文教学义不容辞的责任。但是语文教学中的思维训练，有别于其他学科（如数学）的思维训练，它是与语言训练密切结合、同步进行的。我们在进行语感分析，让学生辨析遣词造句、布局谋篇等语言运用的妙处时，应加大思维的力度，培养学生思维的敏捷性和灵活性，发展学生的创造性思维。

3. 语感训练与审美陶冶结合

一套语文教材，在学生面前展示了一个璀璨夺目的美的世界。对学生进行审美陶冶，也是语文教学义不容辞的责任。但是语文教学中的审美陶冶，有别于其他学科(如音乐、美术)的审美陶冶，它是与语言训练密切结合、同步进行的。我们在进行语感训练时，要对学生加强形象感染和情感熏陶，让学生眼中有形，心中有情，在感受形象和激发情感的基础上，逐渐形成正确的审美观。

4. 语感训练与语文知识传授结合

语文知识（包括语音知识、文字知识、语法知识、修辞知识、文学知识等）虽然不是构建语文能力的主要基础，但它是构建语文能力的必要的辅助手段。掌握一定的语文知识，可以赋予语文能力更多的理性观照。进行语文知识的教学，是语文教学的重要内容之一。语文知识教学要遵从"精要、好懂、管用"的原则，除直接传授必要的概念之外，更为重要的是，要与语感分析结合起来。要使学生不仅能辨认这里用了什么句式，这里用了什么修辞格，这里用了什么论证方法，等等；还能在具体语境中，领悟这里运用这种句式、这种修辞格、这种论证方法的妙处。这就把静态的语文知识学活了，也真正发挥了语文知识对语文能力培养的作用。

五、加强与生活的密切联系

语言是反映生活的，又是为生活服务的，语言与生活密不可分。学龄前儿童学口语的成功经验之一，就是在生活实践中学习语言，学以致用，学用结合。而传统语文教学失败的教训之一，就是严重脱离生活，学不管用，学用脱节。我们在学校里教语文课，在课堂上教学生学习语言，难免有脱离生活的弊端。当然，学习书面语言，不同于学习口头语言，不可能完全从生活中学习。但我们要重视语文教学与生活的密切联系，要树立大语文教育观。具体做法有二：其一，在课堂教学生学语言，要尽量利用学生的生活体验。在阅读教学中，对文本语言的深层含意、特殊情感，要引导学生结合生活体验去揣摩，去体味。在写作教学中，要指导学生写他们熟悉的生活。其二，把课堂延伸到课外，组织和指导学生接触生活（主要是社会生活），体验生活，在实际生活中学习人民群众生动活泼的语言并运用语言服务于丰富多彩的生活。

六、建立一套常模

以"学习语言"为核心的语感教学，应该有一套体现自身特点的常规课堂教学结构。通过实践探索，我们认定其结构是："感受语言，触发语感—品味语言，生成语感—实践语言，习得语感—积累语言，积淀语感"。常模之外，可以有变模。

第一步，让学生通过听(听老师或录音范读)、看(默读)、读(出声读)、说(复述)等途径，从整体上感受语言材料(文本)。在熟悉内容、把握思路、了解主旨的同时，触发语感，即触发对文章的体裁、文章的内容、文章的情感、文章的质地、文章的气势、文章的表达等方面的整体笼统的感受。

第二步，指导学生从语言运用的角度，扣住某些语感因素很强的地方，借助于语言知识，联系生活体验，深入品味语言，使学生生成语感。如从语音文字方面、遣词造句方面、标点格式方面，让学生对语言进行比较、推敲、品味，以生成语言运用的规范确当感；从概念方面、判断方面、推理方面，让学生对语言进行比较、推敲、品味，以生成语言的逻辑严密感；从适应语境方面、语体要求方面，让学生对语言进行比较、推敲、品味，以生成语言的适境得体感；从文章整体组合方面、材料搭配方面、语言表达方面，让学生对语言进行比较、推敲、品味，以生成语言运用的和谐感；从文章的情感方面、质地方面、气势方面、韵味方面，让学生对语言进行比较、推敲、品味，以生成语言运用的情味感。

第三步，指导学生开展朗读重点段落、交流感悟心得、撰写语感随笔、完成课后有关揣摩语言的练习等活动，让他们进一步感悟语言之神妙，洞察语言之精髓，把握语言之理趣，从语言实践中习得语感。

第四步，要求学生在熟读的基础上背诵课文（全篇或重要语段），抄写精彩语句，有意识、有计划地积累语言，积淀语感。

七、设置七种课型

以"学习语言"为核心的语感教学，可设置以下七种课型：

1. 语言教读品味课。选择语言典范、语感因素强的重点篇章，指导学生品读、体味。这种课型，虽然也是以学生自读活动为主。但它有"教读"性质，也就是说要更多更好地发挥教师的主导作用。教师除了精心设计教学过程，还要作示范性的语感分析，还要向学生传授品味语言的方法，等等。

2. 语言自读涵泳课。选择语言比较典范而难度不大的篇章，组织学生独立阅读。让学生凭借"教读"所得，讨论问题，品味语言。

3. 语言鉴赏陶冶课。选择语言典范的文艺作品，包括诗歌、小说（微型小说、中长篇节录）、散文、剧本，采取多种形式（听录音、看录像、分角色朗读、分角色表演、组织评论发言等），让学生鉴赏语言，陶冶情感。

4. 书面语言实践课。除了课本所列作文训练，还可与课外活动结合，另行设计适应社会需要的书面语言应用训练。

5. 口头语言实践课。除了课本所列的听说训练，还可以与"活动课"结合，另行设计创设情境的口语交际训练。

6. 语言基础训练课。包括课本所列的语言基础知识的学习及相关的技

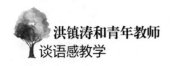

能训练。

7. 语文能力测评课。包括平时的单项测评和阶段综合测评，测评偏重于语言能力的考查。

八、采用教师指导下的学生主动、合作、探究学习方式

语感是一种个人体验，是在语言实践中形成的。离开了个体的语言实践，离开了个体的主动深入的感悟，是无法形成语感的。教师的指导和点拨是必要的，但教师的讲解代替不了学生的感悟。因此，语感教学必须用教师指导下的学生主动、合作、探究的学习方式。在我们的常规课堂教学结构中，就体现了这种学习方式。感受语言，触发语感——让学生感受语言，触发学生对文本的语感；品味语言，生成语感——指导学生品味语言，让学生生成语感；实践语言，习得语感——组织学生实践语言，让学生习得语感；积累语言，积淀语感——让学生积累语言，让学生积淀语感。

诵读和品读——语文教育之术

语感教学可采用多种方法，其中，"读"是第一教学法。可以说，抓住了语言，就抓住了语文教学的根本；抓住了"读"，就抓住了语文教学的要领。

我国自古以来，把学生进学校学习称之为"读书"，可见对"读"的重视。在古代的私塾教育中，确实是以"读"为主的，校园里书声琅琅。大教育家朱熹强调："（读书）须是将本文熟读，字字咀嚼教有味。"叶圣陶先生回忆说："我小时候读私塾，先读《三字经》《千字文》，然后是《四书》《诗经》《易经》。都要熟读，都要在老师跟前背诵，背得出了，老师才教下去。每天还理书，就是把先前背熟了的书轮替温理一遍，背给老师听。"

自 1903 年语文独立设科以来，在科学主义思潮的影响下，语文教学从以"读"为主逐渐变为以"讲"为主了。应该承认，以"讲"为主也是针对私塾那种过于强调学生的自我感悟，过于忽视理性指导，使得学生难免陷入知其然不知其所以然的混沌朦胧状态的弊端而来的，是对私塾教育以"读"为主的反动，在某种意义上，也可以说是一种进步。但以"讲"为主，完全违背了学习语言的规律。学生语言能力的形成，主要靠语言实践，而不是靠"听讲"。正如叶圣陶先生所说，"认为一讲一听之后事情就完成了，像交付一件东西那么便当，我给你了，你收到了，东西就在你手里了"，这实在是个大大的误解。

20世纪50年代初，"红领巾"教学法问世之后，它所倡导的"谈话法"盛行起来，语文教学又从以"讲"为主变为以"问"为主了。所谓"谈话法"，就是把教师要讲的内容，通过师生谈话（即问答）的方式端出来。以"问"为主的谈话法，也是针对以"讲"为主的弊端而来的，是对以"讲"为主的反动，在某种意义上也可以说是一种进步，因为学生从只有听老师讲的份儿变成有回答问题甚至提问的权利，学生从绝对的被动变成相对有一点主动性、积极性了。课堂语言传递方式由单向传递变为双向交流了，课堂气氛也显得活跃了。于是人们产生一种误解，以为只要是"问"，就是"启发"，就是好方法，于是发展到一切皆问，满堂问的境况。新时期以来，强调学生的主体地位，"谈话法"又被当作发挥学生主体性的重要方法。但是，以"问"为主，同样违背了学习语言的规律。忽视和削弱了"读"，学生对语言材料（文本）没有充分的感受、领悟和积累，主要精力用于答问，语感就得不到培养，语文能力就难以形成了。

我们今天提倡以"读"为主，是对以"讲"为主和以"问"为主的否定，也是对以"读"为主的历史回归。但这并非一种简单的回归，而是在继承历史传统的基础上，克服原有的弊端，把以"读"为主提升到更为科学的高度。

读，包括默读和朗读，各有长短，可兼而用之。运用得好，可以相辅相成，

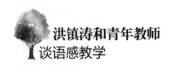

相得益彰。清代学者唐彪说："读而不看，不能默坐沉思，以求其精深，岂能得文中巧妙乎？看而不读，文不能熟，其弊又与读而不看者等也。"从提取信息、把握文本意义的角度来看，默读的效率高于朗读；从吸收语言、生成语感的角度来看，朗读的效果优于默读。把握思路，可以默读为主；品味语言，应以朗读为主。我们更为强调的是在默读和朗读基础上的诵读和品读。

一、诵读法

诵读，就是不仅要清晰响亮地把文章念出来，把诉诸视觉的静止的文字符号还原为诉诸听觉的动态的有声语言，而且要美读、情读，读出文章中固有的语气和语调，再现固有的形象，表达固有的思想感情，"激昂处还它个激昂，委婉处还它个委婉"（叶圣陶语）。这就要求师生入情入境，进入角色。正如清代学者刘大櫆所说，"……读古人文字时，便设以此身代古人说话，一吞一吐，皆由彼而不由我。烂熟后，我之神气即古人之神气"。也就是说，诵读《最后一次讲演》，我就是闻一多；诵读《"友邦惊诧"论》，我就是鲁迅。要让学生在诵读中生成语感。

具体做法：

1. 指导学生在诵读中感悟思想（读出思想）

例1　毛泽东《沁园春·长沙》：

（独立寒秋）怅寥廓，问苍茫大地，谁主沉浮？

［感悟毛泽东同志对祖国命运的关切和对革命前途的思虑。读时，要用雄浑的语调，稍慢的语速，在"苍茫大地"和"谁"字上用重音。］

例2　鲁迅《"友邦惊诧"论》：

可是友邦人士一惊诧，我们的国府就怕了，"长此以往，国将不国"了。

［"惊诧"和"怕"字重读，突出对比"一惊诧""就怕了"，揭示友邦与国府的主奴关系。］

2. 指导学生在诵读中体验情感（读出情感）

例1　鲁迅《记念刘和珍君》：

惨象，已使我目不忍视了；流言，尤使我耳不忍闻。我还有什么话可说呢？我懂得衰亡民族之所以默无声息的缘由了。沉默呵，沉默呵！不在沉默中爆发，就在沉默中灭亡。

[用稍慢的语速，用深沉的语调读出深沉的悲愤。两个"沉默呵"，要读出区别。前一个读得低沉而厚重，表达对沉默现实的不满和无奈；后一个读出呐喊的语气，表达对沉默现实的愤慨。"爆发"要高声重读，表达打破沉默奋起反抗的决心。"灭亡"要低声重读，以示警告。]

例2　鲁迅《"友邦惊诧"论》：

好个"友邦人士"！日本帝国主义的兵队强占了辽吉，炮轰机关，他们不惊诧；阻断铁路，追炸客车，捕禁官吏，枪毙人民，他们不惊诧。中国国民党治下的连年内战，空前水灾，卖儿救穷，砍头示众，秘密杀戮，电刑逼供，他们也不惊诧。在学生的请愿中有一点纷扰，他们就惊诧了！

好个国民党政府的"友邦人士"，是些什么东西！

[用激愤痛斥的语气来读。三个"不惊诧"，一个"惊诧了"要读出鲜明的对比。"友邦人士"读出讽刺的语气，"什么东西"读出鄙视的语气。]

3. 指导学生在诵读中把握形象（读出形象）

例　闻一多《最后一次讲演》：

今天，这里有没有特务？你站出来！是好汉的站出来！你出来讲！凭什么要杀死李先生？（厉声，热烈的鼓掌）杀了人，又不敢承认，还要诬蔑人，说什么"桃色事件"，说什么共产党杀共产党，无耻啊！无耻啊！（热烈的鼓掌）这是某集团的无耻，恰是李先生的光荣！李先生在昆明被暗杀，是李先生留给昆明的光荣！也是昆明人的光荣！（鼓掌）

[这段话是同敌人面对面的斗争。头几句质问的话，要用"厉声"；"桃

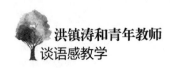

色事件""共产党杀共产党"要用讽刺的语调。两个"无耻啊"要读出区别。头一个咬牙切齿,后一个愤怒控诉。三个"光荣"要用高昂的声调和赞颂的语气。通过诵读,呈现出闻一多大义凛然、视死如归的英雄形象。]

4. 指导学生在诵读中感受语言的韵味(读出韵味)

例　王勃《滕王阁序》:

渔舟唱晚,响穷彭蠡之滨;雁阵惊寒,声断衡阳之浦。

平平仄仄,仄平平仄平平;仄仄平平,平仄平平平仄。

[读出抑扬顿挫,感受语言的音韵美。]

二、品读法

品读,就是把读书和品味语言结合起来,把语感实践与语感分析结合起来的一种读法。一般的做法是边读边品,边品边读,在读中品,在品中读,融为一体。

在品读时,常常采用的是比较揣摩法。所谓比较揣摩法,就是针对文本中的语言品味点,把它作一点变动,作为参照物与原文比较,通过读和品,揣摩语言运用的妙处,感悟语言的魅力。

具体做法:

1. 加一加

就是在原文上增加标点、字词或段落,拿来与原文比较,通过语感分析并结合诵读,体会语言运用的妙处。

例1　朱自清《背影》:

……这时我看见他的背影,我的泪很快地流下来了。我赶紧拭干了泪。

——如果在"我赶紧拭干了泪"前面加一句"因为怕父亲看见我在流泪而引起伤心",好吗?为什么?

[原文已包含了"因为怕父亲看见我流泪而引起伤心"的意思,不加这一句,语言还简洁些,加进去,反而显得啰唆了。]

例 2　鲁迅《论雷峰塔的倒掉》：

作者在叙述了法海逃在蟹壳里避祸，终于成为"蟹和尚"的故事之后，另起一行，写了"活该"二字。

——如果在"活该"前加上一句话，即"法海落到这样的下场，他是自作自受，活该"，好吗？为什么？

["活该"二字，集中表达了人民对胜利的欢呼，对卫道者可耻下场的嘲讽。作者把它独立成段，给人以嬉笑怒骂、痛快淋漓之感。加进一些解释性的话语，反而削弱了表现力，影响了原有的情味。]

2. 减一减

就是在原文上删减标点、字词、句子或语段，拿来与原文比较，通过语感分析并结合诵读，体会语言运用的妙处。

例 1　鲁迅《从百草园到三味书屋》：

其中似乎确凿只有一些野草；但那时却是我的乐园。

——删去"似乎"和"那时"，意思没有变，文字还简洁些。可以删去吗？

[不能删去。"似乎"表明时间久远，记忆有些模糊；"那时"指作者的儿童时代。删去它们，意思就表达得不清楚了。]

例 2　陆定一《老山界》：

这是一家瑶民，住着母女二人；男人大概是因为听到过队伍，照着习惯，到什么地方去躲起来了。

——删去"照着习惯"，表达效果一样吗？

["照着习惯"，一来说明瑶民长期受反动军阀压迫，见兵就逃，已成"习惯"；二来说明，那男人并不了解红军是什么队伍，他是照着"习惯"躲起来的。不能删去。]

3. 换一换

就是在原文上置换标点、字词、句子及段落，拿来与原文比较，通过

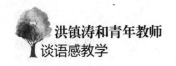
语感分析并结合诵读，体会语言运用的妙处。

例1　朱自清《背影》：

唉，我现在想想，那时真是太聪明了！

——此处"聪明"实际上是"糊涂"的意思，用"糊涂"不是更好吗？

[用"糊涂"意思过于直露，用"聪明"是反语，自嘲、自责、自悔的意思更浓。]

例2　朱自清《春》：

桃树、杏树、梨树，你不让我，我不让你，都开满了花赶趟儿。

——把"你不让我，我不让你"换成"互不相让"不是更为简洁吗？

["你不让我，我不让你"把"争"字具体化了、形象化了，表现出竞争的神态，十分传神。而"互不相让"只能表达"争"的含义，虽然简洁了，但却不如原句的表达效果好。]

例3　鲁迅《论雷峰塔的倒掉》：

活该。

——把句号换成叹号不是更好吗？

[用叹号，诅咒的语气，表达的是痛恨的感情；用句号，嘲笑的语气，表达的是幸灾乐祸、轻蔑的感情。有时冷嘲比热骂更有力。]

例4　柳宗元《捕蛇者说》：

有蒋氏者，专其利三世矣。

——把"专其利"换成"受其害"或"专其事"，不是更为确切吗？

["专其利"是比较交租税者而言的，揭示了"苛税毒于蛇"的主题。]

4. 调一调

就是在原文上调整词序、句序、段序，拿来与原文比较，通过语感分析并结合诵读，体会语言运用的妙处。

例1　毛泽东《改造我们的学习》：

如果我们回想一下，我党在幼年时期，我们对于马克思列宁主义的认识和对于中国革命的认识是何等肤浅，何等贫乏，则现在我们对于这些认识是深刻得多，丰富得多了。

——把"深刻得多"和"丰富得多"两个词语互换位置可以吗？

[不可以。因为"深刻"与上文"肤浅"相对应，是从程度上说的；"丰富"与上文"贫乏"相对应，是从范围上说的。词序变了就不对应了，不协调了。]

例2　臧克家《有的人——纪念鲁迅有感》：

有的人活着，他已经死了；

有的人死了，他还活着。

——把前后两句调换次序可以吗？

[这首诗是歌颂和悼念鲁迅的。诗人采用对比手法，拿在人民头上作威作福的人的表现、心理和对人民的态度以及他们的下场作反衬，表现鲁迅的伟大。因此，把语意落在"有的人死了，他还活着"上面，对比着的这两句话，放在前面的是陪句，放在后面的是主句。调换次序后，语意就落在"有的人活着，他已经死了"上面，就不符合这首诗的主旨了。再说，全诗都是先说反面的，后说正面的；如果开头调换了句序，全诗就不对应，不统一了。]

例3　朱自清《春》：

春天像刚落地的娃娃，从头到脚都是新的，他生长着。

春天像小姑娘，花枝招展的，笑着，走着。

春天像健壮的青年，有铁一般的胳膊和腰脚，他领着我们上前去。

——以上三段，可以调整次序吗？

[这三句，用了三个比喻，从"娃娃"到"小姑娘"到"健壮的青年"，形象地表现了春天的发展过程。次序不能调整。]

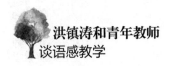

5. 联一联

就是在原文上，把相关的词语、句子或段落联系起来，通过语感分析并结合诵读，体会语言运用的妙处。

例1　朱自清《春》：

春天像健壮的青年，有铁一般的胳膊和腰脚，他领着我们上前去。

——末尾的"去"字与文章前面哪个字相呼应？起什么作用？

[与原文开头的"东风来了"中的"来"字相呼应。开头是春天在盼望中到来，末尾是进入春天的行列上前去。一来一去，一呼一应，形成一个完美的整体。]

例2　老舍《济南的冬天》：

山坡上卧着些小村庄，小村庄的房顶上卧着点儿雪。

——这里用了两个"卧"字，和文章什么地方相呼应？用得好不好？

[前面有"最妙的是下点儿小雪呀。……山坡上有的地方雪厚点儿，有的地方草色还露着"，说明雪没有全覆盖，所以才觉得像人一样"卧"着。两个"卧"字，表现了济南的冬天悠闲自在的情态。]

例3　孙犁《荷花淀》：

女人的手指震动了一下，想是叫苇眉子划破了手。她把一个手指放在嘴里吮了一下。

——联系前面水生嫂与水生那段对话，说说这个细节描写的妙处。

[这个细节描写，生动细腻地刻画出水生嫂当时内心的震动并企图以动作加以掩饰的复杂心情。]

例4　魏巍《谁是最可爱的人》：

我问他："你不觉得苦吗？"他把正送往嘴里的一勺雪收回来，笑了笑，说："怎么能不觉得？我们革命军队又不是个怪物。不过我们的光荣也就在这里。"我接着问："你们经历了这么多危险，吃了这么多苦，你们对祖国对朝鲜有什么要求吗？"他想了一下，才回答我："我们什么也不要。可是说心里话，——我这话可不一定恰当啊，我们是想要这么大的一个东西……"他笑着，用手指比个铜子儿大小，怕我不明白，"一块朝鲜解放纪念章，我们愿意戴在胸脯上，回到咱们的祖国去。"

——把这段话中"笑了笑""想了一下"联系起来品味：为什么这位战士回答第一问（苦不苦）只是"笑了笑"，而回答后一问（有什么要求），却"想了一下"呢？

["笑了笑"，表明他对这个问题，即觉不觉得苦的问题，早已深思熟虑，那就是为祖国人民的幸福，甘愿吃苦，甘愿牺牲，所以是轻松地"笑了笑"；"想了一下"，说明他对祖国对朝鲜有什么要求这个问题，从来都没有考虑过，所以需要想一下。"笑了笑""想了一下"多么平常的词语，却反映了志愿军战士"他们的心胸是那样的美丽和宽广"。品味这两个词语，品出了志愿军的伟大形象，比空洞的称赞，不知要高明多少倍。]

6. 改一改

就是采用比"换一换"动作更大的对原文语言做改动的办法，拿来与原文作比较，通过语感分析并结合诵读，体会语言运用的妙处。

例 1 叶圣陶《苏州园林》：

他们讲究亭台轩榭的布局，讲究假山池沼的配合，讲究花草树木的映衬，讲究近景远景的层次。

——把这段话改为"他们讲究亭台轩榭的布局、假山池沼的配合、花草树木的映衬、近景远景的层次"，不是更为简洁吗？

[原文有意用一组排比的动宾短语，重复"讲究"这个词，强调苏州园林的设计，确实有很多"讲究"。排比句读起来很流畅，很有气势，给人的印象深。改为单句，文字是简洁了，但表达效果不如原文好。]

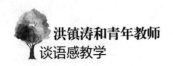
例2 曹禺《雷雨》：

周朴园 ……梅家的一个年轻小姐，很贤惠，也很规矩。有一天夜里，
忽然地投水死了。后来，后来，——你知道么？
……

鲁侍萍 可是她不是小姐，她也不贤惠，并且听说是不大规矩的。
……

鲁侍萍 她是个下等人，不很守本分的。听说她跟那时周公馆的少爷
有点不清白，生了两个儿子。……

——侍萍反复说"不规矩""不清白"，是为了揭露事实，戳穿周朴
园为美化自己而美化侍萍的谎言。既然如此，把侍萍的这段话改为"她不
是小姐，是个作风败坏的丫头。她跟周家少爷鬼混，不明不白地生了两个
儿子"不是更有力量吗？

[侍萍没有必要把自己骂一顿，这样说也无益于揭露周朴园的罪行；
这段话主观色彩太浓，不像是在谈与己无关的闲事儿，会引起周朴园的怀
疑，会暴露自己的身份，谈话也难以继续下去。]

——"不太规矩"是从侍萍的角度说的，其实罪责在周朴园身上。为
什么不采用更为有力的揭露周朴园的话呢？比如，可以改为："她不是什么
小姐，而是一个单纯善良的丫头。她太年轻、太幼稚了，不知道周家少爷
是个狼心狗肺的东西。她让周家少爷给骗了，给他生了两个儿子后被他抛
弃了。"好吗？

[不好，理由同上。]

例3 孙犁《荷花淀》：

把水生和水生嫂的对话，作两种改写，再与原文比较，准确把握水生
嫂的性格。

改一：

女人没有说话。过了一会，她才说："你走，我不拦你。小华，你带去；爹，你也带上！"

水生说："那咋成啊！"

水生嫂说："咋不成？"

水生说："我又不是去走亲戚，是去打鬼子，打仗！"

水生嫂说："哦，那么说，我是去走亲戚啦？我还要干活呢！"

水生恳求说："千斤的担子你先担吧。打走了鬼子，我回来谢你。"

水生嫂说："哼，说得轻巧。你不替我想想，也该替老人孩子想想。上有老，下有小，你现在甩手就跑，都丢给我，我的命好苦哇！"

改二：

女人没有说话。过了一会，她才说："你走，我不拦你。咱们一块走。"

水生说："我们是去打鬼子，你个娘儿们跟去干什么？"

水生嫂说："烧饭，洗衣服呀。你们的人就不吃饭换衣服啦？"

水生说："那咋成啊，打仗还带个娘儿们！"

水生嫂说："咋不成？古代还有个花木兰替父从军呢！"

水生说："别横扯，说真个儿的，千斤的担子你先担吧。打走了鬼子，我回来谢你。"

水生嫂娇滴滴地说："嗯，不嘛！"

[不好。失去了原文语气含蓄蕴藉的韵味，也不符合原文中水生嫂的形象。]

综上所述，我的语文教育观，就是语文教育本体论及其衍生出来的语感教学法。它们构成了语文本体教学（亦称语感教学）体系。语文本体教学（语感教学）体系可以定义为：以语言为本体，以学生为主体，以语感训练为主要教学手段，以培养语感从而提高理解和运用民族语言的能力为主要目的的语文教学体系。

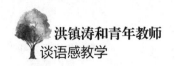

附：

是学习语言，还是研究语言
——浅论语文教学中的一个误区

改革开放以来，随着社会的发展，适应时代的要求，在中学语文教学领域，掀起了一股巨大的改革浪潮。这次改革，不仅在气势上是空前的，而且无论在广度和深度上，都是历史上任何一次语文教改所不能比拟的，取得的成绩也是显著的。特别是更新了教学观念，出现了以下八个方面的转化：①从为考试而教，向为国家培养建设人才的观念转化；②从以传授知识为主，向传授知识、培养能力、开发智力、提高思想相统一的观念转化；③从单纯的认识论，向知、情、意、行论转化，树立认知、情感、意志、行为内在统一的教学观念；④从教学的一般化，向具体化转化，使群体教学与个别教学相结合，实行因材施教；⑤从课堂以教师为主、以讲解为主，向以教师为主导、学生为主体的观念转化，建立老师指导下的学生自学为主的课堂教学结构；⑥从只重读写，向听说读写并重转化；⑦从只重教法、忽视学法，向教法与学法同步发展转化；⑧从单一的课堂教学，向大语文教育的观念转化，实行必修课与选修课的有机结合，课内与课外语文教育的有机结合。

这些都是应该充分肯定的。但是，摆在我们面前的严酷现实是，语文教学效率仍然普遍不高，语文教学质量仍然普遍不好。其原因当然是多方面的，包括上述教学观念尚未被广大教师普遍接受，教改实验尚未普遍推广，等等。但其中一个重要原因，就是语文教学中还存在着一个长期性全局性的失误，可以说，我们还陷在这个误区中没有跳出来。这误区，简言之，就是以指导学生研究语言取代组织学生学习语言，以对语言材料（包括内容和形式）的详尽分析取代学生对语言材料的感受和积累。

我国传统语文教学重感知，重积累，不重分析。戊戌变法前后，我国接受西方文化的影响，逐步建立起各种自然学科，其教学都是以分析为主的。在语文学科中，除了教学内容有所变化外，基本保留传统的教学模式，但开始注意运用分析了。新中国成立后，引进苏联的凯洛夫教育学，语文教学就以分析教材为主了。从时代背景、段落大意、中心思想到写作特点，条分缕析。那时，是以教师的讲解为主，也就是以教师分析给学生听为主。新时期以来，在这个问题上的唯一变化是，从老师分析给学生听，逐步变为指导学生自己去分析。这个变化应该是巨大的、了不起的，但它仍然没有摆脱以分析教材为主的框架，没有从误区中走出来。

这种以对教材的分析为主的做法，实质上是以指导学生研究语言取代组织学生学习语言。而我们语文教学的任务应该是组织学生学习语言，而不应该是让学生研究语言。

所谓学习语言，主要是指通过感受来积累语言材料（即吸收，其途径是听、读）和运用语言（即表达，其途径是说、写）来提高语文能力。所谓"研究"语言，则是针对语言材料或者现象，从不同方面、不同角度揭示其规律。

学习语言和"研究"语言，在目的、途径方法等方面都有根本性的区别。学习语言的目的是提高吸收和运用语言的能力，"研究"语言的目的是寻找语言规律。学习语言要求大量接触语言材料并化为己有，"研究"语言只要求从语言材料中抽取系统的语言知识。学习语言，重感受、领悟和积累；"研究"语言，重在分析和归纳；学习语言，主要方法是语感培养、直觉思维；"研究"语言，主要方法是理性分析，强调分析思维。

历来都以字、词、句、篇、语、修、逻、文来概括语文教学内容。这里且不说这种概括是否恰当，只想就这八个字，说说学习语言和"研究"语言的区别。

字，从学习语言的角度要求，应大量认字，记住字形、字音、字义；从"研究"

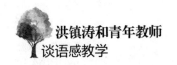

语言的角度要求，则让学生了解文字的形成、文字的分类、汉字的造字法、汉字的形体结构，等等。

词，从学习语言的角度要求，应大量接触、感受、领悟、积累词语；从"研究"语言的角度要求，则让学生了解词的构成、词的类别、词的造句功能，等等。

句，从学习语言的角度要求，应大量接触、领悟、积累各种语句；从"研究"语言的角度要求，则让学生分析句子结构，了解句子种类，分析复句类型及其内部关系，等等。

篇，从学习语言的角度要求，主要是感受、领悟和积累一些成套的语言材料（包括文段和文章）；从"研究"语言的角度要求，则让学生了解文章的体式、文章的章法、文章的表达方式，等等。

至于语（语法）、修（修辞）、逻（逻辑）、文（文章），从学习语言的角度要求，只需要了解一点常识即可；从"研究"语言的角度要求，则让学生了解语、修、逻、文的系统知识。

长期以来，有一种误解，以为让学生掌握了语法知识，他们就会发表符合语法规范的书面和口头语言；让学生了解了文章的各种文体和文章的各种结构，他们就会写出各种文体和各种结构的文章；让学生了解了各种表达方式，他们就会熟练地运用各种表达方式；让学生了解了各种修辞手法，他们就会灵活地运用各种修辞手法。还有，以为学生能够识别论点、论据和论证方法，就表明他们有了议论文的阅读能力；学生能够识别记叙的三要素，就表明他们有了记叙文的阅读能力；学生能够识别说明的种类、顺序和方法，就表明他们有了说明文的阅读能力。于是，我们用大量的时间去分析语言材料中的相关的语言知识，对每篇课文进行全面的语言形式和思想内容剖析，以为这是提高学生语言能力的正确途径。

其实，大谬不然。

　　一个教练员决不会认为运动员的运动水平主要靠掌握系统的运动学知识来提高，而是认为靠运动实践，即操作—领悟（包括必要的点拨）—积累（经验、熟巧）—操作，循环往复，逐步提高。同样，学生听、读、说、写能力的形成，主要不是靠掌握系统的语言知识，而是靠语言实践，在听、读、说、写的实践中，感受—领悟（形成语言）—积累（语言材料）—运用。语言知识不是完全没有作用，学一点可以辅助语言能力的提高，如同一个运动员懂得一点运动学知识，对提高其运动水平是有益的一样。

　　我们还可以从儿童学习语言的情况得到启发。学龄前儿童学习口头语言的经验是很成功的。其学习过程是：感受（听取）语言—领悟语言（形成语感）—积累（记住）语言—运用（说）语言。儿童语言能力的提高靠的是反复的语言实践而不是理性的语言知识的指导。刚刚学会说话的儿童（三岁左右），大都可以说出符合语法规则的通顺的句子。"我要吃苹果"，不会说成"苹果要吃我"；有的还可以说出符合逻辑的、运用了某些修辞手法的一连串的话。三岁以上的孩子，就可以掌握简单的记叙、说明、议论、抒情等表达方式。比如："我吃了一个苹果。"（记叙）"这是个大苹果。"（说明）"苹果比梨子好吃，苹果比梨子甜。"（抒情）可见，儿童学习语言走的是一条多快好省的捷径。试问，如果让儿童走"分析—理解—运用"的途径，学习和运用词汇，必须了解词的构成、词的本义、比喻义、引申义；学习和运用句子，必须了解句子的结构、句子的类型；学习和运用成套语言，必须了解句群的结构、表达的方式、修辞的方法等，那么，儿童是绝对学不好语言的。

　　也许有人会说，儿童学习的是口语，属于一种低层次的学习，不足为训。那好，我们再来看看传统语文教学，那是学习书面语言的，算是高层次的了。传统语文教学采取的正是这条"感受—领悟—积累—运用"的途径，只不过还不够自觉、不很完善罢了。

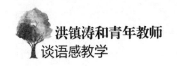

传统语文教学非常重视学生对经典语言材料的积累。一般用三年左右的时间，让学生背熟《三字经》《千家诗》《幼学琼林》《四书》《诗经》等。在大量积累的基础上，老师才"开讲"。所谓开讲，就是对语言材料做些点评，点评哪个字妙，哪句话好，哪段文字精彩，都属于"语言的使用"范围，一般不讲语言知识，也不深究语言材料中所反映出来的道理。传统语文教学非常重视学生对语言材料的自悟。刘国正先生有一段回忆他的语文老师的话，值得玩味："他的教学方法很有意思。……除了解答学生提出的疑难处之外，他很少讲。……讲，话也不在多。只是说，这句妙啊！妙在这个字。这篇，妙啊！妙在这一笔，掀起绝大波澜。说'妙啊'的时候，眉飞色舞，好像许多所以妙的道理尽在不言中了。但，他喜欢吟咏，吟到得意处，音节铿锵，声震屋瓦。我也跟着吟咏，跟着铿锵，许多诗篇的妙，是在跟着吟咏中体会到的。"可以看出，刘国正先生的这位老师善于感染学生，把学生引导到文章（诗篇）中去，自己吟咏，自己体味，逐步形成语感，学生的能力也就提高了。传统语文教学还特别重视读写结合，重视语言的运用。欧阳修说："无它术，惟勤读书而多为之，自工。世人患作文字少，又懒读书，每一篇出，即求过人，如此少有至者。疵病不必待人指摘，多作自能见之。"

当然，传统语文教学无论在教学目的、教学内容和教学方法方面，糟粕甚多，就是那些精华，也大都停留在自发形态和经验形态，并未形成鲜明的理论形态。但是，过去我们对传统语文教学否定得过多，肯定得太少。许多语文教育工作者把目光投向西方，引进国外的新鲜理论，如系统论、信息论、控制论等，这是必要的、有益的，但是不能忽略汉语文教学的特点而生搬硬套。当前，某些"科学化"的做法（如标准化、量控化）不仅没有改变语文教学以分析教材为主的弊病，而且还使这种毛病更为沉重起来。因此，在借鉴国外的理论和经验的同时，还应该把目光转向有数千年实践经验的传统的语文教学,从中挖出精华,从当今的实际出发,中外结合,构建一个民族的科学的中国语文教学新体系。

要建立新体系,必须重视语感教学。叶圣陶先生说,"至于文字语言的训练,最紧要的是训练语感","多读作品,多训练语感,必将渐能驾驭文字"。

什么是语感呢?众说纷纭,但大体一致。我同意这样一种说法:"语感是一种语言修养,是长期的规范的语言感受和语言运用中养成的一种带有浓厚经验色彩的比较直接迅速地感悟领会语言文字的能力。"人们在长期语言实践和有意识的语言训练中,词语含义、语法规则、文章、文情、文序、文境、文势、文术,等等,往往以"格"的形式在头脑中固定下来。"格"(指正确的"格")越多,越固定,语感力就越强。语感力强的人,看一篇文章,听一番谈话,不仅可以迅速领会其内容,还可以直觉地判断其正误、优劣。与"格"契合者为正,为优;与"格"悖谬者为误,为劣。同样,在运用语言时,可以不假思索地(指不必考虑词语含义、语言结构、语法规则、修辞手法等)借助于"格"自由地表情达意,写出"得体"的文章,说出"得体"的话。语感的表现形式是感性的、直觉的,它依靠直觉思维而不依赖分析思维;其实质是,感性中暗含着理性,直觉中积淀着思考。

什么是语感教学呢?语感教学就是以培养语感为主要目的的教学活动。语感教学要抓两个方面,一是语感实践,一是语感分析。语感实践,就是让学生自己去接触、感受语言材料和运用语言,也就是说让学生多听、多读、多说、多写成套的语言。语感分析,不是作语言表面特征的分析,如这是什么词性,这是什么句式,这里用了什么修辞手法,这里用了什么表达方式,等等,而是分析语言的语境意义(或称隐含意义),分析语言的使用。例如:"有蒋氏者,专其利三世矣。"(《捕蛇者说》)——这

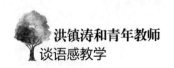

句话的字面意义是，有个姓蒋的专门从捕蛇这件事情上享有好处有三代了。但捕毒蛇这件事有生命危险，蒋氏祖、父两代都死于此事，蒋氏本人也几次差点送了命，怎么能说是"专其利"呢？换成"受其害"不是更恰当些吗？是不是作者用错了词语呢？当然不是。原来这字面意义后面，藏着"苛税毒于蛇"的隐含意义。再如："在我的后园，可以看见墙外有两株树，一株是枣树，还有一株也是枣树。"（《秋夜》）——从字面意义看，介绍墙外有两株枣树，从修辞来看，这里用"反复"修辞格没有必要，不如说成"我后园墙外有两株枣树"还精练些。但作者是有意这样写的，它隐含着作者寂寞、凄清、苦闷的心情。又如，"我没有亲见；听说，她，刘和珍君，那时是欣然前往的。"（《记念刘和珍君》）——从字面来看，有点啰唆，不如改为"我没有亲见；听说她那时是欣然前往的"更为精练。但正如生活中人们往往用语不成句的话诉说极伤心的事一样，这断断续续的语言形式，不正隐含着鲁迅当时极其悲痛的心情吗？分析这些语境意义，有助于提高学生的语感力。学习课文的目的，无非是积累语言材料，扩大知识见闻，借鉴写作方法，训练思维能力，陶冶思想情操。而这些，都可以统一和落实在对文章的感受和领悟上，统一和落实在语感训练（包括语感实践和语感分析）之中。

　　传统语文教学，只注重语感实践不注重语感分析，使得语感的培养带有某种自发性和盲目性；只有把语感实践和语感分析结合起来，使语感训练成为一种有目的、有计划的教学活动，才能有效地提高学生的语感力。

　　综上所述，我们要改变以指导学生研究语言取代组织学生学习语言，以对语言材料（包括内容和形式）的详尽分析，取代学生对语言材料的感受和积累的做法，加强语感教学，采取"感受—领悟—积累—运用"的途径，为建构一个民族化、科学化的语文教学新体系而努力。

（1992 年 12 月在武汉市中语会第七届年会上的发言）

我的语文教学思想可以概括为两个「变」，即变「讲堂」为「学堂」，变「研究语言」为「学习语言」。

我的语文教学思想

我的语文教学思想可以概括为两个"变"，即变"讲堂"为"学堂"，变"研究语言"为"学习语言"。80年代初，我提出了变"讲堂"为"学堂"的主张，实行课堂教学结构改革，解决教与学的关系问题；90年代初，我又提出了变"研究语言"为"学习语言"，实行语文教学本体改革，解决语文课教（学）什么，怎么教（学）的问题。前者带有各学科的共性，后者体现本学科的个性，两者有机结合，是一个不可分割的整体。

变"讲堂"为"学堂"

教学活动是一种双边活动，教学过程既包括教师教的过程，也包括学生学的过程，是教与学相统一的过程。从教学过程的整体来看，学生是受

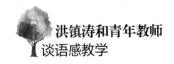
教育者，是教师施教的对象，教师是教学活动的组织者和指导者，又是知识、技能的传授者，具有明显的主导地位。从学生的学习活动来看，"学"是教师"教"的出发点和归宿点，直接规定和影响着"教"，学生是学习的主人，具有明显的主体地位。因此，教学过程应该是在教师引导、辅导、督导下，学生学习知识、培养能力、发展智力的过程。教学过程的本质是教师指导下的学生自学。

语文是一门实践性很强的学科，它主要是通过组织和指导学生听、读、说、写等语言实践活动，来提高学生理解和运用祖国语言文字的能力，是不能以讲解为主的。但是长期以来，语文课堂教学却是以老师讲、学生听为主要方式，以满堂灌、注入式为基本特征，课堂几乎成了教师的"讲"堂。把"讲堂"变为"学堂"，是时代的要求，也是语文教学自身规律的要求。

怎样变"讲堂"为"学堂"呢？

一、建立以自学为主的课堂教学结构

80 年代初，我建立起一种以教师指导下的学生自学为主要方式，以读、写、听、说活动为基本内容，以语言和思维训练为中心的五环节课堂教学结构。

1. 提示、设问

在学生自学课文之前，一般来说，教师要做一点"提示"，或提出学习本课的目的要求，或介绍文章的背景及作者情况，或指点自学的方法，或来一点生动有趣的"课引子"。"提示"的目的是给学生独立阅读创造条件和引发学生学习的兴趣。

在作了必要的提示之后，则采用设问的方法，即提出一些思考性的问题，让学生带着问题去读。这种问题可称为导读思考题。要根据教学要求和学生的认识规律，把问题组成一种教学系列，构成一条清晰的教学思路。导读思考题可以分为引读性思考题、探究性思考题和开放性思考题三类。

三种类型的思考题，在阅读教学中构成一种阶梯，让学生沿着"理解—探究—发挥"的路子，逐步登上智力发展的高峰。

2. 阅读、思考

在作了简短的提示和提出导读思考题之后，就拿出足够的时间让学生阅读课文，思考问题。课文短，比较好懂的，思考题一次拿下去，课文一气读完；课文长，又有一定难度的，思考题分散拿下去，课文分几次读完。要教给学生阅读的一般方法，要培养学生好的阅读习惯，着重训练学生阅读的理解能力、阅读的记忆能力、阅读的想象能力、阅读的鉴赏能力和阅读的辅助能力。

3. 讨论、切磋

学生带着问题阅读了课文之后，必然要产生一种要发表意见、相互交流的欲望，这就要适时地组织他们开展讨论、相互切磋，让学生把思维的结果准确而有条理地用语言表达出来。这是培养学生口头表达能力和发展学生智力的重要环节。从想到说，把想到的说出来，是把内部语言转化为外部语言的过程，也是思维的过程。抓住这个过程，就把发展学生的思维与发展学生的语言结合起来了。

4. 归纳、总结

在学生阅读、思考并相互讨论、切磋的基础上，要进行归纳、总结，把学生的自学所得引向一定的深度和高度。其具体任务是，把分散的、零星的认识集中起来，把不同的意见统一起来（不强求统一），把错误的、片面的认识纠正过来，把学生没有认识到的补充出来，特别要讲一些带规律性的东西。

5. 练读、练写

这里的"读"，主要是指朗读。学习语言优美、形象性强的抒情散文、诗歌、小说等，要通过朗读，让学生感受作品中塑造的生动形象，领会作品所表达的思想感情。学习语言犀利、逻辑性强的议论文和杂文，要通过朗读，让学生感受文章的逻辑力量，品味文章的语言特色。对于精彩的课文（或段落），要求学生熟读成诵。这里的"写"，除一般练习外，还包括某些结合课文内容的写作训练。

这种教学结构，以教师指导下的学生自学为主要方式。学生在教师的指导下，自读，自思，自议，自练。教师的主要作用则表现在引方向，扫障碍，释疑难，挑矛盾，逗兴趣，点要害，指重点，拨迷惘，纠偏差，补疏漏等等方面。师生活动融为一体，可以从根本上改善教与学的关系。这种教学结构，以读、写、听、说活动为教学的基本内容，并把读、写、听、说的训练统一起来，有利于培养学生的语文能力。这种教学结构，以语言和思维训练为中心，把"学—思—辨—用"紧密结合起来，有利于发展学生的智力。这种教学结构，把培养学生的自学能力放在重要地位，给学生以开启知识宝库的金钥匙，为学生的长远发展打下基础。这种教学结构，摒弃了烦琐的讲解，减少了无效劳动，可以提高教学效率，加快教学进程。

二、在教学上实行"三变"

要真正变"讲堂"为"学堂"，在建立以自学为主的课堂教学结构的同时，还要解决好如何处理教材，如何运用教师的"讲"，如何组织学生的"学"等问题，这就要实行三个"变"。

1. 变"全盘授与"为"拈精摘要"

所谓"拈精摘要"，就是在深入钻研教材的基础上，根据教学的目的、要求和学生的实际情况，从文章的内容和形式方面，拈出一些精要的东西化为问题提出来，指导学生学习。如：拈出文章的脉络，引导学生理清作者的思路；拈出文章中某些含意深刻的地方，引导学生深入领会文章的中心意思；拈出文章的某些笔法，引导学生了解文章的表达特点；拈出文章中某些蕴藉很深的字、词、句及标点符号，引导学生体察作者遣词造句及语言运用的独到功夫；拈出不同类型文章的不同特点，引导学生进行比较，从而弄清某些规律性的知识。

2. 变"滔滔讲说"为"以讲导学"

叶圣陶先生说过，"所谓教师的主导作用，盖在善于引导启迪，使学生自奋其力，自致其知，非谓教师滔滔讲说，学生默默聆受。""讲"是为"学"服务的，要以"讲"导"学"，用"讲"来引导和帮助学生自学，而不是以"讲"来代替学生的独立阅读和思考。为此，我在课堂上采用以下几种类型的讲解：①提示性的讲解，目的是把学生引上"路"。②解释性的讲解，目的是为学生扫清"路"上自己难以克服的障碍。③补充性的讲解，目的是把学生往深处引，往高处领。这三种类型的讲解，都是点拨式的讲解。

3. 变"默默聆受"为"研讨求索"

组织和指导学生在课堂上研讨求索，使学生由被动的接受者变为主动的探求者。其做法是：①造成一种师生平等的民主的和谐的课堂气氛，解除学生在课堂上通常有的那种压抑感。②在课堂上指导学生自学，组织学生读写听说等语言实践活动，改变学生在课堂上除了听讲就无所作为的状况。③不断地质疑问难，并挑起争辩，创设一种思考的情境，改变学生在课堂上通常有的那种松弛的心理，让他们的思维始终处于一种紧张的、活跃的状态，"迫使"他们主动去思考、去探索、去调动已有的知识储备来解决面临的问题，并且把思维的触觉从课堂延伸到课外。我经常鼓励学生发表不同的见解，特别是不同于教师和教材上的见解，改变学生总是跟着教师和教材转，不敢越雷池一步的局面，使学生敢于打破思维定式，发展求异思维和创造性思维。

三、八字教学法

"八字教学法"是已故语文教育专家冯一先生于 80 年代初为我提炼出来的。(见《语文教学通讯》1981 年 12 期冯一《洪镇涛和他的八字教学法》)

"八字教学法"，就是根据掌握知识、培养能力、开发智力、提高思想的要求，按照知识结构、认识过程、教学规律的不同特点，把语文课堂教学中"教"与"学"的复杂过程，概括成八个字：拈、讲、点、拨、逗、引、合、读。它是变"讲堂"为"学堂"的教学思想在方法论上的具体体现。

"拈"，就是对教学内容拈精。把文章的精要、精华、精粹部分拈出来，指导学生学习。

"讲"，就是教师的讲解活动。讲的目的是导学，因此我们讲解一般不是灌输式的，而是提示性的、释疑性的、补充性的。

"点"，就是在教学活动中，准确地把握学生正在和将要成熟的心理过程，作画龙点睛式的点染。

"拨"，就是拨窍，拨通思维障碍。

"逗"，就是挑逗，于无疑处激疑。

"引"，就是引导，把学生的思维往深处引。

"合"，就是综合，即进行综合训练。

"读"，一是指阅读（用眼读），一是指诵读（既用眼又用口读）。

"八字教学法"不是一种机械的教学模式，在教学中要灵活运用。

变"研究语言"为"学习语言"

一、确立"学习语言"——语文教学本体论

变"讲堂"为"学堂"之后，我的语文教学思想出现了一个相对停滞同时也是苦苦探索的时期。80年代末，我对新时期的语文教改做了认真回顾和深刻反思，我认识到，新时期的语文教改成绩巨大，不容抹杀，但主要解决了一个"教"与"学"的关系问题，对语文教学本体还触及不深。如语文课的性质、目的、任务究竟是什么，语文课究竟应该怎么教，还没

有真正解决。我又对语文教学现状做了深入考察，发现大面积的仍然处于少、慢、差、费的状况。我还对传统语文教学（指书塾教育）作了辩证思考，发现传统语文教学重感受、重积累的经验值得继承。还考察了学龄前儿童学习口语效率高的原因：一是在生活中学习语言，学用结合；二是走了一条"感受—领悟—积累—运用"的捷径。此外，我还学习了有关语感的一些理论。经过反复思考，我决定对现实语文教学体系提出挑战，于1993年发表了《是学习语言，还是研究语言——浅论语文教学中的一个误区》（《中学语文》1993年第5期）。

我认为，语文教学存在着一个长期性、全局性的失误，可以说，我们还陷在这个误区中没有跳出来。这误区，简言之，就是以指导学生研究语言取代组织和指导学生学习语言，以对语言材料（包括内容和形式）的详尽剖析取代学生对语言材料的感受和积累。语文教学的任务，应该是组织和指导学生学习语言，而不应该是让学生研究语言。

所谓"学习语言"，主要是指通过感受、领悟、积累语言材料（即"吸收"，其途径是听、读）和运用语言（即"表达"，其途径是说、写）来提高语文能力。所谓"研究语言"，则是针对语言材料或语言现象，从不同方面、不同角度揭示其规律。

"学习语言"和"研究语言"，在目的、途径、方法等方面都有根本性的区别。"学习语言"的目的是提高吸收和运用语言的能力，"研究语言"的目的是寻找语言规律。"学习语言"要求大量接触语言材料并尽量化为己有，"研究语言"只要求从语言材料中抽取或印证系统的语言知识。"学习语言"，重感受、领悟和积累；"研究语言"，重在分析、比较和归纳。"学习语言"，主要方法是语感培养，强调直觉思维；"研究语言"，主要方法是理性分析，强调分析思维。

"学习语言"，是语文教学的本体。

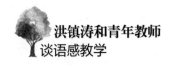

二、编写"学习语言"语文新教材

为了从根本上改变语文教学少、慢、差、费的局面，我主编了一套以"学习语言"为核心的中、小学语文实验课本（开明出版社出版）。这套课本采用"三主一副"（三条主线，一条副线）全方位推进结构。

第一条主线，学习"精粹语言"，奠定学生语言及文化功底。

所谓"精粹语言"，指的是内涵着传统文化精髓的古汉语精品语言。这是一种高层次的语言，也是学生终身受益的语言。学习这种语言的目的，并不在于立竿见影、立马见效，而在于通过长期、稳固的储存和积累，通过长期反复的揣摩和领悟，受到语言和文化滋补，奠定语言及文化功底。这种语言在头脑中的"潜伏期"越长，其滋补功能就越显著。

为学习"精粹语言"，我们建立了诵读系统，编写了诵读课本。诵读课本选取古汉语精品，选取标准是：①语言表达典范。②文化内涵丰实。③思想内容健康。④便于吟诵记忆。诵读课本共 24 册，每学期 1 册，供小学一年级至高中三年级使用。

第二条主线，学习"目标语言"，提高学生语言及文化素养。

所谓"目标语言"，指的是用现代汉语表达（或翻译）的高于学习者语言发展水平、是学习者一定时期的攀登目标的有丰富文化内涵的精品语言。"目标语言"不是一个绝对概念，而是一个相对概念。对不同层次的学习者来说，其"目标语言"也不在一个层次上。学习"目标语言"的目的，是提高语言素养，同时增长见识，接受文化熏陶。

为学习"目标语言"，我们建立了阅读系统，编写了阅读课本。阅读课本选取现代汉语（或古代白话）精品，选取标准是：①语言表达典范。②文化内涵丰实。③思想内容健康。④可读性较强。阅读课本共 24 册，每学期 1 册，供小学一年级至高中三年级使用。根据不同学段学生语言发展水平，作了由易到难的安排。

第三条主线，学习"伙伴语言"，训练学生语言操作能力。

所谓"伙伴语言"，指的是相当或略高于学习者语言发展水平、已经或可能在与伙伴交际时使用的语言（包括语言成品）。"伙伴语言"也不是一个绝对概念，而是一个相对概念。对不同层次的学习者来说，其"伙伴语言"也不在一个层次上。学习"伙伴语言"的目的，在于让学生直接模仿运用，训练语言操作能力。

为学习和训练"伙伴语言"，我们建立了语言操作系统，编写了读、说、写结合的课本，从小学一年级贯穿到高中三年级。根据学生的生活积累基础、认识和语言发展水平，按照一定的序列，循序渐进地安排学生的书面表达和口语表达训练。

除三条主线外，还有一条副线，那就是学习语文知识、增强对语言的理性观照。在各学段，都安排了语言知识及训练课本。

上述三条主线一条副线，四条线自成体系，平行推进，相互关联，相辅相成。

这套课本，有以下几个特点：①立足于语言本体，以培养学生阅读、写作和口语交际能力为主要任务。让学生在学习语言的同时，还接受知识，接受文化，接受思想，接受情感，训练思维，陶冶情操，培养创新精神，形成健全人格。②建立了一个"固本、立标、通用"的学习语言的全方位体系。"精粹语言"固其本，"目标语言"立其标，"伙伴语言"通其用，全方位推进语言教育。实施"高起点""学精品""吞下去"三大战略。所谓"高起点"战略，指的是改变目前语文教材（特别是小学语文教材）严重脱离儿童语言发展实际、大大低于儿童语言发展水平的状况，把语言教育的起点摆在应有的合理的高度。所谓"学精品"战略，指的是提高教材的语言水平和文化内涵，用语言精品哺育学生。所谓"吞下去"战略，指的是把语言积累作为提高语言能力的基础，要求学生利用其最佳记忆时期，把"精

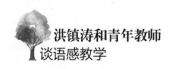

粹语言"先吞下去，不求透彻理解，通过长期不断的反刍，逐步消化吸收。

三、构建"学习语言"语文教学新体系

1. 抓住一个根本

学生学语文课的目的是学习语言，语文教学的根本任务是组织和指导学生学习语言，培养学生正确理解和运用祖国语言文字的能力。至于思想教育、思维训练和审美陶冶则是派生的任务，是在组织和指导学生学习语言的过程中完成的任务。它们决不能脱离组织和指导学生学习语言这个根本。离开了语言教育的思想教育，难免是架空了的枯燥的形式主义的思想教育；离开了语言训练的思维训练，难免是智力游戏式的思维训练；离开了语言教育的审美陶冶，难免是生硬的美学知识的灌输。思想教育，思维训练，审美陶冶，虽是"派生"的任务，但也是重要的任务，不可偏废。但"根本任务"与"派生任务"，不是平列的"姊妹"关系，而是包孕的"母女"关系。学习语言是母体，其他几项是包孕在语言学习过程中的，这一点，一定要明确。

2. 遵循一条途径

语文姓"语"，口头为语，书面为文，"语文"就是指口头语言和书面语言。这里所说的"语言"，不是理论意义上的语言学，而是实践意义上的语言运用，语文教学可以说就是语言运用的教学。从本质上说，语文教学不是一种知识体系，而是一种能力建构。学生语文能力（读写听说能力）的形成，主要靠语言实践。在听说读写实践中，感受语言—领悟语言（形成语感）—积累语言—运用语言。我们认为，"感受—领悟—积累—运用"，是培养学生语文能力的正确途径。学龄前儿童学习口头语言，采用的就是这条途径；传统语文教学，也遵循了这条途径。

"感受—领悟—积累—运用"同语文教学大纲提出的"感知—理解—运用"有没有区别呢？我们认为，它们有根本性的区别。"感知—理解—

运用",是从认识论的角度提出来的,认为学习是一种认知活动,是一种
获取知识的过程。感知知识,理解知识,运用知识,反复进行,就可以获
得知识。"感受—领悟—积累—运用"的提出,出于对语文学习的一种全
新的理解,认为学习语言不是一种纯客观的认识过程,而是一种带有浓厚
主观色彩的感性与理性统一的感悟过程。这种感悟,不是纯知识性的感知,
它包括对文字符号、文字符号所负载的思想内容,文字材料组合的方式方
法,文字符号所渗透的情感、韵味等总体的综合性的感知和领悟。语言是
思维和信息的载体,又是交际和交流思想的工具。语言具有整体性和综合
性,一篇文章,一个语段,甚至一句话,都是一个完整的综合体。它既包
括思想内容,又包括情感情绪,还包含语言组合规则和语言运用方法,等等。
学习语文主要不在于获取知识,而在于吸收、积累语言和习得积淀语感,
从而形成理解和运用语言文字的能力。感受,指对语言材料(包括内容和
形式,思想和感情)的整体感受,这就不只是认知意义上的,还有情感上的。
领悟,主要指对语言运用之妙的领悟,而主要不是指对思想内容和语言形
式的透彻理解。积累,不能理解为单纯的孤立的词语积累,而是文道统一的、
内容和形式一体的成块语言的积累。成块语言的积累,不仅积累了语境中
的动态的词语,而且积累了知识和文化,积累了语感。运用,指运用语言
表情达意、叙事状物,而不是指孤立的语言知识的应用。"感知—理解—
运用",符合学习知识的规律;而"感受—领悟—积累—运用",反映了
学习语言的规律。感受,是学习语言的前提;领悟,是学习语言的关键;
积累,是学习语言的基础;运用,是学习语言的目的。从感受到运用的过
程,是学生在教师指导下,以感性习得为主的过程,是学生借助于语言知
识和切身体验感悟言语意蕴和语言规律的过程。

3. 注重两个方面

学习语言,要注重两个方面,一是吸收和积累语言,一是习得和积淀

语感。如果把培养语言能力比作建造一座大厦，那么积累语言就是筹集建筑材料，积淀语感就是提炼和积累建筑经验（设计、施工等技术是经验的积累与升华）。有了建筑材料和建筑经验，建造大厦就不困难了。

学习语言，要直接吸收和积累语言。这也是儿童学习口头语言和传统语文教学的成功经验。但是长期以来，语文教学普遍忽视甚至反对对语言的吸收和积累。在有些人看来，语文，无非是学文章的内容和技巧，只要把内容和技巧向学生讲清楚了，学生就有了能力。于是课堂上以分析文章的内容和技巧为主，一篇又一篇地分析给学生听，让学生记背一些从文章中抽出来的所谓"段落大意""中心思想""写作特点"及语言知识概念之类的东西，而不让或很少让学生背诵课文（典范的书面语言材料）。教师越教越虚，学生越学越空。没有大量的语言储备，学生怎么可能建造语言能力的大厦？

学习语言，还要习得和积淀语感。叶圣陶先生说，"至于文字语言的训练，最紧要的是训练语感"，"多读作品，多训练语感，必将渐能驾驭文字"。什么是语感呢？我们同意这样一种说法："语感是一种语文修养，是长期规范的语言感受和语言运用中养成的一种带有浓厚经验色彩的比较直接迅速地感悟领会语言文字的能力。"人们在长期语言实践和有意识的语言训练中，词语含义、语法规则、文意、文情、文序、文境、文势、文术，等等，往往以"格"的形式在头脑中固定下来。"格"（指正确的格）越多，越固定，语感力就越强。语感力强的人，看一篇文章，听一番谈话，不仅可以迅速领会其内容，还可以直接地判断其正误、优劣。与"格"契合者为正，为优；与"格"悖谬者为误，为劣。同样，在语言运用时，可以不假思索（指不必考虑词语含义、语法规则、语言结构、修辞手法等）地借助于"格"自由地表情达意，写出"得体"的文章，说出"得体"的话。语感的表现形式是感性的、直觉的，它依靠直觉思维而不依赖分析思维。

其实质是，感性中暗含着理性，直觉中积淀着思考。语感可以在语言实践中自然形成，但这种自然形成的语感属于一种低层次的甚至是不完全可靠的。真正高层次的语感力的形成，是离不开有意识的语感训练的。

语感训练，包括两个方面，一是语感实践，一是语感分析。语感实践，就是让学生多听、多读、多说、多抄、多写成套的语言。语感分析，主要不是分析语言的表面特征，如这是什么词性，这是什么句式，这里用了什么修辞手法，这里用了什么表达方式，等等；也主要不是分析语言所负载的思想内容；而主要是分析语言的运用，即在一定的语境中作语言例析。通过语感训练，让学生习得积淀语言分寸感、语言和谐感和语言情味感。所谓分寸感，指对语言合乎规范、合乎逻辑、合乎情境的感受能力；所谓和谐感，指对书面材料（文章）整体上的多样统一、组合上的搭配相宜和表达上的生动流畅的感受能力；所谓情味感，指对文情、文质、文势、语味的感受能力。

4. 把握四个"结合"

（1）语感训练与思想教育结合

在语感训练中，引导学生感受语言描绘的形象，体味语言传递的情感，理解语言表达的道理，从而接受教材中固有的思想教育内容，受到潜移默化的熏陶感染。

（2）语感训练与思维训练结合

在进行语感分析，让学生辨析遣词造句、布局谋篇等语言运用的妙处时，加大思维训练的力度，培养学生思维的敏捷性和灵活性，发展学生的创造性思维。

（3）语感训练与审美陶冶结合

在进行语感训练时，要对学生加强形象感染和情感熏陶，让学生眼中有形，心中有情，在感受形象和激发情感的基础上，逐渐形成正确的审美观。

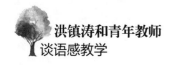

（4）语感训练与语言知识传授结合

语言知识教学，要遵从"精要、好懂、管用"的原则，要让学生在具体语境中，领悟这里运用这种句式、这种修辞格、这种论证方法的妙处。这就把静态的语言知识学"活"了，也真正发挥了语言知识对语言能力培养的作用。

5. 加强一个"联系"

语文是反映生活的，又是为生活服务的。语言与生活密不可分。在课堂上教学生学习语言，难免有脱离生活的弊端，为此，要重视语文教学与生活的密切联系。

具体做法有两个方面：其一，在课堂教学生学语言，要尽量利用学生的生活体验。在阅读教学中，对课文语言的深层含意、特殊情味，要引导学生结合生活体验去揣摩，去体味。在写作教学中，要指导学生写他们熟悉的生活。其二，把课堂教学延伸到课外，组织和指导学生接触生活（主要是社会生活），体察生活，在实际生活中学习人民群众生动活泼的语言，并运用语言服务于丰富多彩的生活。

6. 建立一套常模

以"学习语言"为核心的语文教学应该有一套体现自身特点的常规课堂教学结构。通过几年来的摸索，我们认定其结构是：感受语言，触发语感—品味语言，领悟语感—实践语言，习得语感—积累语言，积淀语感。

第一步，让学生通过听（听老师或录音范读）、看（默读）、读（出声朗读）、说（复述）等途径，从总体上感受语言材料。在熟悉内容、把握思路、了解主旨的同时，触发语感，即触发对文章的体裁、文章的风格、文章的情感、文章的质地、文章的气势、文章的表达等方面的整体的笼统的感受。

第二步，指导学生从语言运用的角度，扣住某些语感因素很强的地方，借助于语言知识，联系生活体验，深入品味语言，使学生进一步领悟语感。如从语言文字方面、遣词造句方面、标点格式方面，让学生对语言进行比较、推敲、品味，以领悟语言运用的规范确当感；从概念方面、判断方面、推理方面，让学生对语言进行比较、推敲、品味，以领悟语言的逻辑严密感；从适应语境方面、语体要求方面，让学生对语言进行比较、推敲、品味，以领悟语言的适境得体感；从文章整体组合方面、材料搭配方面、语言表达方面，让学生对语言进行比较、推敲、品味，以领悟语言运用的和谐感；从文章的情感方面、质地方面、气势方面、韵味方面，让学生对语言进行比较、推敲、品味，以领悟语言运用的情味感。

第三步，指导学生开展朗读重点段落，交流感悟心得，撰写语感随笔，完成课后有关揣摩语言的练习等活动，让他们进一步感悟语言之神妙，洞察语言之精髓，把握语言之理趣，从语言实践中习得语感。

第四步，要求学生在熟读的基础上背诵课文（全篇或重要语段），抄写精彩语句，有意识、有计划地积累语言，积淀语感。

7. 设置七种课型

（1）语言教读品味课

（2）语言自读涵泳课

（3）语言鉴赏陶冶课

（4）书面语言实践课

（5）口头语言实践课

（6）语言基础训练课

（7）语言能力测评课

8. 运用多种方法

（1）美读感染法

根据文章内在要求，准确安排停顿、处理重音、调控速度、把握语调，把文章朗声诵读出来。通过这样的美读，让学生耳与心谋，感悟语言的意蕴、情感、韵味，以培养语感。

（2）比较揣摩法

对课文的标点、字词、句子或段落，采用加一加、减一减、调一调、联一联、换一换、改一改的办法，让学生在比较中体味语言运用的妙处，以培养语感。

（3）语境创设法

根据教学需要，创设特定的言语情境，让学生设身处地，以特定的身份，"参与"言语活动，从动态语言中获得语感。

（4）切己体察法

在学习课文语言时，指导学生结合自己的生活经历、生活体验，去体察语言的意蕴、情感和韵味，以培养语感。

9. 培养四种能力

语文教学的主要落脚点在于培养学生的语文能力。要着重培养四种能力，即三项显性能力（阅读能力、写作能力和口语交际能力）和一项贯串其中的隐性能力——思维能力。

我的语文教学思想，是在 40 年来的教学生涯和 20 年来的教改实践中，在不断的自我否定和自我完善中，逐渐形成的。感到欣慰的是，我的认识和主张已得到越来越多的方家的认同，同当前推行的素质教育和创新教育也是吻合的。我将继续同大家一道，为构建我国民族化、科学化语文教学新体系而努力奋斗。

变「讲堂」为「学堂」和「学习语言论」是一个不可分割的整体，即在「学堂」中学习语言。

3 我的语文教学思想形成和发展轨迹

我的语文教学思想可以概括为"变'讲堂'为'学堂'，变'研究语言'为'学习语言'"。它是怎样形成和发展的呢？

我在学生时代，对语文老师一讲到底和烦琐分析教材的做法十分反感，从不认真"听讲"，倒是在语文课堂上偷看了不少课外文学作品。只有一位阮渭渔老师的朗读深深地吸引着我，听他的朗读，是一种艺术享受。

我当了语文老师以后，不自觉地用我的老师教我的那套办法去教我的学生，我发现，学生对我的教学同样不感兴趣，我很苦恼。于是采用了诸如"添油加醋""节外生枝"等办法，逐渐能够吸引学生了，但扪心自问，学生语文能力有多大提高？我很怀疑。语文课究竟应该怎么教，我很困惑。

"文革"结束后，我立志进行语文教改，经过认真思考后，我写了《关于中学语文课教学改革的建议》（发表于 1978 年 7 月《湖北教育》），

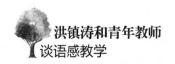
指出语文教学长期处于少、慢、差、费的局面，主张"多读多写，读写结合，少讲精讲，加强自学"，以提高语文教学效率；并立即开展教改实验。

恢复高考以后，教育界学习福建经验，掀起一股"大运动量"训练热潮，我认为它是违背教学规律的，于是我写了《教学上不宜提倡大运动量》（发表于 1979 年 3 月 17 日《光明日报》）。在指出大运动量训练违背教学规律的同时，提出要从教改找出路，"向教学方法讨时间，向教学方法求效率"。

我原来提出的"多读多写"，本意也是通过教改来实现的，并非主张"大运动量"，但"多读多写"与"大运动量"容易混淆，于是我逐渐放弃"多读多写"的提法。我感到，要提高语文教学效率，首先要处理好教与学这对矛盾，要强调学生自学能力的培养，强调教师立足于导，于是我写了《教师立足于导，提高自学能力》（发表于 1981 年 1 月《教学参考资料》），又写了《以自学为主》（发表于 1981 年 3 月《中学语文》），还写了《在课堂上引导学生自学》（发表于 1981 年 9 月《中学语文教学》），并在该文鲜明地提出了教师的"四导"：用讲来导，用问来导，用读来导，用练习来导。接着又写了《教师的责任是教学生学》（发表于 1981 年 12 月《语文教学通讯》），认为"学生是学习的主人"，教师的责任是指导学生学。可以说，学生主体（"做学习的主人"）、教师主导的思想这时已经形成。

怎样保证学生主体（"做学习的主人"）地位并充分发挥教师主导作用呢？我认识到，必须改革课堂教学结构。于是我写了《改革课堂教学结构的尝试》（发表于 1982 年 9 月《语文学习》），从实践中总结出一套以教师指导下的学生自学为主要方式、以读写听说活动为基本内容、以思维训练为中心的结构模式。后来发现"以思维训练为中心"提法欠妥，修正为"以语言和思维训练为中心"。

改革了课堂教学结构，如果不解决好教材处理问题、教师讲的问题和学生学的问题，仍然难以保证学生主体（"做学习的主人"）与教师主导的实现，于是我又写了《谈谈我是怎样在课堂上指导学生学习的》（发表于1984年3月《教学·教研》），正式提出"变'讲堂'为'学堂'"的口号，从实践中提炼出教学上的"三变"：变"全盘授与"为"拈精摘要"，变"滔滔讲说"为"以讲导学"，变"默默聆受"为"研讨求索"。至此，在理论上完善了"变'讲堂'为'学堂'"的思想，在实践上实现了"变'讲堂'为'学堂'"的主张。

变"讲堂"为"学堂"之后，我的语文教学思想出现了一个相对停滞同时也是苦苦探索的时期，大约在五年左右。我发现，我教的课，有的比较成功，有的也不尽如人意。凡成功者，都突出了语言因素；不尽如人意者，大都是忽视了语言因素。

80年代末，我对新时期的语文教改做了认真回顾和深刻反思，我认识到，新时期的语文教改成绩巨大，不容抹杀，但主要解决了一个教与学的关系问题，至于语文教学本体还触及不深，有关语文教学的一些重大问题，如语文教学的性质、目的、任务究竟是什么，语文课究竟应该怎样教，还没有真正解决。我又对语文教学现状做了深入考察，发现大面积的教学仍然处于少、慢、差、费的状况。我还对传统语文教学进行了辩证思考，发现传统语文教学重感受、重积累的经验值得继承。还考察了儿童（学前）学习语言效率高的原因，一是在生活中学习语言，学用结合；二是走了一条捷径：感受—领悟—积累—运用。此外，我还学习了有关语感的一些理论。经过反复思考，我决定对现实语文教学（也是20世纪以来逐步形成的以分析教材为主的语文教学体系）提出挑战，并鲜明地亮出自己的观点——学习语言论。于是在1992年12月武汉市中语会第七届年会上，我做了"是学习语言，还是研究语言——浅论语文教学中的一个误区"的发言（文章发表于1993年5月《中学语文》）。这篇文章，借助于《中学语文》，在全国引起了强烈反响。

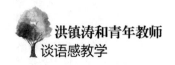

《是学习语言，还是研究语言》一文发表之后，我清醒地认识到，该文着重于"破"，虽然亮出了"学习语言"这一基本观点，但还要进一步完善这一理论，而且还要从实践上下功夫，通过理论与实践的结合构建一个"学习语言"的语文教学新体系。于是洪山区的语文教改实验应运而生。在进一步学习理论和总结实践经验的基础上，我又先后发表了《语感类别及其训练》《语感分析的特点及操作技法》《试论语文教学的根本任务》《试论语文教学观念中的若干误区》《构建"学习语言"语文教学新体系》（与陈伯安合写）等文，初步建立起了"学习语言"语文教学体系的框架。

我的"学习语言论"有以下几个要点：

1. 从本质来看，语文教学不是一种知识体系，而是一种能力建构。

2. 语文教学的根本的第一位的任务是组织和指导学生学习语言，提高学生理解和运用祖国语言文字的能力。至于思想教育、思维训练、审美陶冶等虽然都是重要任务，但都是从属于上述根本任务的。

3. 学习语言的正确途径是"感受—领悟—积累—运用"。感受是前提，领悟是关键，积累是基础，运用是目的。

4. 学习语言要注重两个方面：一是对语言（不是语言知识）的直接吸收和积累，一是对语感的习得和积淀。

5. 学习语言要把握好四个"结合"，即语感训练（包括语感实践和语感分析）与思想教育结合，语感训练与思维训练结合，语感训练与审美陶冶结合，语感训练与语言知识传授结合。

6. 学习语言为核心的语文教学要加强与生活的联系。

7. 学习语言为核心的语文教学要创设一套新的课堂教学结构（常模），并灵活运用（变模）。

8. 学习语言为核心的语文教学应设置多种课型，要重视学法指导，重视学生自学能力的培养。

9.学习语言为核心的语文教学要重视教法改革。

10.学习语言为核心的语文教学要着重培养学生的阅读能力、写作能力和口语交际能力，还有贯串其中的思维能力。

11."变'讲堂'为'学堂'"和"学习语言论"是一个不可分割的整体，即在"学堂"中学习语言。"变'讲堂'为'学堂'"实现课堂教学结构改革，解决教与学的矛盾；"学习语言论"实现语文教学本体改革，解决教（学）什么，怎么教（学）的问题。前者带有各学科共性，后者体现本学科个性。

语文教学的本体是语言，是人的发展，语文教学的根本任务是组织和指导学生学习语言，提高学生的理解和运用祖国语言文字的能力。

构建语文本体教学新体系
——答客问

（△：问　○：答）

△ 洪老师，听说您的语文教育思想可以用两个"变"字来概括，是吗？

○ 是的。80年代初，我提出了变"讲堂"为"学堂"的主张，实行课堂教学结构改革，解决教与学的关系问题。90年代初，我又提出了变"研究语言"为"学习语言"的主张，实行语文教学本体改革，解决语文教学教什么、怎么教、学什么、怎么学的问题。前者带有各学科的共性，后者体现本学科的个性，两者有机结合，是个不可分割的整体。

△ 洪老师，您提出的变"讲堂"为"学堂"的主张，在全国产生了很大影响，为什么后来又提出变"研究语言"为"学习语言"的主张呢？

○ 说来话长。变"讲堂"为"学堂"之后，我的语文教学思想出现了一个相对停滞同时也是苦苦探索的时期。80年代末，我对新时期的语文教改做了认真回顾和深刻反思，我认识到，新时期语文教改成绩巨大，不容抹杀，但主要解决了一个"教"与"学"的关系问题，对语文教学本体还触及不深。语文教学的性质、目的、任务究竟是什么，语文课究竟应该怎样教，还没有真正解决。我还对语文教学现状做了一定的考察，发现语文教学高耗低效的局面并没有得到根本性的改观，其重要原因是，语文教学中存在着一个长期性、全局性的失误，那就是以指导学生研究语言取代组织和指导学生学习语言，以对语言材料（包括内容和形式）的详尽剖析取代学生对语言材料的感悟和积累。可以说，我们至今还陷在这个误区中没有完全跳出来。于是在1992年，我提出了要学习语言而不是研究语言的主张。

△ 洪老师，一般都认为，知识是能力的基础，没有知识就没有能力，学习语文最重要的是学习语文知识。这难道不对吗？

○ "知识是能力的基础"，这说法并没有错，用在一些知识性的学科如数、理、化，也是正确的。但对语文学科却不适用，因为语言知识并非一种知识体系，而是一种能力建构。语言知识是什么？语言知识是从语言中抽取出来的对语言这一事物的规律性的认识。口头语言借助于声音，于是有了语音学；书面语言借助于文字，于是有了文字学；语言遵循一定的法则，于是有了语法学；语言追求表达的完美，于是有了修辞学；语言要求合乎事理，于是有了逻辑学；书面语言（文章）更有很多的讲究，于是有了文章学。这些知识，本来是"附着"在语言上面的，一旦被抽取出来，就是纯粹的"知识"，而不是语言本身了。学习这些知识同学习语言固然有一定的联系，但毕竟是两码事而不是一码事，正如学习开汽车与学习汽车学知识是两码事而不是一码事一样。实践证明，学习这些知识，对提高语言能力作用不大。凡有读写经验的人都知道，语言知识不能直接进入读写过程。人们在阅读时，根本没有必要考虑阅读材料是否合乎语法，运用

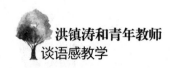
了哪些修辞格，采用了怎样的写作方法，等等；同样，人们在写作时，也没有必要考虑如何运用语法、修辞及写作方法。因此，语言知识不是建构语言能力的主要基础。许多作家并不钻研（甚至没有学过）什么语言学、文字学、语法学、修辞学、文章学，照样能熟练地写出好作品来，就是明证。当然，语言知识是提高语言能力的必要的辅助手段，掌握一定的语言知识，可以赋予语言能力更多的理性观照。

△ 洪老师，有人认为，学习语文最重要的是学习写作方法。授之以鱼，莫若授之以渔。学生掌握了写作方法，自然就有了写作能力。这个说法对吗？

○ 写作方法，也是从语言成品中抽取出来的，属于语言知识范畴。了解一定的写作方法，对掌握一些写作技巧是有一定帮助的。但写作能力包含着诸多因素，它与生活体验、认识水平、语言积累及写作经验有密切关系，并非一种单纯的写作技巧。"授之以鱼，莫若授之以渔"，这说法没有错。如果这"渔"指的是自学的方法。"授之以渔"指的是教给学生自学方法，培养学生自学能力，那无疑是非常正确的。但如果这"渔"指的是写作方法，那就不对头了。不要以为学习语文，就是掌握窍门，似乎每个语文老师荷包里有那么几把开启知识宝库的钥匙……

△ 洪老师，一般人都认为，学习语文的最终要求在于理解课文的思想内容，语文教学要着力于讲解课文的思想内容。这种认识对吗？

○ 正因为把课文教学的要求，主要定位在对课文思想内容的理解，所以我们的语文课教成了五花八门的课，就是不像语文课。比如，教《食物从何处来》，讲清楚了生物获取食物的途径有两种，一种是自养，一种是异养，生物界存在着一个食物链，还讲了保持生态平衡的重要性，以为任务完成了。请问，这是一堂语文课吗？这不是一堂生物课或环保课吗？再比如教《看云识天气》，讲清楚了云彩的变化与气候的关系，还教学生学会看云识天气，以为任务完成了。请问，这是一堂语文课吗？这不是一堂气象常识课吗？再比如教《人的正确思想是从哪里来的》，讲清楚了人的正确思想不是从天上掉下来的，也不是人头脑里固有的，而是从社会实践中来的，任务完成了。请问，这是一堂语文课吗？这不是一堂政治课或哲学课吗？我曾经开玩笑说，我们语文老师一心去种别人的田，就是荒了自己的地。自己的地是什么？语言啊！

△ 洪老师，您是不是说，课文教学可以不管思想内容呢？

○ 不是。课文教学有三个层次。第一个层次是引导学生了解课文里写了些什么（了解思想内容），第二个层次引导学生把握作者是怎样组织材料的（把握思路），第三个层次，引导学生品味课文用什么样的语言来表达的（品味语言）。第一个层次是教学必经的步骤，但并非教学目的。当前课文教学的通病，就是在这个层次上花费了太多的时间或者仅仅停留在这个层次上。第二和第三个层次属于"学习语言"的范畴，相对来说，第三个层次是真正深入到语言内部去学习语言，显得尤为重要。我们的课文教学要强化的正是这个层次。

△ 洪老师，请你举个例子说明怎样教才是语文课，好吗？

○ 好的。比如教《食物从何处来》，让学生整体感受把握思路之后，可以指导学生深入品味语言。第一个品味点，课文说，"食物就是一种能够构成躯体和供应能量的物质"，这个关于食物的定义，换成下面的说法，可以吗？ A.食物是粮、油、肉、蛋、菜；B.食物是可以吃的东西；C.食物是赖以维持生命的东西。通过讨论，明确，第一种说法不准确，它不仅不能概括植物、动物和微生物的"食物"，连人的食物也挂一漏万。第二种说法也不准确，因为植物不存在"吃"的问题。第三种说法，同样不准确，如水和矿物质是维持生命的物质，但不能供应能量，所以不能称之为"食物"。第二个品味点，课文中有这样一段话："每一个根毛就是一个最基层的原料采购站，大力地吸收土壤中的水分和无机盐等原料，经过运输干线——茎,源源送入叶子里。叶子就是一个食品工厂。叶子上面有许多气孔。在阳光下,这些气孔一面排除出氧气和蒸腾水分,一面还吸入大量的二氧化碳。"把这段话简化为"每一个根毛大力地吸收土壤中的水分和无机盐等原料,经过茎,源源送入叶子里。叶子上面有许多气孔。在阳光下,这些气孔一面排出氧气和蒸腾水分,一面还吸入大量的二氧化碳。"这不是简洁得多吗?通过讨论,明确,课文用了"原料采集站、运输干线、食品工厂"等比喻性的说法,既形象,又准确,便于人们理解,又增强了可读性。第三个品味点,课文中说,"另一种叫异养。所有的动物和大部分微生物都是这一类。它们自己不能制造食物,靠植物来生活。"把这段话改为"另一种叫异养。自己没本领制造食物,但却都长着一张要吃食物的嘴巴,如所有的动物和大部分微生物都是这一类。它们坐享其成,靠植物来生活。"这不是更形象化吗?通过讨论,明确,说明文要求客观地科学地说明事物,避免主观性和情绪化。改文中"自己没有本领制造食物,但却都长着一张要吃食物的嘴巴""坐享其成"等说法,不是对事物作客观的说明,而是带有浓厚的感情色彩、主观色彩,不符合说明文的要求。我想,像这样教,就有点语文课的味道了。

△ 洪老师,很多人认为强调背诵是过时的、落后的做法,我们要反对死记硬背。记忆要建立在理解的基础上,只能要求学生记背一些理解透了的东西,不能让学生对一些没有理解透了的东西囫囵吞枣。您的意见呢?

○ 学习语言,离不开对语言的直接吸收和积累,不让学生背诵一些典范的书面语言成品,学生的书面语言能力怎么能提高?对所谓的"死记硬背"要做具体分析,现实的语文教学中,为了应考,让学生背诵一些毫无用处的东西,如文章的段落大意、中心思想、写作特点及练习答案等,这种"死记硬背"我们是要反对的;至于说对典范的书面语言成品的背诵(即使所背诵的是并未充分理解的东西),我们不仅不反对,还要大力提倡。

所谓的记忆要建立在理解的基础上，也不尽然。能够在理解的基础上记忆，当然好；但语言的"理解"却是个无底洞。一篇《狂人日记》，中学里学，大学中文系也学，什么时候才能透彻理解？其实"理解"并非是一次完成的。语言这东西，在不十分理解的情况下先吞进去，以后随着语言吸收和积累的增多，随着生活体验的丰富，随着知识面的扩大，通过不断"反刍"，可以不断加深理解。只有"吞"进去了，才可能化为自己的营养；一味地分析、研究而不"吞"进去，则永远不能化为自己的营养。因此，不要不加分析地反对"死记硬背"，不要一概地反对"囫囵吞枣"。学习语言，还少不了"囫囵吞枣"呢。我们就是要利用中小学生机械记忆力强的特点，尽量多地让学生背诵一些典范的语言成品。比如让学生"囫囵"地背诵一些唐诗宋词及经典名篇，对提高学生的语言能力及文化素养，是极为有益的，何乐而不为呢？

△ 洪老师，我赞成您上面阐述的这些观点，感谢您澄清了语文教学领域中的一些模糊认识。我感到，您提出的学习语言论，有很强的现实针对性，是否也有很强的历史针对性呢？

○ 是的。学习语言论，也称语文教学本体论，是针对语文教学百年来的失误提出来的。现代语文教学从 1903 年独立设科以来，已有 100 年了。百年来，语文教学犯了方向路线错误，以致长期处于少、慢、差、费的尴尬境地。设科伊始，没有明确提出语文教学的核心是学习语言，也就是不明确语文教学的本体是什么，这就为后来语文教学逐渐偏离本体留下了隐患。五四运动提出实行大众化的主张，这在当时无疑是进步的、革命的，但对语文教学的负面影响也很大。"打倒孔家店"，彻底否定了以儒家学说为正统的传统文化；实行大众化的同时，摒弃了大量承载着优秀文化的古汉语精品。从"人之初，性本善"到"大狗叫，小狗跳"，固然与生活贴近了，但从学习语言的角度来看，文化内涵弱了，语言水准低了，

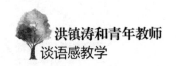
应该说是一种倒退。在 20 世纪 20 ～ 30 年代，在科学主义思潮的影响下，追求语文教学科学化成为时尚。人们有意识地让语文学科向数学、物理、化学等"科学"学科靠拢。如《国文百八课》以单元组织教学，内含文话、文选、文法（或修辞）、习问四项。文话内容为"一般文章理法"，即写作方法，以文话为纲组织单元。文话就是公式、定理；文选是用来印证文话的，是例题；习问是用来检验和巩固文话及文法（或修辞）的，是习题。这看起来确实科学多了，这种对科学性的追求也是难能可贵的。但是，《国文百八课》显然把语文教学的目的定位在语文知识（文话、文法、修辞）的传授和落实上，教学指导思想上是研究语言规律而不是学习语言本身。文选虽然选有语言精品，但主要是作为印证语文知识的"例子"，而没有作为学习的本体。新中国成立后，搬来了凯洛夫的课堂教学结构模式，即组织教学、复习旧课、讲授新课、巩固新课、布置作业。这套模式对以传授知识为主的认知性的课程是适用的，对以感悟为主的语文教学并不适用，但照样搬进了语文课堂。后来又出现了"《红领巾》教学法"，形成了一套语文教学特有的模式，即介绍时代背景、分段并概括段意、归纳中心思想、分析写作特点。这套程式，以教师对语言材料的全面分析讲解，代替学生对语言材料的感受和体悟，违背了母语教学规律。进入新时期，在改革开放的大背景下，语文教改热火朝天，取得了令人瞩目的成绩。但由于过于求助于科学主义的思维方法，忽视了母语教学的规律，许多改革在追求科学化的道路上陷入了误区，因而经不起时间的考验和实践的检验，以致语文教学的整体状况并未得到根本性的改观。纵观语文教学百年来的历史，语文教学高耗低效的根子，在于始终没有把握好语文教学的本体，没有遵循好母语教学的规律。

　　△ 洪老师，通过以上谈话，我对您的学习语言论，即语文教学本体论又有所认识了。请您再用简练的语言概括一下语文教学本体论的基本观

点，好吗？

　　○　好的。以语言为本体，以人的发展为本体的教学，是语文本体教学。语文教学本体论的基本观点是：语文教学的本体是语言，是人的发展，语文教学的根本任务是组织和指导学生学习语言，提高学生的理解和运用祖国语言文字的能力。

语感，包括口头语感和书面语感。语文教学中的语感训练，主要是训练书面语感。

5 语感的类别及其训练

语感，包括口头语感和书面语感。语文教学中的语感训练，主要是训练书面语感。进行语感训练，要弄清语感的类别及其训练方法。下面，就语感的类别及训练，略呈浅见。

一、分寸感

分寸感，指对语言合乎规范、合乎逻辑、合乎情境的感受能力。分寸感又可分为规范确当感、逻辑严密感和适境得体感等三种。

1. 规范确当感

例如，魏巍的《谁是最可爱的人》中有一句："可是我在这里蹲防空洞啊"——后面这个"啊"字，原稿上写的是"呀"字，为什么要改为"啊"呢？原来，"啊"在实际运用中经常发生音变。"啊"前面音节的末尾音素是 a、o（ao，iao 除外）、e、i、ü 的时候，读作 ya，写作"啊"，如：

①多好看的花啊（ya）；②快来听广播啊（ya）；③你来唱支歌啊（ya）；
④我们要提高警惕啊（ya）；⑤好大的雨啊（ya）。"啊"前面音节的末
尾音素是 u（包括 ao、iao）的时候，读作 wa，写作"啊"，如：①长了
好大一个包啊（wa）；②这句话说得真妙啊（wa）。"啊"前面音节的
末尾音素是 -i（舌尖前元音）的时候，读作 za，写作"啊"，如：他可是
个好孩子啊（za）。"啊"前面音节的末尾音素是 -i（舌尖后元音）的时候，
读作 ra，写作"啊"，如：什么了不起的事啊（ra）。"啊"前面音节的
末尾音素是 n 的时候，读作 na，写作"啊"，如：这张画多好看啊（na）。
"啊"前面音节的末尾音素是 ng 的时候，读作 nga，写作"啊"，如：
你可要多用功啊（nga）。

再如，鲁迅的《藤野先生》中有一句："终于这流言消灭了"——原
稿上写的是"终于这事情消灭了"，主谓搭配不当，改为"流言消灭了"
就合乎语法规范了。

又如，叶圣陶的《书的夜话》中有一句："这才有趣呢。你们来到这里，
因为主人破了产；而我们来到这里，却因为主人发了财。"——原稿上
写的是："这才有趣呢。你们来到这里，为着主人破了产；而我们来到这里，
却因为主人发了财。"为什么把"为着"改为"因为"呢？原来，"主人
破了产"与"你们来到这里"是因果关系，原文用的是表目的关系的介词"为
着"，不妥；改为表示因果关系的连词"因为"，就符合语法规范了。

总之，经常从语音、词汇、语法方面，指导学生对语言进行比较、推敲、
品味，学生就会逐渐自觉地培养和形成对语言的规范确当感。

2. 逻辑严密感

例如，老舍《龙须沟》中有一句："修这条从来没有人管的臭沟"——
原稿上写的是"修这条永远没有人管的臭沟"，作者为什么把"永远"改为"从
来"呢？因为"永远"的意思是时间长久，没有终结，包括过去、现在和未来，

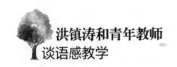

事实上，新中国成立后人民政府就来管这条沟了。"从来"的意思是从过去到现在，并不包括今后，用在这里，意思就周密了。

再如，《晏子使楚》讲的是齐国的晏子出使到楚国。楚王有意侮辱齐国。一天酒宴正在进行之间，两个小官绑着一个犯人来见楚王。楚王问道："这人犯了什么罪？"小官答道："这是个强盗！是齐国人！"楚王随即对晏子说："齐国的百姓，原来都是做强盗的。"——楚王的推断正确吗？他以"一个齐国人是强盗"为前提，得出"齐国百姓是强盗"的结论，因此，在这里楚王犯了以偏概全的错误。

总之，经常从概念、判断、推理方面，指导学生对语言进行比较、推敲、品味，学生就会逐渐自觉地培养和形成对语言的逻辑严密感。

3. 适境得体感

（1）适境感

适境，就是适应言语环境。什么是言语环境呢？具体地说，就是谁在何时何地说什么话。

例如，鲁迅的《药》中有这么一段：

（康大叔）刚进门，便对老栓嚷道："吃了么？好了么？老栓，就是运气了你！你运气，要不是我信息灵……"

"运气"可作名词，如"碰到了好运气"，可作形容词，如"我很运气"，但绝不能作动词，更不能带宾语。这里是不是错用了呢？是错用了，而且是有意错用的。因为这话出自康大叔之口，正好符合这样一位凶狠残忍粗野无知的刽子手身份。这不仅不是误笔而且是妙笔，给人以适境感。

再如，曹雪芹的《红楼梦》中有一段焦大喝醉酒之后骂人的话：

"不是焦大一个人，你们做官儿，享荣华，受富贵！你祖宗九死一生挣下这个家业，到如今不报我的恩，反和我充起主子来了。不和我说别的还可；再说别的，咱们红刀子进去白刀子出来！"

一般都说"白刀子进去红刀子出来"，这里的"红刀子进去白刀子出来"显然是一句不合常理的话，但出自喝得酩酊大醉的焦大之口，就堪称传神之笔，给人以适境感。

又如，杜牧的《寄扬州韩绰判官》：

青山隐隐水迢迢，秋尽江南草未凋。

二十四桥明月夜，玉人何处教吹箫？

有人以为"草未凋"是笔误，应改为"草木凋"，其实恰恰搞错了。杜牧写此诗时，在淮南节度使牛僧孺幕中做推官，看到当地萧条冷落，倍加眷恋江南。此时江南虽凉不寒，草木尚未凋零，风光仍然旖旎。把"草未凋"改"草木凋"就与诗境不符了。

又如，巴金的《海上的日出》，有段话中学版和小学版就不一样：

中学版："有时太阳走入云里，它的光线却仍从云里透射下来，直射到水面上。这时候，人要分辨出何处是水，何处是天，很不容易，因为只能够看见光亮的一片。"

小学版："有时候太阳躲进云里。阳光透过云缝直射到水面上，很难分辨出哪里是水，哪里是天，只看见一片灿烂的亮光。"

中学版的"时""入""仍""何处"等是书面语色彩比较浓的文言词，中学生不难理解，而小学生就不容易理解了。小学版改为"时候""躲进""哪里"等，就比较口语化，小学生容易理解了。这说明，使用语言要符合特定的受话对象。

（2）得体感

体，就是语体，文体。语体，是根据不同的交际领域，交际目的长期地反复地使用不同的交际方式、语言材料而形成的言语特点的有机统一体。文体，就是文章的体制、样式。文章的写作要注意语体、文体风格的得当。

例如，叶圣陶的《蚕和蚂蚁》，原稿上有这样一段话：

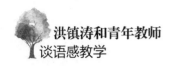
一会儿桑叶剩了些脉络……不吃桑叶做不成茧，为要做茧故而先吃桑叶……

后来作者把这段话改为：

不大一会儿，桑叶光了，不吃桑叶就做不成茧，为做茧就得先吃桑叶……

因为写的是童话，要求语言通俗、形象、生动、有趣，避免用学术性太强的术语，避免抽象的呆板的述说。原文"脉络"，本指动脉、静脉，是医学术语，把"桑叶剩了些脉络"改为"桑叶光了"，既通俗又简练。"故而"改为"就"，通俗多了。修改后给人以得体感。

又如，《食物从何处来》中有一段话，原稿是这样写的：

另一条道路叫异养。自己没本领制造食物，但却都长着一张要吃食物的嘴巴，例如所有的动物和部分微生物都是这一类。它们坐享其成，靠植物来生活。狡猾的野兔靠野草和盗窃农民的果实来生活，阴险的狼却要以野兔来做食物。狼一旦碰到了老虎，也就成了牺牲品。老虎死后又成了细菌的乐园；不用多久，尸体就被分解得精光，变成了碳酸气和水，回到大自然中，又成了植物制造食物的原料。

《食物从何处来》是一篇说明文。它要求客观地、科学地说明事物，避免主观性、感情性。而这段文字中，"自己没本领制造食物，但却都长着一张要吃食物的嘴巴"，"坐享其成""狡猾""盗窃""阴险"等说法，不是对事物作客观的说明，而是带有浓厚的感情色彩、主观色彩，不符合文体要求。后来，这段文字被改为：

另一种叫异养。所有的动物和大部分微生物都是这一类。它们自己不能制造食物，靠植物来生活。例如，野兔靠吃野草来生活。狼以野兔为食物。狼一旦碰到了老虎，也就成了牺牲品。老虎死后，又成了细菌的乐园；不用多久，尸体就分解得精光，变成了二氧化碳、水和无机盐，回到大自然中，又成了植物制造食物的原料。

修改后的这段话，就符合文体要求，给人以得体感。

总之，经常指导学生根据语境，结合文体要求，对语言进行比较、推敲、品味，学生就会逐渐自觉地培养和形成对语言的适境得体感。

以上说的是分寸感。这是语感中最重要最基础的部分，是语感训练的重点。

二、和谐感

形式美的最高原则是和谐。和谐感，指对书面材料（文章）整体上的多样统一、组合上的搭配相宜和表达上的生动流畅的感受能力。和谐感又可分为多样统一感、搭配相宜感和生动流畅感等三种。

1. 多样统一感

一篇文章在总体上必须符合多样统一的规律。所谓"多样"，就是要尽可能富于变化，如语言的抑扬顿挫，语句的变化，结构的参差，情节的波澜等。如果没有变化，就显得板滞，缺乏活力。所谓"统一"，就是要服从总体组合关系的统一要求，如首尾的照应，布局的和谐，事件发展的一气贯通等。多样统一感又可分为统一和谐感和变化多样感。

（1）统一和谐感

例如，李季的《王贵与李香香》原稿上有这样两句诗：

我一个死了不要紧了，千万个穷汉后面跟。

修改后去掉了前句的"了"字。为什么要去掉这个"了"呢？因为原诗前一行八个音节，后一行7个音节，节奏不统一；还有，这两句诗是押韵的，"紧""跟"是韵脚。前句末加个"了"，韵脚的呼应就欠周密、不协调了。改后，给人以统一和谐感。

再如，鲁迅的《一件小事》的开头写道：

我从乡下跑到京城里，一转眼已经六年了。其间耳闻目睹的所谓国家

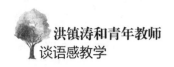

大事，算起来也很不少；但在我心里，都不留什么痕迹，倘要我寻出这些事的影响来说，便只是增长了我的坏脾气，——老实说，便是教我一天比一天看不起人。

但是有一件小事，却于我有意义，将我从坏脾气里拖开，使我至今忘记不得。

文章结尾又写道："……独有这一件小事，却总是浮在我眼前，有时反更分明，教我惭愧，催我自新，并且增长我的勇气和希望。"首尾呼应，给人以统一和谐感。

又如，高尔基的《海燕》，从布局上看，可以分为三个部分。第一部分，暴风雨到来之前，海燕对暴风雨的渴望，海鸥等对暴风雨的恐惧。第二部分，暴风雨来临在即，海上雷鸣电闪，风呼涛涌，海燕勇敢地穿云击浪，尽情享受战斗的欢乐。第三部分，海燕热烈地呼唤暴风雨来得更猛烈些。在这三部分里面，着重写了海燕与狂风恶浪的搏斗，以突出海燕英勇无畏的斗争精神；对海鸥等，则作为陪衬一笔带过。从剪裁上看，作者根据主题的需要，从众多的海上景物中，选取了几幅暴风雨即将来临时海上风云变化的图画，并以海燕的英勇斗争这一主线贯串起来，形成严谨完美的结构。全文给人以统一和谐感。

（2）变化多样感

例如，《木兰诗》开头写花木兰停机叹息的苦闷心情：

唧唧复唧唧，木兰当户织。不闻机杼声，唯闻女叹息。

这里用的韵脚字是唧、织、息，是一种细微韵，与木兰的苦闷心情相吻合。经过多年的戎马生涯，她凯旋了。诗中写道：

归来见天子，天子坐明堂，策勋十二转，赏赐百千强。可汗问所欲，木兰不愿尚书郎，愿驰千里足，送儿还故乡。

这里改用了洪亮的韵脚字：堂，强，郎，乡，表达欢乐愉快的感情。

全诗在音韵上给人以变化多样感。

再如，闻一多的《最后一次讲演》，在内容上，既对李公朴被暗杀的事实表明了爱憎分明的态度，又深刻揭示了这件事情的本质，还向昆明青年发出号召，同时表明了自己誓死战斗的决心。在表达方式上，有叙事，有议论，有抒情。运用的修辞手法，有反问，有设问，有排比，有反复。在人称上，有第三人称"他"——指李公朴，用赞扬的语气，表达崇敬的心情；有第二人称"你""你们"——指反动政府及其特务，用质问、痛斥的语气，表达蔑视、憎恨的感情；有第一人称"我们""大家"——指革命青年和革命人民，用热情洋溢的语气，表达自信和昂扬的感情。运用的语句，以短句为主，也有适量的长句。全文给人以变化多样感。

"多样"和"统一"是一对矛盾，体现在一篇文章中，相反相成。

总之，经常从多样统一方面，指导学生对文章进行推敲，学生就会逐渐自觉地培养和形成多样统一感。

2. 搭配相宜感

（1）词语搭配相宜感

例如，魏巍的《谁是最可爱的人》原稿中有这样一段话：

他们看来是很平凡、很简单的哩，既看不出他们有什么高明的知识，又看不出他们有丰盛细致的感情。

后来作了修改：

他们看来是很平凡、很简单的哩，既看不出他们有什么高深的知识，又看不出他们有丰富细致的感情。

为什么要做这样的修改呢？原来，"高明"与"知识"，"丰盛"与"感情"不搭配；把"高明"改为"高深"，把"丰盛"改为"丰富"，就搭配相宜了。

再如，毛泽东的《改造我们的学习》中，有这么几句话：

如果我们回想一下，我党在幼年时期，我们对于马克思列宁主义的认

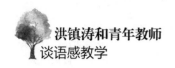

识和对于中国革命的认识是何等肤浅，何等贫乏，则现在我们对于这些认识是深刻得多，丰富得多了。

如果把"深刻得多"与"丰富得多"两个短语调换次序，变为"丰富得多，深刻得多"可以吗？不可以。因为"深刻"与上文"肤浅"相对应，"丰富"与上文"贫乏"相对应，词序调换后就不对应，不协调了。而原文给人以词语搭配相宜感。

（2）材料搭配相宜感

文章中，材料的虚实、主次、正反等须搭配相宜。

例如，汉乐府《陌上桑》，描绘采桑女罗敷的美丽肖像时，对她头上的装束采用写实手法，从服饰上衬托人物体态美；而对罗敷的肖像美，完全采用虚写手法，通过渲染不同年龄、不同职业的行人在路上看到罗敷之后忘乎所以的情态来烘托其绝色美貌。全文给人以材料的虚实搭配相宜感。

再如，许地山的《落花生》是一篇借物明理的文章。种花生，收花生，吃花生，是次要材料，用笔极简；而跟父亲的对话是主要材料，用笔极详。这样处理，给人以材料主次搭配相宜感。

又如，鲁迅的《一件小事》中的"车夫"和"我"，《故乡》中的闰土和杨二嫂，均构成鲜明对比，给人以材料正反搭配相宜感。

（3）技法搭配相宜感

例如，李白的《黄鹤楼送孟浩然之广陵》：

故人西辞黄鹤楼，

烟花三月下扬州。

孤帆远影碧空尽，

唯见长江天际流。

这是一首用自然景物写出离愁别绪的送行之作。全篇不见"惜别"二字，但惜别的深情，寄寓在"孤帆远影碧空尽，唯见长江天际流"的景物描写之中，给人以情景交融感。

再如，毛泽东的《沁园春·雪》，对雄伟壮丽的北国的大雪作了极为精彩的生动描写：披雪的群山，犹如蜿蜒的银蛇，回旋腾跃，姿态雄劲；铺雪的高原像巨大的白象在驰骋狂奔，气势磅礴。由于大雪飘飞，群山和高原与天宇连成一片，仿佛要与天公比个高低。诗人以动写静，给人以动静结合感。

又如，《林教头风雪山神庙》，表现了林冲由逆来顺受到奋起反抗的性格发展历程。全文总体节奏安排是由弛到张，但中间又有起伏。开端是林教头沧州遇旧知，笔墨是松弛；接着是陆虞候密谋害林冲，写"闪"进两个人来，其言行引起李小二的疑虑警惕，李小二把情况报告林冲，林冲识破陆虞候阴谋，并买刀寻敌，气氛越来越紧张。写到这里，作者又有意放慢笔墨：林冲寻敌未遇，心下也"慢"了，松懈了；管营不仅没有害他，还委派好差使给他，林冲也心安理得地接受委派。从节奏上说，这时是彻底地松弛下来了。但这松弛，就如两峰之间的低谷，为下面出现的高峰蓄势。从雪夜沽酒，到破庙借宿，到偶听真情，节奏由弛到张，一步比一步紧，最后发展到奋起杀敌的情节高潮。全文给人以张弛得当感。

总之，经常从词语搭配、材料搭配、技法的综合使用方面，指导学生对语言材料进行比较、推敲和品味，学生就会逐渐自觉地培养和形成对语言的搭配相宜感。

3. 生动流畅感

（1）连贯流畅感

人的血脉，必须通畅，如果某个部分阻塞了，就会有瘫痪的危险；文章也是这样，必须上连下接，一气呵成，如果文气梗塞，即使内容很精彩，语句很优美，都如破镜碎玉一样，失去了完美的艺术光辉。

例如，茅以升的《中国石拱桥》原稿中有这样一段话：

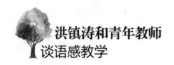
石拱桥在我国已有将近两千年的历史，而且传布很广，几乎全国各地，无处没有，特别是长江以南水道较多的地区。它们大小不一，多种多样，其中有很多是惊人的杰作，最出名的是河北省石家庄附近的赵州桥，但此外还有不少伟大创造，现在只举几个例子。

首先应当提到卢沟桥……

比卢沟桥还早得多的有苏州的宝带桥……

至于赵州桥，它确实是世界上最伟大的石拱桥……

这段话就不够连贯流畅。在对石拱桥作了概括说明之后，转入举例说明，其过渡句是"最出名的是河北省石家庄附近的赵州桥，但此外还有不少伟大创造，现在只举几个例子"，可是接下来却撇开"赵州桥"，而说"首先应当提到卢沟桥……"使前后脱节了。后来，这段文字被修改为：

我国的石拱桥几乎到处都有。这些桥大小不一，形式多样，有许多是惊人的杰作。其中最著名的当推河北省赵县的赵州桥，还有北京丰台区的卢沟桥。

赵州桥横跨在洨河上，是世界著名的古代石拱桥……

永定河上的卢沟桥，修建于……

改文过渡得很好，承接紧密，给人以连贯流畅感。

再如，贾谊的《过秦论》，开头一段是这样写的：

秦孝公据崤函之固，拥雍州之地，君臣固守以窥周室，有席卷天下，包举宇内，囊括四海之意，并吞八荒之心。当是时也，商君佐之，内立法度，务耕织，修守战之具，外连衡而斗诸侯。于是秦人拱手而取西河之外。

这段话开头以"秦孝公"领起，"据……""拥……"两句，写出秦优越的地理位置；"有……意……心"，写出秦有统一天下的雄心；"当是时也"领起，交代秦内外形势；"于是"一句写秦的成功。语言连贯，一气呵成，形成一股通畅的语流，给人以连贯流畅感。

如果把这段话改为：

秦孝公据有坚固的崤函，拥有雍州的土地，君臣固守疆土，窥视周室。孝公有席卷天下、包举宇内、囊括四海之意，有并吞八荒之心。当是时，孝公有商君辅佐，对内立法度，务耕织，修守战之具，对外连衡使诸侯相斗。于是他拱手取得了西河之外的土地。

这就失去原来的连贯流畅的气势了。

（2）生动形象感

文章的生动形象，既体现在用词造句上，也体现在人物、景物的描绘上。

例如，魏巍的长篇小说《东方》原稿中有一句："人一穷，背后就有人来评论你"。后来修改为："人一穷，就有人戳脊梁骨"。

显然改文比原文好。"戳脊梁骨"，把背后说闲话、评头品足形象化了，给人以生动形象感。

再如，有一首诗的原稿中有以下两句：

日头坠到鸟巢里，

黄昏里还辨得出归鸦的翅膀。

后来修改为：

日头坠到鸟巢里，

黄昏还没溶尽归鸦的翅膀。

为什么把"辨得出"改为"溶尽"呢？因为"辨得出"太直露，也不形象，改为"溶尽"意境就出来了：黄昏朦胧，归鸦满天，黄昏的颜色一霎一霎的浓，乌鸦的翅膀一霎一霎的淡，最后两者不可分了。乌鸦的翅膀的黑色被黄昏"溶化"了。多么生动，多么形象！

又如，齐怀的《刑场上的婚礼》，原稿写道：

同胞们，同志们！永别了！希望你们勇敢地战斗！共产主义一定会胜利，未来是属于我们的！

世界上还有比这样在敌人的刑场上举行的婚礼更动人的吗？古今中

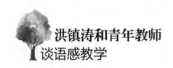
外，有谁看见过像陈铁军烈士那样在临刑前用敌人的枪声来为自己的婚礼庆贺的女英雄吗？

后来修改时在中间加上了一段话：

演说完毕，周文雍把收藏着的起义时用的红领带挂在两个人的脖子上。他们手挽手、肩并肩地站立着。红花岗，是他们的刑场，是他们的战场，也是他们举行庄严而高尚的婚礼的礼堂。他们昂起头，蔑视敌人的死刑，带着希望的微笑，把那扑不灭的火种留给后来的人们。

加上的这段话，有叙述，有描写，有议论，内容更充实了，而手挽手、肩并肩、昂首、蔑视、微笑等描写，使人物更形象生动了，给人以生动形象感。

总之，经常从表达的生动流畅方面，指导学生对语言材料进行比较、推敲、品味，学生就会逐渐自觉地培养和形成对语言的生动流畅感。

三、情味感

情味感，指对文情、文质、文势、语味的感受能力。情味感，又可分为文情感、文质感、文势感、语味感四种。

1. 文情感

文情感，指对文章中流露的情感、情绪的感受能力。文情感，又可分为热情奔放感、抑郁忧思感、昂扬激越感和静穆闲适感。

（1）热情奔放感

例如，毛泽东的《星星之火，可以燎原》中有一段论断革命高潮快要到来的话：

我所说的中国革命高潮快要到来……它是站在海岸遥望海中已经看得见桅杆尖头了的一只航船，它是立于高山之巅远看东方已见光芒四射、喷薄欲出的一轮朝日，它是躁动于母腹中的快要成熟了的一个婴儿。

作者用了一组排比比喻句，洋溢着强烈的革命乐观主义精神，给人以热情奔放感。

（2）抑郁忧思感

例如，郁达夫的《故都的秋》，着力写故都秋的清、静、悲凉，选取的材料都是冷色调的。景物显露的"情"也都是抑郁、寂寞的，给人以抑郁忧思感。

又如，鲁迅的《祝福》中有一段话：

冬季日短，又是雪天……一面想，反而渐渐的舒畅起来。

这段抒情独白，表露了"我"内心的悲凉和深远的忧思，给人以抑郁忧思感。

（3）昂扬激越感

例如，鲁迅的《记念刘和珍君》中有一段话：

惨象，已使我目不忍视了；流言，尤使我耳不忍闻。我还有什么话可说呢？我懂得衰亡民族之所以默无声息的缘由了。沉默呵，沉默呵！不在沉默中爆发，就在沉默中灭亡。

这段话用两个"不忍"和一句反问之后，说"我懂得衰亡民族之所以默无声息的缘由了"。两个"沉默呵"，反复呼喊，第一句沉痛地指出现实，第二句激越地对沉默的现实表示不满，最后用一个选择句式为我们民族敲起警钟，强调要爆发，要奋起斗争，否则就会灭亡，起来，不愿做奴隶的人们！这段话给人以昂扬激越感。

（4）静穆闲适感

例如，陶渊明的《饮酒》：

结庐在人境，而无车马喧。问君何能尔？心远地自偏。

采菊东篱下，悠然见南山。山气日夕佳，飞鸟相与还。

此中有真意，欲辨已忘言。

这首诗表现了一种物我一体的超然境界，给人以静穆闲适感。

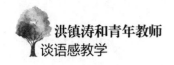
2.文质感

文质感,指对文章的质地的感受能力。文质感,又可分为自然质朴感、华丽典雅感、清新优美感、凝重深沉感、柔婉细腻感、泼辣犀利感。

(1)自然质朴感

例如,吴伯箫的《记一辆纺车》开头写道:

我曾经使用过一辆纺车,离开延安那年,把它跟一些书籍一起留在蓝家坪了。后来常常想起它。想起它,就像想起旅伴,想起战友,心里充满着深切的怀念。

这段话,如话家常,娓娓而谈;语言质朴,不事雕饰,给人以自然质朴感。

(2)华丽典雅感

例如,孙中山《〈黄花岗烈士事略〉序》中有一段话:

然是役也,碧血横飞,浩气四塞,草木为之含悲,风云因而变色。全国久蛰之人心,乃大兴奋,怨愤所积,如怒涛排壑,不可遏抑,不半载而武昌之革命以成,则斯役之价值,直可惊天地、泣鬼神,与武昌革命之役并寿。

这段文字,既有骈文的痕迹,又不为骈文所拘束,而是骈散相间。语言极尽铺陈渲染,如"碧血横飞,浩气四塞,草木为之含悲,风云因而变色"等。用词十分华丽、典雅,如"碧血""浩气""惊天地""泣鬼神"等。给人一种华丽典雅感。

(3)清新优美感

例如,碧野的《天山景物记》中对"迷人的夏季牧场"的描写,全文笔调清新,语言优美,给人以一种清新优美感。

(4)凝重深沉感

例如,毛泽东的《沁园春·长沙》,在描述了橘子洲头看到的生机勃勃的秋天景色之后,发出慨叹:"怅寥廓,问苍茫大地,谁主沉浮?"一"怅"

一"问"，提出了有关革命领导权的重大问题，表现了诗人高度的革命责任感，给人以凝重深沉感。

再如，鲁迅的《为了忘却的记念》，在记叙了作者与几位青年作家交往的情形及他们被捕遇害的经过之后，作者写道："在一个深夜里，我站在客栈的院子中……吟罢低眉无写处，月光如水照缁衣。"结尾又写道："不是年青的为年老的写记念……将来总会有记起他们，再说他们的时候的……"

这些话既表达了对烈士的沉痛悼念和对反动社会无比憎恨的感情，同时也表达了化悲痛为力量，踏着烈士的血迹继续战斗的决心。给人以凝重深沉感。

（5）柔婉细腻感

例如，朱自清的《背影》，对父亲的背影作了极为细腻的描写。这段描写，可以令人想见父亲攀登车站月台时那咬紧牙关用力的面容，想见他那疲倦的神态，还可以想见儿子在时刻注目于父亲的情态，从中体味到深切的父子之爱。给人以柔婉细腻感。

再如，柳永的《雨霖铃》，以冷落秋景为衬托，精心刻画临别之际难舍难分的场景。上片着力写一个"别"字，帐饮—催发—执手。下片着力写一个"念"字，写想象中的别后情景，层层铺叙，曲折尽致。给人以柔婉细腻感。

（6）泼辣犀利感

例如，鲁迅的《论雷峰塔的倒掉》，叙述法海逃在螃蟹壳里避祸，终于成了"蟹和尚"的故事之后，写了："活该。"并且这两字独立成段，集中表现了人民对胜利的欢呼，对卫道者可耻下场的嘲讽，给人以泼辣犀利感。

3. 文势感

文势感，指对文章气势的感受能力。文势感，又可分为粗犷豪放感、洒脱飘逸感、舒缓从容感、起伏跌宕感。

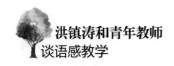
（1）粗犷豪放感

例如，毛泽东的《沁园春·雪》，描绘了一幅壮阔的北国俏丽的冰雪景象：

北国风光，千里冰封，万里雪飘。望长城内外，惟余莽莽；大河上下，顿失滔滔。山舞银蛇，原驰蜡象，欲与天公试比高。须晴日，看红装素裹，分外妖娆。

作者居高临下，俯视千里万里，境界开阔，气势宏大。接着纵论古来的英雄人物，指点江山，气魄宏伟。全词如长江、大河，一泻千里，给人以粗犷豪放感。

再如，刘白羽的《长江三日》，写长江和嘉陵江的汇合口，抓住云雾迷蒙、波涛翻滚，突出开阔、神奇；写瞿塘峡，抓住巨礁森严、万水奔腾，突出惊险；写巫峡，抓住江急峡陡、雷霆万钧，突出壮观；写西陵峡，抓住山高、江窄、浪翻，突出险恶；写楚地，抓住雪白的鸥鸟、透明的薄雾、一簇簇的帆船，突出江的宁静。这样顺序写来，写出了长江三峡的千姿万态，淋漓尽致地再现了这段畅游长江的惊奇、凶险、宁静、庄严的感情经历，给人以粗犷豪放感。

（2）洒脱飘逸感

例如，李乐薇的《我的空中楼阁》，这样写他的小屋：

我把一切应用的东西当做艺术，我在生活中的第一件艺术品——就是小屋。白天它是清晰的，夜晚它是朦胧的。每个夜幕深垂的晚上，山下亮起灿烂的万家灯火，山上闪出疏落的灯光。山下的灯把黑暗照亮了，山上的灯把黑暗照淡了，淡如烟，淡如雾，山也虚无，树也缥缈。小屋迷于雾失楼台的情景中，它不再是清晰的小屋，而是烟雾之中、星点之下、月影之侧的空中楼阁！

这段文字，把小屋描绘成一座空中楼阁，表现了作者对喧嚣浑浊的社会现实的厌弃，对超然物外的独立安静生活的向往。语言散整相间，大量运用对比句，"白天""夜晚""山下""山上"对比着写。对比的前后两句字数基本相同，接近对偶。有三字的，有四字的，有七字乃至十字的对偶。首尾两句是散句。运用自如，挥洒得宜，如飞瀑流泉，给人以洒脱飘逸感。

（3）舒缓从容感

例如，朱自清的《匆匆》：

燕子去了，有再来的时候；杨柳枯了，有再青的时候；桃花谢了，有再开的时候。但是，聪明的，你告诉我，我们的日子为什么一去不复返呢？

——是有人偷了他们罢：那是谁？又藏在何处呢？是他们自己逃走了罢：现在又到了哪里呢？

……

去的尽管去了，来的尽管来着；去来的中间，又怎样地匆匆呢？早上我起来的时候，小屋里射进两三方斜斜的太阳。太阳他有脚啊，轻轻悄悄地挪移了；我也茫茫然地跟着旋转。于是——洗手的时候，日子从水盆里过去；吃饭的时候，日子从饭碗里过去；默默时，便从凝然的双眼前过去。我觉察他去的匆匆了，伸出手遮挽时，他又从遮挽着的手边过去；天黑时，我躺在床上，他便伶伶俐俐地从我身上跨过，从我脚边飞去了。等我睁开眼和太阳再见，这算又溜走了一日。我掩着面叹息。但是新来的日子的影儿又开始在叹息里闪过了。

全文句式匀称，语气平稳，如涓涓细流，汨汨流淌，给人以舒缓从容感。

（4）起伏跌宕感

例如，陶渊明的《桃花源记》，故事曲折回环，悬念迭起。渔人"缘溪行，忘路之远近"，设下悬念：迷路了，会怎么样？"忽逢桃花林"，为之一喜（一折）。接着写桃林美景，"渔人甚异之，复前行，欲穷其林"，又设下悬念：走完桃林了吗？桃林前面是什么地方？"林尽水源，便得一山，山有小口，仿佛若有光"，又为之生疑（二折）。接着写渔人舍船而入的探险行动。"初极狭，才通人"，又设下悬念：里边有什么，能走得通吗？"复行数十步，豁然开朗"，又为一惊（三折）。接着写美好的世外桃源，介绍了桃源的生活环境和社会风尚。渔人辞去时，"此中人语云：'不足为外人道也'"，又设下悬念：渔人出去后给外人说了吗？"及郡下，诣太守，说如此"，又为之遗憾（四折）。"太守即遣人随其往，寻向所志"，又设下悬念：找到了吗？"不复得路"，又为之迷惑不解（五折）。全文给人以起伏跌宕感。

4. 语味感

语味感，指对语言的韵味的感受能力。语味感，又可分为亲切动人感、幽默诙谐感、弦外有音感、褒贬抑扬感。

（1）亲切动人感

例如，魏巍的《谁是最可爱的人》开头写道：

在朝鲜的每一天，我都被一些事情感动着，我的思想感情的潮水，在放纵奔流着；它使我想把一切东西都告诉给我祖国的朋友们。但我最急于告诉你们的，是我思想感情的一段重要经历，这就是：我越来越深刻地感到谁是我们最可爱的人！

这些话发之于作者的真情，又采用的是一种与朋友谈心的口吻，给人以亲切动人感。

（2）幽默诙谐感

例如，欧·亨利的《警察与赞美诗》写道：

多年来，好客的布莱克威尔岛监狱一直是他的冬季寓所。正如福气比他好的纽约人每年冬天要买票去棕榈滩和里维埃拉一样，苏比也不免要为一年一度的'冬狩'做些最必要的安排。

苏比的计划是扮演一个下流、讨厌的小流氓。他的对象文雅娴静，又有一位忠于职守的巡警近在咫尺，使他很有理由相信，警察那双可爱的手很快就会落到他身上，使他在岛上冬蛰的小安乐窝里吃喝不愁。

把监狱说成"好客的""冬季寓所","小安乐窝",把混进监狱过冬说成"冬狩",把警察抓人的手称之为"可爱的手",以表现苏比的反常心理。由于运用了反语,字面的意思与所表达的实际内容产生强烈的反差,从而给人以幽默诙谐感。

（3）弦外有音感

例如,京剧《沙家浜》"智斗"一场,刁德一与阿庆嫂的对唱,双方都是有弦外之音即潜台词的。刁德一第一段话,有意用上"抗日救国""舍己救人"等词语,暗示你阿庆嫂并非等闲之辈。阿庆嫂第一段答话用"江湖义气第一桩""背靠大树好乘凉"等说法,委婉表明自己不过是一个普通的小生意人。刁德一第二段话就比较直露地怀疑阿庆嫂与新四军的关系。阿庆嫂的第二段答话,有意回避正面回答,而仍然以一个茶馆老板的身份,申述自己为人处事都是从生意出发的,暗示刁德一:你的怀疑是毫无根据的。这段对唱,给人以弦外有音感。

（4）褒贬抑扬感

例如,古代有个书生叫李次青的,不会打仗却带兵打仗,于是老打败仗,有人上呈文参劾他,他的朋友为他辩护。朋友们原拟呈文:"平江李次青……将兵作战,屡战屡败……"后来发现不妥,这不加重了李的罪状吗？于是改为:"平江李次青……将兵作战,屡败屡战……""屡战屡败"说明无能;"屡败屡战"说明忠心耿耿,百折不挠。只变动了一下词序,就变贬为褒了。

以上说的是情味感。

我们举例说明了语感的种类及其训练。要特别指出的是,分出以上类别,是便于对语感的外延有一个清晰的了解,但在语感训练时,不可机械分割。针对某一篇（段）语言材料,可从不同方面和不同角度指导学生作语感分析,培养多方面的语感力。

例如,鲁迅的《文学和出汗》中有一段话:

只要流传的便是好文学，只要消灭的便是坏文学；抢得天下的便是王，抢不到天下的便是贼。莫非中国式的历史论，也将沟通了中国人的文学论欤？

对这段话，可进行以下语感分析：

①把"沟通"改为"影响"或"导致"，可以吗？［品味一个"词"］

——不可以。"沟通"，说明中国式的历史论与中国人的文字论"一脉相通"，如果用"影响"或"导致"，二者的关系就变成一主一从了。这就不足以充分揭露某些人所鼓吹的"文学论"的反动本质。［培养"逻辑严密感、概念清晰感"］

②把"抢得天下的便是王，抢不到天下的便是贼"改为："成则为王，败则为寇"，不是更简洁些吗？［品味一句话］

——改后语言的确是简洁了。但因为前文是"只要流传的便是好文学，只要消灭的便是坏文学"，后文把音节改短了，就显得不协调了；再者，前面用的是口语，后面突然改成文言，也显得不协调，所以不能改。［培养"和谐·统一谐感"］

③如果把这段话中间的关联词去掉，变成"流传的是好文学，消灭的是坏文学；抢得天下的是王，得不到天下的便是贼。中国式的历史论，沟通了中国人的文学论。"好吗？［品味关联词语］

——改后语气短促，不够流畅；语气减弱，不够有力。［培养"和谐·连贯流畅感"］

④如果把这段话改为："我们不能说流传的便是好文学，消灭的便是坏文学，正如不能说抢得天下的便是王，抢不到天下的便是贼一样。不能让中国式的历史论影响我们的文学论。"在情味上有什么变化？［品味整段话的情味。］

——修改后，变成了正面说理，给人一种亲切感，而失去了原文驳斥敌论那样泼辣犀利的风格。［培养"情味·文质感"］

6 在"完整语言"的实践中学习语言

　　什么叫"完整语言"？美国奥尔特维格尔等人对"完整语言"的概念作了如下阐释：①语言是为了要表达意思而完成某种目的；②书写的文字也是语言；③语言体系（即语音、文字、语义及语法等）总是在语言使用时同时出现；④语言常发生于某一情境；⑤情境乃是形成意义的关键。

　　以上几条，可以概括为两点：第一点，语言服从于为达到某种目的而叙事状物、表情达意的要求，它存在于一定的语境之中。第二点，语言是以完整的形式（即体系的形式）出现和存在的，是有机的整体。

　　脱离语境的语句，是没有实际意义的。比如说，"他写了一篇文章"这个句子，在不同的语境中，表达的意思多种多样，各不相同。它可以分别强调"他""写""一""篇""文章"。如果孤立地拿出"他写了一篇文章"来，如何能判断它的确切含义呢？而我们的语文教学，常常搞一

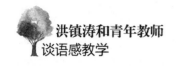

些脱离了实用、脱离了语境的静态的语言练习,如硬性的组词,硬性的造句,硬性的按一定模式的"作"文,这都是不符合语言特点、违背学习母语的规律的做法,是应该予以废止的。

长期以来,我们的语文教育工作者,在科学主义的影响下,把语言看作是知识的叠加,看作类似机器的东西。像机器那样,由零件而部件而整装,既可以拼拢,也可以拆卸。他们设想的学生学习语言的科学步骤是,先把握字词(零件),再把握句子、句群和段落(大小部件),最后把握篇章(组装的机器)。这也是不符合语言特点、违背学习母语的规律的。孩子们学习语言特别是母语,他们接触的,都是在语境中的完整的语言(包括口头的和书面的),而不是语言的"零件"或"部件";他们运用的,也都是在语境中的完整的语言,而不是语言的"零件"或"部件"。比如一个两三岁的孩子,向妈妈要苹果吃,妈妈未能满足他的要求,于是他说:"我非要吃苹果!"这句话看似简单,其实麻雀虽小肝胆俱全。它既表达了要吃苹果的意愿,还表现了想得到苹果的强烈的感情色彩;它符合母语的组合规则,还运用了一点修辞手法("非"在这里作副词用,表强调)。这句话是在生活中,在母语环境中自然习得的,并非"科学训练"的结果。如果按照"科学训练"的办法,从"零件"学起,先理解字义,再理解词义,再掌握句子的组合规则及语言的修辞手法,然后才说(写)完整的话,那么,孩子们是一句话也学不会的。

由此看来,现在学校盛行的脱离语境的拆成"零件""部件"式的"字—词—句—段—篇"的"科学训练",恰恰是不科学的。那些无穷无尽、浩如烟海的解词、组词、造句、分段等所谓的"基础训练",除了给学生以沉重的负担之外,是没有多大用处的。我们认为,从小学一年级起,就应该让学生感受、领悟、积累、运用完整的语言,即成篇地读,成篇地听,成篇(段)地背,成篇地说,成篇地写。在完整语言的实践过程中,对字义、词义、语言的组合规则及修辞手法，就会自然而然地逐渐地把握了。至于从语言学、写作学的角度要求，了解文字的形成、文字的分类、汉字的造字法、汉字形体结构，了解词的构成、词的类别、词的造句功能，了解句子种类、句子结构，了解复句类型及其内部关系，了解修辞格及其运用，了解文章的体式、文章的章法、文章的表达方式，分析文章的段落、中心和写作特点，等等，都是属于"研究语言"的范畴，是语言研究工作者和教学工作者的事。对于一个接受基础教育的以"学习语言"为己任的中小学生来说，稍懂一点未为不可；但没有必要去精通它，精通了也没有大用。明白了以上道理，不仅将有助于中小学生语文作业的"减负"，而且有望多快好省地提高学生的语文能力和语文素养。

我们今天提倡诵读，不但是为了让学生在理解的基础上记背适量的文言文，取得比较丰富的感性认识，而且是为了让学生通过诵读加深对文章或作品的理解，把握文言文的一般特点和规律，提高文言文的阅读能力。

7 文言文教学中要重视诵读

　　文言文是古人（除个别例外）用古代通行的汉语书面语写下的文章或作品。学生学习文言文，既有语言障碍，又有时代隔膜和思想距离。长期以来，文言文教学都是以教师串讲为主要方式。以为只有讲，才能使学生克服语言障碍，消除时代隔膜，领会古人的思想感情。殊不知作为一种语言的学习，光靠听取教师的讲解，是无法学好的。要想收到好的效果，必须让学生多读多练，而"读"又起着决定性的作用。这里所说的读，主要指诵读。所谓诵读，就是出声朗读，并熟读成诵。这是传统语文教学的一种重要方法，是应当予以继承的。当然，在旧时书塾中，诵读的目的仅仅在于让学生死记硬背所学的内容，所采取的那种机械的千篇一律的哼唱和反复刺激、强行记忆的做法，是不可取的。我们今天提倡诵读，不但是为了让学生在理解的基础上记背适量的文言文，取得比较丰富的感性认识，而且是为了让学生通过诵读加深对文章或作品的理解，把握文言文的一般特点和规律，提高文言文的阅读能力。因此，我们提倡的诵读，要采用普通话的语音，读出文章或作品中固有的语气、语调和节奏，表达出文章或作品中内在的情绪、气氛和感情。要把诵读训练的过程变成对文章或作品深入理解的过程，要把诵读与其他基础训练紧密结合起来。

一、在诵读训练中正音正字

认清字形，读准字音，是文言文学习的起码要求，也是文言文诵读的起码要求。文言文教学离不开正音正字，但可以把它与诵读训练结合起来。如在教学某篇文言文时，或者一开始教师就范读，通过范读给学生正音正字；或者先让学生试读，从试读中发现学生有哪些字不认识，有哪些字音没有读准，然后予以纠正。从试读中还可以发现，学生常常误以声旁的音作字音和误以形近字的音作字音，对一字数音的字，更是容易弄错。针对这种情况，除了适当讲一点汉字的造字法等常识和告诉学生查阅工具书的方法并督促学生勤查工具书以外，还要适当编一些练习，让学生出声诵读，在诵读中辨析字形和字音。

例如，学生误把"莩"字读"孚"的音，除让学生查字典，弄清楚"莩"字的准确读音外，还可把"野有饿莩而不知发……"和"小信未孚，神弗福也"两句放在一起让学生反复诵读，认准字形，读准字音。再如，学生对"说"字的几种不同的读音表示不同的词义不易把握，可以把"学而时习之，不亦说乎"和"或说处杀虎斩蛟……"放在一起让学生反复诵读，辨明词义，读准字音。

二、在诵读训练中辨词析句

诵读要以对所学材料的初步理解为基础。只有把文章的词义、句意弄懂了，才能读得正确。同时，诵读又是检验学生对词义、句意是否准确理解的重要手段。学生由于不明白词的本义、引申义、假借义，不了解文言文用词造句的一些特点而常常把一些词义和句意弄错。针对这种情况，除

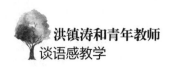

了给学生讲一点文言词法和句法的有关常识外，还要注意让学生在诵读训练中辨词析句。

1. 在诵读训练中辨析词义

在诵读中，可运用停顿辨析词义。停顿运用的不同，往往表现出对词义理解的不同。例如，《资治通鉴》关于魏征的故事中有"征状貌不逾中人而有胆略，善回人主意"一句。其中，"善回人主意"五字，可以有两种读法：①在"人"与"主"之间稍做停顿，即"善回人／主意"。——意思是"善于使别人改变主意"。②在"回"与"人"之间稍作停顿，即"善回／人主意"。——意思是"善于使君主改变主意"。通过比较，学生明白后一种读法是正确的。之所以产生前一种误读，是因为把文言单音词"主"和"意"，错误地当作现代汉语的复音词"主意"。

在诵读中，可运用重音辨析词义。重音运用的不同，也往往表现对词义理解不同。例如，《订鬼》中有"宋之庖丁学解牛，三年不见生牛，所见皆死牛也"一句。其中"三年不见生牛"六字，也可以有两种读法：①把重音落在"生"字上，即"三年不见生牛"。——意思是"三年没有看到活牛"。②把重音落在牛字上，即"三年不见生牛"。——意思就成了"三年内没有看到生下一条牛"。通过比较，学生不仅知道前一种读法是正确的，而且明白之所以产生后一种误读，是因为没有注意这里的"生牛"是与下文的"死牛"是相对的，"生"应该是"活"的意思，而不能作"产生"理解。

在诵读对称句时，还可根据读音的对称来推断词义。例如，《与朱元思书》中有"急湍甚箭，猛浪若奔"一句。诵读时，"急湍甚箭"与"猛浪若奔"应对称地读出来，即停顿和重音都应该相同。——"急湍／甚箭"，"猛浪／若奔"。其中"箭"与"奔"在句中处于相同位置，词性应相同，意思应相近，这在文言文中称为"对举"，可由"箭"推知此处的"奔"是名词"奔跑的马"，而不是动词"奔跑"。

2. 在诵读训练中辨析语意

在诵读中，可运用停顿和重音辨析语意。停顿、重音运用的不同，不仅可以反映对词义的不同理解，还可以反映对句子形式和句子结构的不同理解。例如，《狱中杂记》中有"此疫作也"一句，可以有两种读法：①把"此"字读重音，并在后面稍做停顿，即"此／疫作也"。②取消"此"字的重读，把"此疫"连起来读并在"疫"字后面稍做停顿，即"此疫／作也"。按照前一种读法，这是一个判断句，意思是"这（是）瘟疫发作了"；按照后一种读法，这是个陈述句，意思是"这种瘟疫发作了"。这两种读法还反映了对句子结构的不同理解。前一种读法，"此"是主语，"疫作也"是对"此"作解释原因的判断。后一种读法，"疫"成了主语，"作也"是对"疫"的陈述。通过诵读比较和联系上下文理解，学生明白前一种读法是正确的。

三、在诵读训练中点断句读

断句读就是给没有加标点符号的文章加上标点符号，这是阅读文言文的一种重要能力。断句读的过程，就是综合运用文言文的字词句各项知识的过程。要提高学生断句读的能力，当然要让学生掌握一定的文言基础知识，但更为重要的是要加强断句读的训练，要在断句读的训练中形成断句读的能力。而句读即标点是可以"读"出来的，我们要在诵读训练中指导学生点断句读。

例如，点读练习中有"广（指李广）为人长猿臂其善射亦天性也"一句，学生试读时可能出现这样两种读法：①"广为人，长（zhǎng）猿臂，其善射亦天性也"。——意思就是"李广是人，（却）长着猿猴的胳膊，他善于射箭是他的天性"。②"广为人长（cháng），猿臂，其善射亦天性也。"——意思就是"李广身材高大，胳膊像猿猴的胳膊（那样粗壮），他善于射箭是他的天性"。经过两种读法的比较，学生明白第二种读法和第二种断句才是正确的。又如，点读练习中有关荆轲刺秦王的故事，其中有一句"拔剑剑长操其室（剑鞘）时惶急剑坚故不可立拔"。对这句话，试读时可能出现这样两种读法：①"拔剑，剑长，操其室时，惶急，剑坚，故不可立拔。"②"拔剑，剑长，操其室；时惶急，剑坚，故不可立拔。"究竟哪种读法对呢？可启发学生思考：秦王惶急的心情是从什么时候开始的？学生明确：秦王惶急的心情是从荆轲"持匕首揕之"开始的，而不是从"操其室时"开始的，于是确认第二种读法也就是第二种断句才是正确的。

四、在诵读训练中体察语气

用语言表达思想感情，总是带着语气的。学习文言文不能只停留在字面上的理解，还要仔细体察文章的思想感情，而语气是表现在声音上的，这就要靠诵读来揣摩。在诵读中，由于读法不同，语气不同，表现出的思想感情也会大不相同。例如《伐檀》中的"彼君子兮，不素餐兮"一句，如果诵读时用平缓的节奏和语调，就可能读出一种肯定"彼君子"是"不素餐"的语气来，这显然是不符合作者原意的。应该采取的正确读法是：把"君"和"素"作重音拖长处理，并在"君"和"素"后面加点高扬调，读出反语的讽刺语气。再如，《硕鼠》中的"硕鼠硕鼠，无食我黍"一句，如果诵读时用缓慢的节奏和低沉的语调，就会读出一种恳求的语气，那显然也是与作者的原意不符的。正确的读法是：用稍快的节奏，读得短促有力，同时把"无"字作重音处理，读出憎恨、愤慨的语气来。

在诵读训练中，可以采取多种比较性诵读的方式来指导学生体察语气。

1. 删减词语，进行诵读比较

例如《〈黄花岗烈士事略〉序》第二段，流露出一种痛心、惋惜的感情，而这种感情又主要是从下列词语中流露出来的："顾……犹……延……始……始……而……又……甚者且……滋可痛矣！"诵读训练时，可先让学生删去这些词语读一读，再让学生按原文读一读。通过这样的诵读比较，学生可以从直感中体察文章的语气及其所表达的思想感情。

2. 交换词语，进行诵读比较

例如《左忠毅公逸事》中，有这样一句："……不速去，无俟奸人构陷，吾今即扑杀汝！"在诵读训练时，可以把这句话调换一些词语，改成这样一句话："汝速去，以防奸人构陷，吾今即驱汝矣！"让学生与原话做比较性诵读。从诵读比较中发现，改写的句子由于加进了解释性的语言成分，删去了"扑杀"这样感情色彩强烈的词语，读起来，语气比较平和，"怒斥"变成了"叮嘱"。这虽然也表现了左公对史可法的爱护，但不如原句表现得充分，因为在当时的特殊情况下，左公愈是愤激，他对托以厚望的学生所寄予的爱就表现得愈是强烈和深沉。因此，在诵读时，要把原句激愤的语气充分地表达出来。

3. 变换句型，进行诵读比较

例如《五人墓碑记》第五段，把缙绅与五人放在大阉之乱的背景下加以对比，用的都是反问句，如：

嗟呼！大阉之乱，{ 缙绅而能不易其志者，四海之大，有几人欤？

而五人……激昂大义，蹈死不顾，亦曷故哉？

为了体察这里的反问语气及其作用，可把反问句改为陈述句或感叹句，进行诵读比较，如：

嗟呼！大阉之乱，{ 缙绅而能不易其志者，四海之大，无几人矣！

而五人……激昂大义，蹈死不顾！

从诵读比较中，学生体会到，原文的反问语气表达了作者鲜明的爱憎感情，也加强了论证的力量。

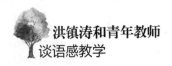

五、在诵读训练中梳理层次

文言文本来是不分段落的，但作者行文却是有思路有层次的。学习文言文必须把层次理清楚，才能很好地理解全文的内容，而梳理层次也是一种重要的文言阅读能力。要提高这种能力，除了学一点词语的承接、句意的传递、前后的呼应、段落的联系等关于文章的篇章知识外，还要结合诵读训练，从语气和语意中探寻文章的脉络。例如《读〈孟尝君传〉》一文，在内容上的层次也表现在语气方面，可通过诵读训练，把体察语气与梳理层次结合起来。

该文的第一句是个陈述句，客观地摆出敌论："世称孟尝君能得士，士以故归之，而卒赖其力以脱虎豹之秦"，语气是平静的。这句话应划为一段。下面转入对敌论的批驳，共为一段，这段以叹词"嗟乎"领起，定下了一种叹惋的基调。这段又可分为三层：①用一个反问句，提出了中心论点——"孟尝君特鸡鸣狗盗之雄耳，岂足以言得士？"反问语气，给人一种不可置疑的感觉。②又用一个反问句，以"不然"领起，假设孟尝君得到了真正的"士"，那么"宜可以南面而制秦，尚何取鸡鸣狗盗之力哉？"反证孟尝君没有得士。反问语气加强了论证力量。③用一个判断句"夫鸡鸣狗盗之出其门，此士之所以不至也"解释了孟尝君为什么得不到真正的士的原因，也进一步论证了孟尝君没有得士的中心论点。语气是肯定的。全文仅五六句话，起承转合，层次分明，语气也富于变化。

六、在诵读训练中探究特色

文言文的一些特色，如音韵的铿锵，语言的含蓄和丰富，表达方式的灵活，等等，大都是宜于"意会"而不宜于"言传"的。而"意会"不能光靠眼睛看，还要反复吟诵，要在吟诵之中去心领神会，从而提高文学鉴赏能力。

文言文是讲究音韵的，特别是骈文，上下联平仄相对，富于音乐美。如"渔舟唱晚，响穷彭蠡之滨（平平仄仄，仄平平仄平平）；雁阵惊寒，声断衡阳之浦（仄仄平平，平仄平平平仄）"，平仄声调非常和谐。诵读时，要把抑扬顿挫读出来。

由于种种原因，文言文中有时不直接讲出自己的意思，而措辞婉曲。如《岳阳楼记》中有"居庙堂之高则忧其民，处江湖之远则忧其君"一句，这里的"居庙堂之高"实际是指受重用在朝为官；"处江湖之远"实际是指遭贬斥在野赋闲。采用这种委婉的说法，使语言富有一种含蓄美。这也要在反复吟诵中加以揣摩。

文言文在用词方面，很注意避免一个词的重复使用，常常变换使用同义或近义词。如"西和诸戎，南抚夷越"，其中的"和"与"抚"意思相近。避免一个词的重复使用，读起来就不显得单调，由此也可以体会古代汉语的丰富多彩。

文言文在表达方式上相当灵活。如《伶官传序》中有以下两句："方其系燕父子以组，函梁君臣之首，入于太庙，还矢先王，而告以成功，其意气之盛，可谓壮哉！及仇雠已灭，天下已定，一夫夜呼，乱者四应，仓皇东出，未及见贼而士卒离散，君臣相顾，不知所归，至于誓天断发，泣下沾襟，何其衰也！"把对庄宗"盛"与"衰"时的不同情况的叙述，分别置于带有强烈的议论语气的感叹句式"方……可谓壮哉""及……何其衰也"之中。叙事成为议论的基础，议论成为叙事的目的，叙事与议论巧妙地结合在一起了。在诵读时，既要把事实叙述清楚，又要使全句显得连贯、紧凑，给人以整体感，更要突出议论成分，特别要强调"壮"和"衰"两个字。对这两个字，要用拖长的重音读出来。

总之，在探索文言文教学新路子的时候，要十分重视诵读。让诵读在文言文阅读训练中占据重要地位。

语文教学的核心是语言教育，语文教学的根本任务是组织和指导学生学习语言，培养和提高学生理解和运用祖国语言文字的能力。

试论语文教学观念中的若干误区

新时期以来，语文教学观念有了很大转变，成绩巨大，不容抹杀，但也应该看到，语文教学观念中还存在不少误区，至今尚未被人们普遍认识。试列举几处，剖析如下。

误区之一：认为学习语文，最重要的是学习语文知识。知识是能力的基础，学生掌握了语文知识，才谈得上语文能力，而掌握知识的过程中，也就产生了能力。

这说法似是而非。

语文教学的核心是语言教育，语文教学的根本任务是组织和指导学生学习语言，培养和提高学生理解和运用祖国语言文字的能力。

语言不同于一般的知识，它的特点是整体性、综合性极强。无论是复杂的语言成品（如一篇文章），还是简单的语言成品（如小孩子的一句话），都是一个完整的综合体，既包含思想，又包含情感，还包含着语言组合规则及语言运用方法，等等。如"我非要吃苹果"，既表达了要吃苹果的意愿，又表达了强烈请求的感情色彩，而这句话又体现了一定的语言组合规则（主谓宾具备，语序恰当）和修辞手法（用副词"非"表强调）。

那么，语言知识是什么？语言知识是从语言中抽取出来的对语言这一事物的规律性的认识。口头语言借助于声音，于是有了语音学；书面语言借助于文字，于是有了文字学；语言遵循一定的法则，于是有了语法学；语言追求表达的完美，于是有了修辞学；语言要求合乎事理，于是有了逻辑学；书面语言（文章）更有很多的讲究，于是有了文章学。这些知识，本来是"附着"在语言上面的，一旦被抽取出来，就是纯粹的"知识"，而不是语言本身了。学习这些知识同学习语言固然有联系，但毕竟是两码事而不是一码事。实践证明，学习这些知识，对提高语言能力，作用不大。凡有读写经验的人都知道，语言知识不能直接进入读写过程。人们在阅读时，根本没有必要考虑阅读材料是否合乎语法，运用了哪些修辞格，采用了怎样的写作方法，等等；同样，人们在写作时，也没有必要考虑如何运用语法、修辞及写作方法。因此，语言知识不是建构语言能力的主要基础。许多作家并不钻研（甚至没有学过）什么语音学、文字学、语法学、修辞学、文章学，照样熟练地运用语言写出好作品来，就是明证。当然，语言知识还是有用的，它是提高语言能力的必要的辅助手段。掌握一定的语言知识，可以赋予语言能力（特别是语感力）更多的理性观照。

"知识是能力的基础"，这说法并没有错，用在有些学科如数、理、化，也是正确的。为什么用在语文上面却不适用呢？其根本原因就在于忽视了语文学科的特殊性。语文并非一种知识体系，而是一种能力建构。把一般的知识与能力的关系往语文头上套，自然有张冠李戴、隔靴搔痒之误。

误区之二：认为学习语文，最重要的是学习写作方法。授之以鱼，莫

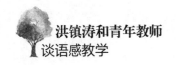

若授之以渔。学生掌握了写作方法，自然就有了写作能力。课文是写作的范例，学习课文，主要是学习其中的写作方法。

这又是一种似是而非的说法。

写作方法，也是从语言成品中抽取出来的，属于语言知识范畴。前面说过，语言知识不是建构语言能力的主要基础，正如其他语言知识不能作为语文学习最重要的内容一样，写作方法（文章学）也不能作为语文学习最重要的内容。前面也说过，语言知识是提高语言能力的必要的辅助手段，了解一定的写作方法，对掌握一些写作技巧是有帮助的。但语言能力的提高，主要靠两个方面：一是对语言的吸收和积累，一是语感的习得和积淀，而这些都是在语言实践中完成的。至于写作能力，还包含诸多复杂因素，它与生活体验、认识水平、语言积累及写作经验有密切关系，并非是一种单纯的写作技巧。

"授之以鱼，莫若授之以渔"，这说法当然没有错。如果这"渔"，指的是自学的方法，"授之以渔"，指的是教给学生自学方法，培养学生自学能力，那无疑是非常正确的。但如果这"渔"指的是写作方法，那就不对头了。

误区之三：认为语文教材以选文为主不科学，语文教材应该以知识为纲，实现系列化。

什么是科学？科学是对客观事物的规律性的认识。符合事物客观规律的做法，就是科学的。反之，不符合事物客观规律的做法，就是不科学的。那么，语文教材以选文为主是否符合学习语言的规律呢？我以为是符合的。

学龄前儿童学口语，是以成人的口语为样板，通过感受—领悟—积累—运用，一方面吸收和积累（口头）语言，一方面领悟和积淀语感，于是成功地提高了语言（口语）能力。进学校学书面语言，最好的办法，就是以典范的书面语言成品（文章）作为样板，让学生感受—领悟—积累—运用，一方面吸收、积累（书面）语言，一方面习得和积淀语感，从而提高语言（重点是书面语言）能力。这是符合语言学习规律的，是科学的。

这种以选文为主的语文教材，具有不同于其他学科教材的特点，那就是形式上的非固定性和内容上的非连贯性，它难以构建"系列"。如果一定要把这些选文组成"系列"，那也只能是非严格意义上的系列，而不可能是像数、理、化那样逻辑严密、反映事物内在规律的真正意义上的系列。所以，"系列化"的想法是不符合实际的。

误区之四：认为学习课文的最终要求在于理解课文内容，课文教学就是把课文内容讲清楚，让学生全面、正确地理解课文内容。

关于学习课文（文章）的目的，前面已经说过了。那么，学习课文要不要理解课文内容呢？当然要，但把理解课文内容作为学习课文的最终要求，就不妥当了。因为，课文教学有三个层次。第一个层次是引导学生了解课文里写了些什么（了解思想内容），第二个层次是引导学生把握作者是怎样组织材料的（把握思路），第三个层次是引导学生品味课文用什么样的语言来表达（品味语言）。第一个层次是教学必经的步骤，但并非教学目的。当前语文教学的通病，就是在这个层次上花费了太多的时间或仅仅停留在这个层次上。第二和第三个层次，属于"学习语言"的范围，相对来说，第三个层次是真正深入到语言内部去学习语言，显得尤为重要。我们的课文教学要强化的正是这个层次。可以说，课文教学主要是抓两件事，一是把握思路，二是品味语言。所谓把握思路，就是从总体上把握文章的立意、选材、组材等方面的特点；所谓品味语言，就是具体领悟语言运用的妙处。

误区之五：认为强调背诵是过时的、落后的做法。要反对死记硬背，因为记忆要建立在理解的基础上，只能要求学生记背一些理解透了的东西，不能让学生对一些没有理解透了的东西囫囵吞枣。

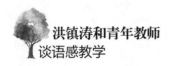

前面说过，学习语言，离不开对语言的直接吸收和积累，不让学生背诵一些典范的书面语言成品，学生的书面语言能力怎么能提高？对所谓的"死记硬背"要做具体分析，现实的语文教学中，为了应考，让学生背诵一些毫无用处的东西，如文章的段落大意、中心思想、写作特点及练习答案等，这种"死记硬背"我们是要反对的；至于说对典范的书面语言成品的背诵（即使所背诵的是并未充分理解的东西），我们不仅不反对，还要大力提倡。所谓的记忆要建立在理解的基础上，也不尽然。能够在理解的基础上记忆，当然好；但语言的"理解"，却是个无底洞，一篇《狂人日记》，中学里学，大学中文系也学，什么时候才能透彻理解？其实，"理解"并非一次完成的。语言这东西，在不十分理解的情况下先吞进去，以后随着语言吸收和积累的增多，随着生活体验的丰富，随着知识面的扩大，通过不断"反刍"，可以不断加深理解。只有"吞"进去了，才可能化为自己的营养；一味地分析、研究而不"吞"进去，则永远不能化为自己的营养。因此，不要不加分析地反对"死记硬背"，不要一概地反对"囫囵吞枣"。学习语言，还少不了"囫囵吞枣"呢。我们就是要利用中小学生机械记忆力强的特点，尽量多地让学生背诵一些典范的语言成品。比如让学生"囫囵"地背诵一些唐诗宋词及经典名篇，对提高学生的语言能力及文化素养，是极为有益的，何乐而不为呢？

语文教学观念中的误区甚多，略举几处。如能引起讨论，给目前相对沉寂的中语界添一点生气，那更是笔者所殷切期盼的。

第二篇
洪镇涛语感教学
课堂实录举隅

　　教学是一门艺术，教学艺术是教师创造性思维在教学方法上的具体展示，它常常借助于"悟性""灵感"和"机智"，所谓圆熟、灵巧、挥洒自如、游刃有余，正是那些优秀教师进入了教学艺术的自由王国。这需要教师有扎实的语言功底，良好的知识结构，深厚的文化底蕴。

　　听洪老师讲课，如坐春风。

——朱显驹

洪先生讲课,一是读,充分地读,有示范性地读,体悟性地读,探究性地读,表情性地读,「激昂处还它个激昂,委婉处还它个委婉」。二是品,拈精摘要,凡是文章的精彩笔墨,都可成为品味点,让学生比较、体悟、鉴别,品出「味」来,产生「蓦然回首,那人却在灯火阑珊处」的惊喜。

《伶官传序》教学实录及点评

授课时间: 1996 年 5 月 11 日

授课地点: 河南省安阳市安阳一中

授课对象: 河南省安阳一中(重点中学)高二学生

授课时数: 1 课时

观摩人员: 河南省安阳市语文教师 100 余人

(师课前板书历史朝代顺序)

秦→汉→三国(魏蜀吴)→晋→南北朝(南朝:宋→齐→梁→陈;北朝:北魏→北齐→北周)→隋→唐→五代 [后梁(朱温)→后唐(李存勖)→后晋(石敬瑭)→后汉(刘知远)→后周(郭威)]→宋→元→明→清

(上课)

师: 昨天没来得及和大家见面,今天,课前五分钟,我们见了个面。

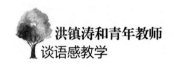
一回生二回熟，咱们这是第二回，就熟了吧！咱们成了朋友，咱们没距离了吧！我走到这里来（走到学生中间，学生笑），咱们一起来学习欧阳修的《伶官传序》。

（板书：伶官传序　欧阳修）

师：《伶官传序》，"伶"是什么意思，懂吧？

生：（纷纷说）演戏的，唱戏的。

师：就是戏曲演员嘛！这个伶官就是后唐伶人出身的官员（指黑板板书），我特地写个朝代顺序，大概文科班都比较熟悉。唐朝后就是五代，梁、唐、晋、汉、周。因为历史上有过唐、晋、汉、周这些朝代，这里就加个"后"字。后梁朱温，后唐李存勖，后晋石敬瑭，后汉刘知远，后周郭威。伶官，就是后唐的李存勖任命的伶人出身的官员。他宠幸伶人，让许多伶人当了官，因此引起了一场祸乱；他自己也身死国灭。欧阳修编的《新五代史》就是这个五代的历史。它记载了梁、唐、晋、汉、周这五代的史实，其中写了《伶官传》，专门记载了后唐的伶人们怎么做官，怎么祸国的情况，而且给《伶官传》写了个序。这个序表达了欧阳修对这段史实的一些教训的认识，表达了他的一些见解，这就是《伶官传序》这篇序言的来历。因此，这篇序言属于议论文的范畴。下面请同学们把课文翻开，我来把它读一遍。

（师通读全文约3分钟）

评：示范朗读，这是语文教师的一项十分重要的基本功。要读出文理、文情、文气、文趣，谈何容易！听洪老师朗读，常常是一种享受。

师：好，我们一起来读一遍，"伶官传序"，预备——起。

（生齐读全文约3分钟）

师：好，现在，第1段，请一个同学读一读。那个同学举手了。

（生读第1段）

师：好，读得挺清楚。开头这一段既交代了中心论点，又概括地交代了论据，谁能说一说论点、论据各是什么？用自己的话概括。

生：论点是"盛衰之理，在于人命"。论据是……

师：莫慌，"盛衰之理，在于人命"，对吗？

生：嗯！

师：莫慌，"在于人命"吗？

生：在于人事。

师：对，对，对。

生：论据是"原庄宗之所以得天下，与其所以失之者，可以知之矣"。

师：好，好，他回答得不错。请坐下。我刚才说，不完全照书上念，是这个意思，用自己的话稍微变通一下，概括一下，谁能用自己的话说？

生：它的论点是"国家的兴亡，虽然国家的兴亡在于政治上的——"

师：话不要啰唆，要简洁，稍微变一变。

生：国家兴衰在于——

师：对，国家兴衰。

生：国家兴衰在于政治上的功过。

师：在于政治上的功过……

生：得失。

师：噢，功过得失。好！论据呢？

生：论据是用庄宗得天下和失天下来证明这个观点。

师：对，用这个史实来证明。这样说就顺一些，那就是"盛衰成败在于人事"。好了，这一句我们还不能轻易放过。"盛衰之理，虽曰天命，岂非人事哉！"我想改一下，改为"盛衰之理，并非天命，实乃人事也。"行不行啊？噢！有同学在摆头了，摆头的同学请发言。

生：我认为经过老师改了以后，意思就变了。

师：怎么变了？

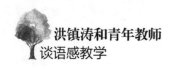

生：原句意思应该是，盛衰之理虽然是靠天赋予的，难道没有人事作为其中的因素吗？老师改了以后，就成为盛衰之理，全在于人事，而没有天命这个因素了。

师：同不同意这个意见？

生：（齐）同意！

师：噢！对！我改得不好，我说"并非天命"，作者并没有否认天命。好，那我再改一下："盛衰之理，虽曰天命，然亦乃人事也。"我纠正了刚才的缺点，两方面都照顾到了，可不可以呀？

生：老师改了以后，虽然说意思没有变，但是我认为，如果按作者说"盛衰之理，虽曰天命，岂非人事哉！"以一种反问语气，可以引起读者对国家"盛衰之理"有更加深刻的理解；如果按老师改后的说法，就有点牵强附会，直接给人以"虽曰天命又是人事"的这种印象。

师：噢！你说我牵强附会，我不同意。

（生齐笑）

师：你前头说得不错，肯定了我这样改，意思没有变。对！意思没有变！但是，变在哪里呢？她刚才说得好啊，语言的力度变了！语气变了！是不是？

生：（齐）是。

师：原文用的"盛衰之理，虽曰天命，岂非人事哉！"这样一个反问句。我现在改为，"盛衰之理，虽曰天命，然亦乃人事也。"口气不同，意思一样，语言的力度不同，是不是？

生：（齐）是！

师：原文很有力量，我改后的力量减弱了。很有见解。请坐下。

评：这一"改"体现了教师的良苦匠心。不仅让学生进一步弄清了"文理"，而且把行文的气势、语言的力度都"改"出来了。如果只是串讲文句，能有这样的效果吗？

师：这一段的一句话，还有这么多讲究。大家再看，开头有个"呜呼"。"呜呼"这个词，我认为给全文定下了感情基调，这个感情基调是什么？你们用一个词概括一下。"呜呼！"（师有声有色地读）

生：我认为定下了悲凉的基调。

师：悲凉？啊！好悲啊！悲凉，确不确切？还有没有更确切的词？

生：叹惜。

师：啊，可惜！对，有点可惜、惋惜的味道。

生：是一种"哀叹"的基调。

师：好！

生：是一种"慨叹"的语气。

师：慨叹，好！用两个字，"叹惋"（板书），好不好？

生：好。

师：有"慨叹"，又有"惋惜"。我们学这一篇课文，要掌握这个感情基调就是"叹惋"。好，各人自己把这一句读一遍。

评：抓"呜呼"一词真有点出人意料了。让学生体悟全文的感情基调，确有烛照全篇的作用，文章的"神韵"一下子被点化出来了。

（生大声地有感情地读）

师：味儿要读出来！——谁能背？我看他读得挺好，你就背吧。一句话。

（生背，背得较慢，背错一字）

师：基本不错，哪个同学再背一遍，把刚才说的"叹惋"的语气背出来。

（生背，声情并茂）

师：哎呀！我听着这简直像欧阳修在那里慷慨地演说一样！挺有感情！——你看看，第一段有一个字，是哪一个字引出了下面的叙事和议论，哪个字呀？

生：（齐）原！

师：原，对。"原"是什么意思？

生：（齐）推究。

师：推究，对。这个字管到哪里为止啊？

生：（寻思片刻）何其衰也！

师：就是说第 3 段的末尾，是不是啊？

生：（齐）是！

师：我同意这个意见。到第 3 段的末尾，已经把这个论据说充分了，已经充分证明了开头提出的中心论点。好，下面我们就看一看作者是怎么样来论证这个论点的。既然第一段已概括地提出了论据，下面就具体地展开论据来证明论点。现在各人放声地把第 2 段读一遍，不要求齐读。

（生放声自由读）

评：文章文章，文章是有"章法"的，所以既要说"文"，又要讲"章"。一个"原"字管到哪里？正是从"章法"上理清作者的思路，训练学生的思路。

师：好，读完了。我们看第 2 段，它围绕着什么东西来写的？

生：矢。

师：矢，射的箭。好！现在请同学们迅速地用笔在书上找出晋王与庄宗与"矢"有联系的动词。快做记号。（板书：晋王、庄宗）（观察学生）谁能说说？对，那个戴眼镜的。

生："赐"；还有"与尔三矢"的"与"；"庄宗受"的"受"；"藏之于庙"的"藏"。

师："受而藏"。

生："请其矢"的"请"；"盛以锦囊"的"盛"；"负而前驱"的"负"；"及凯旋而纳之"的"纳"。

师：好，挺全面的。晋王把三矢——好，别慌，晋王是不是后晋这个晋王？

生：不是。

师：晋王实际就是后唐李存勖的父亲，后唐是李存勖建的。晋王"赐……而告"，庄宗"受而藏"，等到用兵时，他牢记遗训，就"请其矢"，还要"盛以锦囊"，非常慎重，再"负而前驱"，等胜利了"凯旋而纳之"（板书）。好，这里还有一句话"尔其无忘乃父之志"，这里的"乃"字怎么讲？

生：你的。

师：谁能再举个例子，说说这个"乃"字当"你的"讲。

生：家祭无忘告乃翁！

师：她马上就出口了，挺熟的。"家祭毋忘告乃翁"，谁的诗啊？

生：陆游。

师：诗名呢？

生：示儿。

师：挺好。（师背诵）"死去元知万事空……"

生：（跟师齐背诵）"但悲不见九州同。王师北定中原日，家祭无忘告乃翁！"

师：回家不要忘记告诉你的老头子啊！

（生笑）

师：第 2 段变换点儿花样，分角色读，怎么分呢？全体女生作叙述人，全体男生就当晋王，第 2 段就这样读。"世言晋王之将终也"，预备——起。

（男女生分角色齐读）

评：引导学生读书，这是阅读教学的第一要义。阅读阅读，是又"阅"又"读"的意思。当然要有目的地去读，找动词，找那些用得精当的动词，正是抓住了这一段文字的特点。

师：好！我这里给你们帮个忙，现在请同学们借助黑板上的板书（指板书），两分钟背会。各人背，开始！大声背！

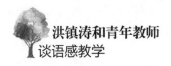

（生背，约 1.5 分钟）

师：没有声音了，都会背了吗？会背的举手！噢，很有几个会背。那个男同学，他的手举得最高，就让他背。

（生熟练地背）

师：背得挺熟的，大家齐背一遍。

（生齐背）

师：好！第 2 段写的是庄宗不忘父亲的遗志，第 3 段写了庄宗的成功与失败，分析了他成功失败的原因。下面请同学们各自把第 3 段读一遍，同时拿笔找出互为反义的词，要出声读。

（生读）

师：再读一遍！要读得基本能背了！

（生再读）

师：好！互为反义的词看哪个找得又多又对。

生："意气之盛"的"盛"和"何其衰也"的"衰"。

师：还有，谁能说，像刚才这个同学，找到几个说几个。

生："仓皇东出""不知所归"。

师："出"和"归"，好的！互为反义的词，还有好多组！

生："呼"和"应"。

师："呼""应"。好，特别是后面特多。

生："天下已定"和"乱者四应"这组。

师：我说的是词，词。

生：还有"君臣相顾"，"君"和"臣"。

师："君"和"臣"相对，我说的是相反。后面特多。

生：还有"离散"和"相顾"也是反义词。

师："离散"和"相顾"没完全对着。多吧？不是一句对一句，我说的是词，特别是双音节词，多不多啊！

生："未及见贼而士卒离散"，"见"和"离"。

师："见"和"离"，有一点儿相反的意思，但还不是反义词，"合"和"离"是反义词。噢，找了不少，还多吧！有没有"难"和"易"呀？

生：（议论纷纷，问）是说第3段吗？

师：噢！是说第3段。（看学生课本）

生：（议论纷纷，说）"难""易"在第4段。

师：噢，它（实验课本）将这几句分在第4段。这就有误会了，怪不得！我这本书上，就是统编课本上，将这几句分在第3段，你们的实验课本分在第4段，哟，发生这么个误会！怪不得！

（生恍然大悟，大笑）

师：我说同学们的水平蛮高的，怎么找不到。那就多了："得""失"呀，"成""败"呀，"兴""亡"啊，"满""谦"啊，"忧劳""逸豫"、"损""益"，这些反义词最重要的是哪一对反义词呢？

生："盛""衰"！

评：找反义词，居然有那么多同学找错了。但老师不急不躁，而是引而不发，于是出现了全班"跃如也"的局面。

师：有理。"盛""衰"（板书）。这一段写了后唐庄宗"盛""衰"两方面的情况。写"盛"的时候，用了哪些动词？写"衰"的时候，用了哪些动词？请找出来，快速地！

生：写"盛"的，有"方其系燕父子以组"的"系"（xì），还有"函梁君臣之首"。

师：对，系（xì），不读（jì），因为古代汉语里没有这个音。现代汉语"系（jì）鞋带子"，古代汉语不读jì。好！

生：还有"函"。

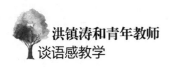

师："函"，好！

生："告以成功"的"告"。

师："告"，好！

生：还有"莫能与之争"的"争"。

师：嗯，嗯！

生：这是写盛的。写衰的是"及仇雠已灭"的"灭"。

师："灭"！

生："定""呼"。

师："定""呼"。

生："仓皇东出"，"出"，"离散"。

师："散"！

生："断发"。

师："断发"，"断"。

生："泣下"，还有"困"字。

师：还有哪一个有补充，有纠正？有没有？好，那位同学。

生：写"盛"的时候还有一个"入"字。

师："入"。

生：写"衰"的时候，还有一个"应"字。

师："应"。

生："顾""归"。

师："顾""归"。好！说得差不多了，主要的就是这些（板书动词）。现在考虑一下，你认为第3段，就是你们课本上的第4段，它是在叙事啊，还是在议论？

生：（声齐而大）叙事。

师：叙事，都同意这个意见是吧？我们读一读看，（师读）"方其系燕父子以组,函梁君臣之首,入于太庙,还矢先王,而告以成功,其意气之盛,可谓壮哉!"

生:(声齐而大)议论。

师:噢!一下子就改变主意了?噢!我一读,你们就改变主意了,听出来读的语气不像叙述,是不是?但是里面有没有叙事啊?

生:有。

师:噢,有,就是我写的"动词"都是叙事,对不对?

生:对。

师:主要内容是叙事。哎,为什么又觉得是议论呢?发现了奥妙没有?作者用个什么办法呢?

生:(齐)夹叙夹议。

师:这是个套话!这不是夹叙夹议喽!不是又叙又议喽!这个套话不适用!发现没有?这个办法,其实非常简单。

生:(小声说)先抑后扬。

师:那不是先抑后扬的问题。

生:先叙后议。

师:也不像。

生:先扬后抑。

师:好,大家把学过的词语都拿来用了,这些都不适用。其实呢,作者是把庄宗的盛与衰的不同情况的叙述,分别置于一个带有强烈议论语气的感叹句之内,发现没有?

生:(恍然大悟)发现了!

评:这一段"实录"十分精彩。第4段文字是在叙事,还是议论,这是文章的一个难点,大多数同学都答错了。请看老师的妙招:"读",语气出来了,学生改变了结论。"问":主要内容是叙事,又怎么理解?这是反

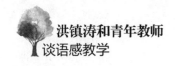

挑性地问，学生多数又回答错了，教师否定、再否定，最后才引导学生去"发现"，写出这一特殊句式的结构。学生恍然大悟，一切迎刃而解。"逼"着学生去思考，去探求，去发现，真是高明之至。

师："方其（红粉笔板书）……可谓壮哉！（红粉笔板书）"；这边呢，"及（红粉笔板书）……何其衰也（红粉笔板书）！"就是把这样一个叙述的事实放在一个带着强烈议论语气的感叹句子之中，所以，这两个句子就是一种议论语气，实际上是议论句。这就把叙事和议论巧妙地结合在一起了。叙事是议论的基础，议论成了叙事的目的，目的在于议论。所以你们先说的"先叙后议""先议后叙""夹叙夹议"都不适用。看来套话还不行，还要具体来分析。那么在读这一句的时候要注意朗读了。在朗读时，既要把事实叙述清楚，又要使全句显得连贯、紧凑，给人以整体感，更要突出一种议论的语气。你们觉得读这两句的时候要强调什么字啊？强调哪几个字啊？

生："壮"！

师："壮"，对。还有呢？

生："衰"！

师：对！你们就照这样各人读一遍，感情读出来，语气读出来。

（生读。有声有色，男生摇头晃脑地读）

师：好，哪个同学读一遍？

（生带着叹惋的语气读）

师：好！

（生鼓掌，热烈地）

师：读得不错！要是挑点儿毛病呢，叙事读得过于仓促，叙事不要太仓促。（范读）"方其……可谓壮哉"，刚才那个"壮哉"，读得挺好。"及……何其衰也"（加点字加重语气）。一个"壮哉"，一个"衰也"。现在，请同学们——也可以借助黑板上的板书——把它背会，两分钟，开始。

（生背）

师：没有声音，就是说会背了，谁会背？

（生起）

师：可以看黑板。

（生背，熟练而带感情）

师："何其衰也"，还带着感情，这位同学背得很好！"叹惋"啊！"慨叹，惋惜"呀？背得挺好！请坐下。一起来"叹惋"一下。

评："叹惋一下"，语言幽默、诙谐，富有情趣。

（生齐笑）

师："方其……"预备——起。

（生整齐而有节奏地背）

师：这一段，你们书上的这一段，主要是摆了庄宗"盛""衰"两方面的情况，鲜明的对比。那么，你们书上第4段的前半部分（至自然之理也），我倒觉得这样分段是有道理的，原来分在第3段。这样分开是对的。有的争论就是这篇文章的中心论点究竟是哪个呢？好像后面的才是中心论点，是不是？

生：（有的）是，（有的）不是。

师：我认为，中心论点还是前面那一句。但是，后面这些话，它是什么呢？"满招损，谦得益"，"忧劳可以兴国，逸豫可以亡身"。我觉得后面这些话是对中心论点的阐述，是这么个关系。好！文章写到你们书上第4段的前半部分（至自然之理也），可以说就差不多了，那个"原"字就解决了，都"推究"完了，那么，为什么作者又要写最后几句话呢？

评："中心论点"究竟是哪个呢？问题提得真好。学生容易混淆的，似是实非的、有分歧的地方，正是问题提出的地方。可惜限于教学时间，没有充分展开，让老师"包办"了。

（生沉思）

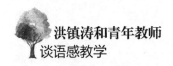

师：我提示一下，考虑课题，好答了吧，写最后几句话的目的跟课题有关。

生：（立即举手站起）因为本篇课文主要是《伶官传》的序，所以它虽然作了那么多的叙述，但是不能跑了题。

师：对，文章不能跑题，高考要跑了题就麻烦了。主要是最后一段还是要照应，它毕竟是给《伶官传》写序，所以，必须把上面说的与伶官联系起来，前面没提到伶官。一个"举天下豪杰莫能与之争"的后唐的庄宗，后来居然被几十个伶人围困，而身死国灭，被天下人耻笑，就再次警告人们"祸患……"怎么样？

生：（齐）常积于忽微。

师：而……

生：（齐）智勇多困于所溺。

师：你发现没有，这一段仍然用一个什么句式？

生：（齐）"方其……"

师："方其……及……"还是议论句式。最后那一句，谁能翻译一下？

生：祸患常常由微小的事情积累而成，而智勇通常都因为溺爱的事物而受到困扰。

师："智勇被溺爱的事物困扰"，好，现在有一个问题，就是"智勇"这个词，在这里是形容词，还是名词？

生：名词。

师：谁说是名词？举手，你说。

（生起）

师：你怎么知道它是名词。

生：如果是形容词的话，它不应该作主语。形容词"智勇"不应"被困"。

师：因为这里放到主语的位置上了，是吗？

生：嗯。

师：这有点儿道理，还有道理没有？是名词，我同意，这里应该是"智勇之士""智勇的人"。那你怎么知道它是个名词呢？说摆在主语的地位上，还有根据是……

生：（恍然大悟）因为它和上句是对应的，"祸患"是名词，"智勇"也应该是名词。

师：说得非常正确！找到了文言文的一个规律没有？文言文有一个规律：它对应呀！跟前面对应。所以，以后你们学习文言文，凡是碰到这种对应的句子，那么它一定是名词对名词，动词对动词。因此，我们可以根据"祸患"来推断"智勇"是个名词。学到文言文的一个规律了吧！好，有收获了。下面呢，我想我们能不能把全篇文章都背一遍！现在每人背一遍，然后我们分角色来背诵全文，好！背书！

（生紧张而快速地背，书声琅琅约两分半钟）

师：好！我们一起来背，还是这个办法。第1段，男生；第2段按刚才那个办法；第3段男生；第4段全体。好吧！可以看黑板，黑板上有提示。"呜呼……"预备——起。

（生合上书，大声、整齐、有节奏、有感情地背）

评：一篇460多字的文言文，学完了，背熟了。如果都像这样学习语文，学生"语文素养"的培养，是可以计日程功的。

师：好，我们这一课就上到这里，谢谢大家。

（生热烈地长时间地鼓掌）

（附）板书

论点：盛衰成败，由于人事

论据：后唐庄宗得天下与失天下的史实

感情基调：叹惋

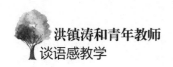

矢{晋王：赐而告　庄宗：受而藏

（用兵时）请→盛→负→纳

盛　　　　　　　　　　　衰

系……函……入……还……告……　　灭……定……呼……应……

方其……可谓……　　　　　　出……散……相顾……

誓、断……泣

及……何其

（河南崔志强记录整理）

【点评】

洪先生的这一堂课，目标明确，特点鲜明，成效显著，充分体现了《课标》提出的语文教育理念。

一、抓"学习语言"这个核心

"学习语言，培养语感"是洪先生一贯的语文教育思想。语文是一门基础学科，正如《课标》所指出的那样："语文教学要注重语言的积累、感悟和运用，注重基本技能的训练，给学生打下扎实的语文基础。"什么是"语文基础"？即以运用语文为核心的听、说、读、写四种能力。（《课标》用大量篇幅，规定得十分明白）于漪说得好："不读不写，就是对语文学习的釜底抽薪。""釜底抽薪"，说得多么中肯深刻，我们都听懂了吗？

洪先生讲课，一是读，充分地读，有示范性地读，体悟性地读，探究性地读，表情性地读，"激昂处还它个激昂，委婉处还它个委婉"（叶圣陶语）。一节课大约有三分之一的时间在读，课堂上书声琅琅，一篇460多字的文言文，一节课教完，居然大多数学生都能背诵，这真是一个奇迹。

二是品，品味是阅读教学的重点，也是阅读教学的难点。品什么？怎么品？最能考验教师的学识和功力，拈精摘要，这个"精"和"要"，常是文章的精彩笔墨，凡是在写法上有独到之处的，在句式上有意变化的，在修辞上着意渲染的，在结构上牵一发动全身的，都可成为品味点，让学生比较、体悟、鉴别，品出"味"来，产生"蓦然回首，那人却在灯火阑珊处"的惊喜。（见《实录》的夹批）

有人担忧：洪先生这样讲，是否会削弱文章的人文精神？我认为：文和道本是不可分割的，文以载道，也必须以文释道。不析文难以理解传道之深邃，不释道难以悟出行文之精妙。所谓"披文入情，披文见意"，讲的就是这个道理。"语言是思想的直接现实"，抓住语言这个"精灵"，它所承载和蕴含的思想感情、审美趣味、价值判断、人文精神必然使学生受到熏陶感染，抓住语言这个"精灵"，才不会落入"架空分析"的泥潭。

二、学生是"人"，不是"瓶"

学生是学习的主体，以人为本，变讲堂为学堂，是洪先生语文教育思想的另一重要内容。尊重学生，和学生平等相处，共同切磋，把学生的主动性和积极性充分地调动起来，是洪先生多年来课堂教学的重要特色。德国教育家第斯多惠指出："教学的艺术不在传授本领，而在于激励、唤醒、鼓舞。""激励、唤醒、鼓舞"，这六个字是大有文章可做的。

把学生"调动"起来，是一种高超的教学艺术，是许多有作为的

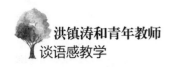
教师苦心追求的理想境界。

靠什么调动学生？

一是靠教师的教学激情，一个充满激情的教师，必然能感染学生，在学生中引起共鸣，从而形成良好的教学氛围。二是靠教师生动、幽默的语言，三言两语，或出情，或出理，或出趣，常可起到渲染气氛、启迪思维、唤起联想的作用。三是靠教师提出的富有启发性、思考性的问题，问题提得好，学生才会跃跃欲试，课堂才会"哄"起来。

这里着重谈第三点。"问题"是沟通文本、教师和学生的桥梁，好的问题要有引导性、思考性和挑逗性。"问题"提得好，师生才会在和谐的、饶有兴趣的氛围中进行对话。请看洪先生的高招：这里是叙事还是议论？问题提得突兀，有难度，但确有思考性。学生几乎全答错了。老师不急于解答，而是先读一读，这一读，学生全部改变了结论。但这只是感受，不是理解，于是老师进一步问：为什么觉得是议论呢？发现了奥妙没有？学生完全被挑逗起来了，众说纷纭，教师否定，再否定，逼着学生思考，最后才水到渠成地引出这个特殊句式的结构，学生恍然大悟，会心地笑了。这真是一段十分精彩的课堂实录，这里蕴含着多少可贵的教学哲理啊！

以学生为主体，绝不是削弱教师的作用。《课标》指出："教师是课堂教学的组织者和指导者。"教师的责任是克服学生的"思维惰性"和"思维奴性"。启发诱导，点评引申，收放整合，教师是大有用武之地的。

教学是一门艺术，教学艺术是教师创造性思维在教学方法上的具体展示，它常常借助于"悟性""灵感"和"机智"，所谓圆熟、灵巧、挥洒自如、游刃有余，正是那些优秀教师进入了教学艺术的自由王国。

这需要教师有扎实的语言功底、良好的知识结构、深厚的文化底蕴。

听洪老师讲课，如坐春风。

（点评者：湖北省特级教师朱显驹）

这是一堂"变讲堂为学堂，变研究语言为学习语言"的经典课例，充分体现了洪镇涛先生语文教育思想的精髓，即抓住指导学生学习语言这一根本，运用语感教学法，让学生在"感受—领悟—积累—运用"的过程中，通过朗读、揣摩、比较、背诵等多种途径学习语言，培养语感，提高语文素养。

2 《天上的街市》教学实录及点评

授课时间： 1996 年 12 月 13 日

授课地点： 武汉职工医学院礼堂

授课对象： 武汉六中（重点中学）初一学生

授课时数： 1 课时

观摩人员： "洪镇涛语文教学思想及教学艺术研讨会"与会人员 600 余人。

（上课）

师：同学们好！

生：老师好！

师：今天，我们来学习郭沫若的一首诗——《天上的街市》（板书课题及作者，边板书"沫"字，边说），注意，"沫"字右边上面一横长，下面一横短，不要写成了"未"字。

评：正音正字，注重基础。

师：下面，我把这首诗读一遍。有一个要求，请同学们一边听我朗读，一边想象这首诗描写了一幅什么样的画面。也就是要求同学们把诗歌语言变成散文语言，用散文语言来描述这首诗写的什么内容。这个要求你们明白吗？

评：听读课文时，要求明确。

生：（纷纷地）明白了。

师：好。要注意用自己的话说。不是背书，但是诗歌内容的基本意思要说出来，要呈现出画面。还要注意一点，用散文语言来复述内容的时候，不要把诗里面的"我"，就是诗人给丢掉了。听明白了吗？

生：（有的点头，有的说）听明白了。

师：好！下面我就朗读一遍。大家不看书，看我就行了。

（用柔和舒缓的语气，有激情地朗诵）

评：示范朗读，声情并茂。

师：（略顿，启示地）好，头脑里是不是有一幅画面啦！嗯——，想一想——，用自己的话把这首诗的内容用散文语言复述出来——，大胆举手——呵，这位同学举手了，请你说。

生：我觉得……

师：莫慌，莫慌。你不要"我觉得"，你就是描述一幅画面。

生：这首诗，联想和想象……

师：（亲切地）哎，不要评价。你现在就是用散文语言描述画面，就是讲故事。什么时间？什么地点？诗人在干什么？诗人联想些什么？想象些什么？好，你再说。

生：（时而看书，不连贯）人间的街市，街灯已经明了，它好像是闪着无数的星星。天上的明星也亮了，也好像是无数的街灯。这时，我也在联想，我联想到那缥缈的空中，也有美丽的城市，城市里的街灯，嗯——

133

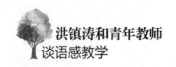

城市里陈列的许多物品，肯定是世界上没有的珍奇。浅浅的天河，也是很宽广的，那里有牛郎和织女骑着牛儿在天空来往。我想他们此刻肯定在天空中游逛。如果你不信的话，就请你看那一朵流星，是他们提着灯笼在走。

评：描绘画面，入情入境。

师：不错，听我读了一遍，能说到这个程度就不错了。谁再说，说得更连贯些，谁来？——胆子大一点，说错了也没关系。答错了是正常的，如果每个同学答得十分圆满，那就不正常了。哦，后面的同学举手了，请说。

生：嗯——，夜幕降临了，嗯——，人间的街市上……路灯……嗯——

师：不要慌，你这样说：（流畅而有感情地）夜幕降临了……

生：夜幕降临了，人间的街市上路灯已经亮起来了，嗯——

生：（齐笑）

师：哦，有个"嗯"的习惯。好，你接着说，没关系。

生：（不很流畅，但努力克服着不说"嗯"）这时候天上的星星十分明亮，它也出现了，好像是天上街市上的路灯。这时候，我看着天上的星星，我想在这缥缈的空中，一定也有个比人间更繁华的街市。在这个街市上，可能陈列着世界上没有的珍奇，你看，银河似乎很浅，而且不很宽广，隔着河的牛郎织女可能骑着牛儿在天河里面来来往往。我想他们这个时候一定在天街上面闲游。不信，你就看一看天空中那朵流星，我想那可能就是他们提着灯笼在走。

师：不错，还很流畅。（指着另一名举手的学生）你说。

生：青色的天空像一块黑色的瀑布，人间街市上的灯亮了。天……天空上的……

师：好，你等一下。你想象作者这时候站在什么地方？在街上吗？（有感情地提示）"远远的街灯明了……"

生：作者这时候不在街市上。

师：在哪里呢？好，你说。

生：我觉得作者站在自家楼房的阳台上，（生齐笑）看着远远的街，看着天上。

师：他说是站在阳台上，是不是？（生纷纷摇头）不站在那儿，他究竟站在哪儿？好，你说。

生：我觉得是在大海中的一个船上。（生齐笑）

师：哦，船上。（见另一名同学举手）好，你说。

生：我觉得作者是站在一个小镇的山坡上，俯视着城市的街道，仰望着天上的明星。

师：我想至少是在一个市郊的旷野上，或者是在一个海滩上，反正应该是离市区比较远吧。基本意思已经说出来了。

（以上用了 10 分钟）

师：你们刚才听我朗读，觉得在读这首诗的时候，应该用什么样的语调，什么样的节奏？语调是——（板书：语调）激昂还是柔和的呢？

生：（有的，小声）柔和。

师：哦，柔和的。（板书：柔和）节奏呢？

生：（有的，小声）缓慢。

师：好，舒缓吧。（板书：节奏——舒缓）

评：授以方法点拨精当。

现在请同学们各自用柔和的语调、舒缓的节奏把它读一遍，不要齐读，各人放声读，大胆读。

（生各自读，声音很小，师大声鼓励："大声读！"）

评：以上是教学的第一个环节——感受语言，触发语感。通过这个环节的教学，学生整体感受了这首诗的语脉、语气、语调，了解了诗歌的整体思路和基本感情。

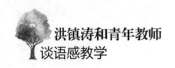
师：好，大家读了一遍。现在我们来深入学习这首诗。你看这首诗不长，语句也通俗易懂，一看就明白。但是，我们深入进去，还有很多地方值得我们品味，值得我们揣摩，值得我们学习。

下面，我们采用这个方法好不好？我先提出两个问题，然后你们仿照我提问的角度和方法，你们自己来提出问题，自己来解决问题，好不好？

（生有的点头，有的说"好"）

我们看第一节，（师读第一节后）我现在把"天上的明星现了"，这"现了"两个字换一换，换成"亮了"。"天上的明星亮了，好像点着无数的街灯"，行不行呢？好，好多人举手了，你说。

评：示范引路，含英咀华。

生：当夜幕降临的时候，如果用"亮了"就体现不出来，用"现了"就能体现出来。

生：天上的星星一直都是亮着的，一直都发出亮光。只是平时是太阳的光芒把它们的光芒掩饰住了，当黑夜来临太阳被地球挡了，这个时候才能看见其他恒星的光芒，所以应该是"现了"而不是"亮了"。

师：（高兴，喜悦地）好！他运用了科学知识。因为星星没有由暗到亮的过程，只有由隐到现的过程，对不对？回答得很好！而且既然称为明星，这儿用"亮了"好不好啊？（生齐答："不好。"）明星就是亮的嘛，那不是重复了吗？

好，我现在提第二个问题。第一节有两句话，我现在把这两句话颠倒一下，看行不行。（朗读）"天上的明星现了，好像点着无数的街灯。远远的街灯明了，好像闪着无数的明星。"（略顿）换了个位置，怎么样？哦，好多举手的呀，你说。

生：我觉得不行。因为他首先是由人间的街灯联想到天上的明星；然后再由天上的明星，很自然地联想到天上的街市；又由天上的街市想到天

上的人物。所以不能颠倒。（在生回答时，师板书：街灯）

师：噢，他从作者联想的过程来看，说这样不妥当，是不是啊？（生纷纷答："是。"）他说得有没有道理呀？（生纷纷答："有。"）嗯，有道理。

（边讲边板书）作者先是看到了远远的街灯，于是联想到了天上的什么？明星。然后由明星就想到了什么？想到了天上的街灯。由街灯就想到了天上的街市。哦，天上也有美丽的街市。那么这个街市上面陈列的一些物品，定然是世上没有的珍奇。然后想到什么？还有人啦，就想到什么人呢？哦，牛郎织女，牛郎织女在天街闲游。

其中哪些是实实在在看得见的东西呢？"街灯"是不是？

生：是的。

师：还有什么？

生：（齐）明星。

师：这是实。先看到的是实景。然后由街灯就联想到明星。由明星就想象到天上的街灯，由街灯再想象到天上的街市，想象到天上的人物。这实际上是由实到什么？（生："虚"）对，到虚的过程。首先是联想，然后是想象。

评：由"实"到"虚"，理清思路。

（附此处板书）

街灯→明星→（天上的）→（天上的）→牛郎织女

　　　　　街灯　　　街市　　　天街闲逛

　　　　　联想　　　想象

（实）——————————————————（虚）

师：你看，由此看，这两句诗就不能改了，是不是？同学们答得很好。那么，同学们发现没有，我刚才提的两个问题都是从作者怎样运用语言的角度提的。第一个问题涉及用词的准确性，第二个问题就涉及这首诗构思的问题了。请同学们也从语言运用的角度，学习我提问的方法，我是运用了什么方法呢？

评：紧扣"语言"，指点门径。

生：（有的）推敲。比较。

师：对，我就是用的比较揣摩法。现在请同学们也运用我提问的角度和方法，自己来提出问题解决问题。下面，一桌子三个人，算一个小组，可以互相讨论，好不好？大声说话没关系。怎么讨论不敢说话呢？

（同学们先小声嘀咕，老师走向同学们中间，时而鼓励，时而参与讨论，既而学生讨论热烈起来）

评：鼓励质疑，合作探究。

师：现在，请大家提问题。

生①：第3节，"定然是不甚宽广"，为什么这个地方不直接写"那定然是很狭窄"，而用了否定句呢？

师：哦，那浅浅的天河，定然是很狭窄，好不好？

生①：我想，如果用很狭窄，就太绝对了，语言就不灵活不自然。而且"不甚宽广"和后面的"骑着牛儿来往"押韵。

师：对，她从押韵的角度考虑，很好。她自己提出问题，自己解决了。挺好！哪位同学再提？

生②：这首诗的第2节，用了个"定然"。这是诗人的联想和想象，那为什么要用"定然"呢？

师：对，我怎么没想到这个问题呢？把"定然"换成"可能"不好吗？好，这位同学，请你自己解决问题。

生②：我想，这里用"定然"，是坚信这个美丽的街市是存在的。

师：哦，说得挺好。作者坚信美丽的街市是存在的。"定然有美丽的街市，是种肯定的语气，对不对？如果说"可能有美丽的街市"，那就不可靠哩。可能有，也可能没有，是不是？当然，前面用了个"我想"，说明了是作者想象的。你看，这个同学也是自己提出问题，自己解决问题。很好。很有水平。再来，哦，好多同学举手。

评：质疑，释疑，引导学生，自主解惑。

生③：第1节的第4行，为什么用"好像点着无数的街灯"，而不用"亮着无数的街灯"？

师：你认为呢？

生③：我想是这样的，这里的"点"是一个动词，点上街灯只有人才能办到，而这首诗写的是"天上的街市"，有街市就有人，这一句是紧扣主题了。

师：极有见解。同意这个意见吗？（生纷纷说："同意。"）同意，挺好！

生④：第4节的"不信，请看那朵流星"，为什么要说是那"朵"流星，而不说成是那"颗"流星？

师：对，一般我们说那颗流星，一颗星，为什么要用"朵"呢？你说说。

生④：我是这样想的。"朵"一般是形容花，花是非常漂亮的、鲜艳的，在这里形容流星，也说明了流星是非常漂亮的。说明了作者觉得，天上人的生活是非常美好的。

师：哦，说得挺好的。一般形容花是一朵，天上的灯笼也漂亮，像一朵花一样的美啊！

评：抓住典型，品读揣摩。

生⑤：第3节"那隔着河的牛郎织女，定能够骑着牛儿来往"，第4节"我想他们此刻，定然在天街闲游"。为什么第3节要用"来往"，第4节要用"闲游"？

师：你是怎么解决这个问题的？

生⑤：我觉得，因为牛郎织女是分别住在银河两岸的，所以在银河上来往；他们到一起了，就在天街闲游。

师：（点头）对。

生⑥："不信，请看那朵流星"，为什么要加"不信"两个字，这两字表达了什么感情？

师：嗯，这个问题提得很好，为什么要用这两个字呢？

生⑥：吸引读者看下文，表达一种亲切的感情。

师：哦，他把语言的情态都说出来了。哦，那个同学的手举得好高啊。

生⑦：第3节一开始"你看，那浅浅的天河"，第2节开始有个"我想"，"我想那缥缈的空中"。第3节中如果没有逗号"你看那浅浅的天河"，不是和第2节更加对称些吗？

师：嗯，逗号去掉确实是没有什么关系的，作者为什么要加逗号呢？

生⑦：我觉得，第一，使读者感到亲切，像谈话一样的，拉近了读者和作者之间的距离。第二，他也把读者引入了诗的意境。

师：挺好！继续发言。

生⑧：我的问题在第1节，为什么在第一句用"远远的街灯明了"，而不用"遥远"的街灯。我想可能"远远"是叠词，读起来押韵，有音乐美，比"遥远"更准确些，所以作者在这里用"远远"一词。

师：很有见解，你说"远远"读起来有味道些，你对比着读一下。

（生读，读得平淡。）

师：（有感情地）远远的／街灯／明了。遥远的／街灯／明了，就不如"远远的"有味，我同意你的意见。

评：对比朗读，读中品味。

生⑨："我想那缥缈的空中"，为什么不改成"在那缥缈的空中"？

师：对，为什么呢？

生⑨：因为，这一段是想象的。"我想那缥缈的空中"这个"缥缈"，是形容隐隐约约，若有若无；而"在那缥缈的空中"是实有的。这是很难实有的东西，所以我认为，应该用"我想"。

师：说得很好！是作者想象的。若有若无，时隐时现，这才神妙啊！有见解。哪位再提？

生⑩："预习提示"里说，这首诗的背景是目睹了社会黑暗以后，思想上有些感伤，但并不绝望，仍执着地寻求光明和理想。这样，这首诗的感情应该是非常激昂的，作者在这种背景下应该激励人们去寻求光明，然而这首诗语调却非常柔和。为什么？

师：哦，作者追求理想境界，对黑暗不满，应该是很激昂的感情，为什么这首诗语调是柔和的，节奏是舒缓的？（激昂地、略带夸张地读）"远远的街灯明了，好像是闪着无数的明星。"行不行啊？（生齐笑着摇头）不行，那你怎么看这个问题？

生⑪：作者对光明和理想充满信心，所以就非常柔和。

生⑫：在当时的背景下，他想象得美好，更说明了背景十分的恶劣，对反抗当时社会更有力。

（学生纷纷举手要求回答这一问题，一学生主动站起来）

生⑬："预习提示"里说了，这首诗就是以奇妙的联想和想象编织出一幅天上的美景，把读者带进了神话的境界。如果把语调读得很激昂的话，就跟这个境界不符合。

师：噢，他认真阅读了"预习提示"。作者勾画了天上的美景，也就表达了对理想社会的追求。好，刚才那位举手的同学，你想提什么问题？

生⑭：第4节"我想他们此刻，定然在天街闲游"，先用了"我想"，又用了"定然"，这是不是有矛盾？

师：嗯，这不是矛盾的吗？你说说看。

141

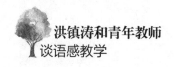
（生摇头）

师：哦，她自己说不了，哪位同学能解决？（学生纷纷举手）好，请你说。

生⑮："我想"是表示他是想象出来的，然后再肯定他们在天街闲游。

师：对，整个都是想象的，但是在想象当中要用肯定的语气，表现追求理想境界的坚定信念。

还有没有问题？哟，还有好多同学举手。好，这位同学说。

生⑯：第2节的"街市上陈列的一些物品"，为什么要说"陈列"的物品？

师：嗯，你说说。

生⑯：我认为陈列的物品是放了很长时间，是从从前一直藏到现在的；而且为下文"世上没有的珍奇"作好铺垫，所以要用"陈列"。

师：噢——，"世上没有的珍奇"没有人买，买不起呀！（笑）想象得好。陈列，不是陈旧的意思，而是整齐排列的意思。我再提个问题：传说中的牛郎织女大家都知道吧？（生纷纷答："知道。"）王母娘娘让他们隔河相望，每年见几次面呀？（生纷纷答："一次。"）唉，喜鹊帮助搭桥，一年只能见一次面。但是这里写的是"自由来往"，我想把这一段改一改。（师有感情地）"你看，那茫茫的天河，定然是无限宽广。那传说中的牛郎织女，只能够隔河相望。"我觉得这样改了，更符合传说。

生：（摇头）不好。

师：你们赞不赞成这样改？（生纷纷举手）请这位同学说。

生⑰：我认为这样改不好。因为这就破坏了全诗表达的美好意境，就不符合作者美好的想象、美好的向往。

师：什么向往呢？

生⑰：作者对美好生活的向往。

师：嗯，作者想象到天上的生活比人间的美满，很自由。很好，我同意你的意见，解决了我的问题。哦，还有同学举手，请说。

生⑱：作者写这首诗的时候，当时中国人民正生活在水深火热之中，作者在这首诗中，写出了对幸福和美好生活的向往，他相信中国人民能凭自己的力量达到理想的境界，得到幸福的生活。

师：嗯，当时人民是不幸福的，追求的幸福生活在天上，他希望中国人民就应该有这样的幸福生活。在天上就要移到人间来，你看，我们现在就达到了。同学们理解得很好。

我发现同学们水平很高，你看，这首诗构思的特点，这首诗的主题，这首诗的遣词造句、语气语调，都涉及了，而且理解得很深。可能还有很多问题，请同学自己去钻研，自己能提出问题，自己能解决问题。

评：以上是教学的第二个环节——品味语言，领悟语感。教师指导学生从语言运用的角度，抓住诗中典型的语言因素，共同揣摩品味语言的意蕴、情感和韵味。通过一定语境中典型语言的例析，传授品味语言的门径，让学生获得独立品味语言的能力。

下面，我们还要进一步朗读它。

我们说了，这首诗用了柔和的语调和舒缓的节奏。现在请同学们拿起笔，看着书，我和同学们一起读。读的时候用笔画出停顿记号。跟我一起读。

评：巧用比较，感受文旨。

（师生齐读，师读得流畅而有激情，生读的声音较小，在专心地画停顿记号）

师：现在，我请一个同学读。

（生朗读）

师：好，读得较好。还可以提高，你看这个地方，（范读第4节）"走——"（师伴着"走"的读音打了个抑扬的手势，让学生能感觉到"走"的情态）好，各人再读一遍，大声读。

评：指导朗读，具体到位。

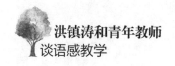

（生各自大声地读第 4 节，一学生在其他同学读完后，仍在忘情地、有感情地朗读。）

师：（师生均笑）你读得太好了！大家都在听你读呢。好，请你再从头读一遍。

（生有感情地朗读。体现了柔和的语调和舒缓的节奏。）

（全场发出赞许的笑声，并热烈鼓掌，师生均露出欣喜之色。）

评：以上是教学的第三个环节——实践语言，习得语感。在这个环节中，教师主要设计了现场指导学生有感情地朗读全诗的教学内容，让学生在声情并茂的朗读中将无声的文字化为有情有味有韵的语言，将逐步形成的语感融合到语言运用中去，从而习得语感。

师：好！下面请同学们背诵，给同学们 1 分钟。

（生各自放声读、背）

师：谁会背了？请你背一下，背的时候也要有感情哦。

（生较熟练地背诵，师时而纠正他的语调，背到"提着灯笼在走"时，师举起手，如打拍子似的提示，让学生背出语调，读出意境来。）

师：好！（生齐鼓掌，师纠正"定然是"的语调）现在一起来背："天上的街市——"预备——起。

（生齐背诵）

评：背诵课文，积累语言。

师：好，课就上到这里，下课！

评：以上是教学的第四个环节——积累语言，积淀语感。教师要求学生在朗读的基础上，当堂背诵全诗。

【点评】

这是一堂"变讲堂为学堂，变研究语言为学习语言"的经典课例，充分体现了洪镇涛先生语文教育思想的精髓，即抓住指导学生学习语言这一根本，运用语感教学法，让学生在"感受—领悟—积累—运用"的过程中，通过朗读、揣摩、比较、背诵等多种途径学习语言，培养语感，提高语文素养。

1.这堂课，洪先生共设计了四个教学环节：感受语言，触发语感—品味语言，领悟语感—实践语言，习得语感—积累语言，积淀语感。四个环节，各有任务，起承转合，衔接自如。每个环节既是上一环节的深化，又是下一环节的基础，体现了语感教学的课堂结构特点。

洪先生在板书课题后，便声情并茂地朗诵全诗，要求学生边听边想象诗歌描写的画面，并能用散文语言描述画面；接下来，结合对诗歌内容的描述，引导学生理清了全诗的思路："街灯→明星→（天上的）街灯→（天上的）街市→牛郎织女，天街闲游"；然后和学生一起讨论了这首诗的朗读的语调和节奏，引导学生自由朗读，走进诗人的情感世界。通过这几步教学，学生整体感受了这首诗的语情、语脉、语调，了解了诗歌的整体思路和基本感情，完成了课堂教学的第一步"感受语言，触发语感"。在此基础上，洪先生指导学生运用揣摩、品味和比较的方式深入学习诗歌的语言。首先，洪先生以身示范，针对诗歌的第一节提出了两个语感品味点：①"天上的明星现了"。"现"改为"亮"行不行？②一、二句与三、四句能否调换一下顺序？在学生讨论的基础上，及时总结了品味语言的角度和方法，并要求学生仿照老师提出问题的角度和方法，自己从诗中寻找感受最深的语言因素加以揣摩品味。这是语感教学的第二个环节"品味语言，领悟语感"。这是本堂课的重要环节，所以占用了课堂的主要时间。课堂上，学生提问十分丰富，课堂讨论非常热烈，学生学习语言的积极性充分调动起来了。在学生发言告一段落后，洪先生及时抓住学生的兴奋点，将原诗第三节改为："你看，那茫茫的天河，定然是无限宽广。那传说中的牛郎织女，只能够隔河相望。"引导学生将改过的诗句与原诗进行比较，水到渠成地完成了对诗人情感的体会和对诗歌主旨的探讨。第三个环节是"实践语言，习得语感"，在这一环节中，洪先生以指导朗读为主要目标，现场指导学生有感情地朗读全诗。第四个环节是"积累语言，积淀语感"，主要要求学生在朗读的基础上，当堂背诵全诗。整堂课，教学目的明确，教学重点突出，教学过程流畅，教学效果显著。

2.教学民主是洪先生一贯的教学风格，他从来主张"教师的责任就是教学生学，培养学生的自学能力，'变讲堂为学堂'"，这一堂课也很好地体现了这一点。课堂上，洪先生既没有"满堂灌"，也没有"满堂问"，而是以教学生品读课文、品味语言为教学的重点，将主要的教学时间用在指导学生品味语言的教学环节上，体现了"教学生学语言"的教学宗旨。不论是设问释疑，还是寻找典型的语言因素进行品味揣摩，洪先生都注意激发学生自己动脑、动口、动手的兴趣，鼓励学生自己品味，合作探究。洪先生也讲，但讲得少，讲得精，讲得巧，常于无疑处激思，于无"味"处品"味"，于无路处指津，使学生豁然开朗，从而习得学习语言的方法。

3.注重朗读训练，是这堂课的又一突出特点。

洪先生说："读是语文课的第一教学法，抓住了'读'就抓住了语言教学的要领。"这句话道出了朗读在语文教学中的重要地位。洪先生的课堂上自始至终书声琅琅。首先,洪先生以自己声情并茂的朗读感染学生。接着,结合品味诗歌语言对学生进行具体到位的朗读指导,从语调的高低,节奏的缓急等角度,让学生掌握朗读的技巧。最后,引导学生背诵课文。在这里,朗读不仅仅是活跃课堂气氛和调动学生学习热情的一种方法,不仅仅是课堂教学的穿插与点缀,更是让学生在目视其文、口发其声和耳闻其音的过程中,习得语感。

这也是一堂充分体现《课标》精神的好课例。

1.《课标》指出:语文教学的目的是"培植学生热爱祖国语言文字的情感","指导学生正确理解和运用祖国语言,丰富语言积累,培养语感……","要根据知识与能力、过程和方法、情感态度和价值观三个维度"设计教学目的和教学的过程,"积极倡导自主、合作、探究的学习方式"。

这堂课,很好地体现了新课标的理念和精神。教学中,洪先生注重"三维"整合,在传授知识(如联想,想象等知识),培养能力(朗读能力,想象能力,描述能力,品味语言的能力)的过程中点津指路,授以方法,并以巧妙的设问引导学生探寻文本的主旨和作者的情感,水到渠成地对学生进行情感态度和价值观方面的教育,如"润物细无声"的绵绵细雨,滋润学生的心田,收到了"熏陶感染,潜移默化"的效果。

2.《课标》还指出,"语文教学应在师生平等对话的过程中进行","学生是对话的主体"。洪先生注重引导学生在品读诗歌的过程中,主动地与文本对话(探讨诗歌的思路和品味诗歌的语言)、与作者对话(体会诗人的情感和写作意图)、与教材的编者对话(理解"预习提示"的重点与难点)、与教师对话(回应教师的点拨,运用教师传授的方法)、

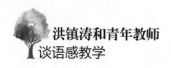
与同学对话（讨论与切磋），让学生在多边对话中自主解决问题，自主学习语言。

　　总之，这堂课以其先进的教学思想、流畅的教学流程、科学的教学方法和显著的教学效果成为语文教学的经典课例，展示了洪镇涛先生的大师风采，为全国的语文教师提供了学习揣摩的范例。

（点评者：湖北省特级教师黄珞珈）

第三篇
洪镇涛语感教学小镜头

洪镇涛对文学鉴赏有深入的研究和独到的见解。他把这种课设计为五个阶段：

1. 正读音，明大意，感受形象；

2. 索主旨，探特色，运用联想，再现形象；

3. 察语气，扣词语，进入角色，沟通感情；

4. 作比较，找规律，由表及里，体味意蕴；

5. 品语言，默形象，咀嚼涵泳，陶冶精神。

他教的文学鉴赏课极有特色，十分精彩。

——马鹏举

在课题上打问号，对课题提出怀疑，可说是一种『反常』行为，但这绝不是教师一时的任意之举，而是在深钻教材和把握学生认知规律的基础上提出的。

在课文题目上打问号

洪镇涛

教都德的《柏林之围》，在简介作品的背景之后，我突然转身面向黑板，用粉笔在课题"柏林之围"后面打上一个大问号，学生不禁为之一惊。

我说："这个问号，是我的一个疑问，大家预习过了，都知道这篇小说写的是巴黎被普鲁士军队包围、攻陷的经过，明明是'巴黎之围'，为什么取名'柏林之围'呢？请大家帮我解答这个问题。"

学生被这个问号吸引住了，一个个看课文，想问题，有的还动笔写答案。

过了几分钟有学生举手了，我征求大家的意见："需要议论一下吗？""需要！"

学生热烈地讨论后我组织全班集中发言：

"这篇小说没有直接写普鲁士军队围攻巴黎，只在最后才把普鲁士军队占领巴黎的情景写了几笔，题目不能取'巴黎之围'。"

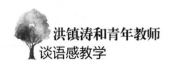

　　"'柏林之围'是懦夫上校的幻觉，与实际情况完全不符，不应该取名'柏林之围'。"

　　"虽然实际情况是巴黎之围，但它是虚写的、暗写的；而懦夫上校的幻觉则是实写的、明写的，应该是'柏林之围'。"

　　我这时插话："同学们从虚实的角度考虑，有道理。能不能再进一步从表现人物、突出主题的角度考虑一下？"

　　一经启发后，学生又往深处想了。

　　"'柏林之围'是主人公懦夫上校的强烈愿望，用'柏林之围'作篇名，可以体现人物忠贞爱国的性格特点，突出小说的爱国主题。"

　　"以'柏林之围'为题，还可以造成现实与幻觉的强烈对比，显示现实与幻觉的尖锐矛盾，增强这篇作品的悲剧色彩。"

　　根据学生讨论的意见，老师稍加归纳，并板书：

战争发展的现实：巴黎之围（暗写）
　　　　　　　　　　　　　　　　　　　　　强烈对比（悲剧）
懦夫上校的幻觉：柏林之围（明写）

　　在课题上打问号，对课题提出怀疑，可说是一种"反常"行为，但这绝不是教师一时的任意之举，而是在深钻教材和把握学生认知规律的基础上提出的。问题提得是地方，是时候。所谓"是地方"，就是抓住了《柏林之围》在结构上的一个突出特点；所谓"是时候"，就是在分析人物、讨论主题之前，正需要引导学生熟悉情节，弄清结构。还有，正因为有点"反常"，所以能引起学生的新奇感，激发学生探究问题的浓厚兴趣。

　　　　　　　　　　　　　　　　　　　　（《学习语文》1990 年第 12 期）

2 "长沙"映"雪"更妖娆

马鹏举

洪镇涛对文学鉴赏有深入的研究和独到的见解。他把这种课设计为五个阶段：1.正读音，明大意，感受形象；2.索主旨，探特色，运用联想，再现形象；3.察语气，扣词语，进入角色，沟通感情；4.作比较，找规律，由表及里，体味意蕴；5.品语言，默形象，咀嚼涵泳，陶冶精神。

他教的文学鉴赏课极有特色，十分精彩。下面是他教学《沁园春·长沙》的一个片段。

（教学已到了"进入角色，沟通感情"的阶段）

"独立寒秋，湘江——"一学生朗读。

"停！'独立'读轻了，读弱了。刚才我们研究过，'独立'要读得——对！读得凝重一些，深沉一些。要表达一种不同凡俗的英雄气概！'独立'可不是形单影只、孤立的意思。再读一遍，一定要把诗人关心祖国人民的命运，以天下为己任的感情读出来！"

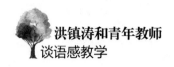
"独立寒秋,湘江北去,橘子洲头,看万山红遍……"学生重读着,抑扬顿挫有致,轻重快慢适度。他进入了色彩缤纷的诗的意境,也进入了诗人绚丽多姿、起伏激荡的感情世界。他成功地通过诵读,向听众展示了一位风华正茂、雄姿勃发的革命家的光辉形象。

(《沁园春·长沙》这首词已经学完)

"现在,请大家回忆一下,毛主席还填写了一首《沁园春》,我们读过没有?"

沉思片刻,几个人答出了《沁园春·雪》。

"谁能背诵《沁园春·雪》?"

一名男生,用比较浑厚的嗓音背诵着:"北国风光,千里冰封,万里雪飘……"

"看,我们又在北国的冰雪大地上神游了一番,现在,请大家将这两首《沁园春》作一番比较,看它们在景色、气势和写法上有哪些异同。"

四个学生为一组热烈地议论着,然后全班发言。

"《沁园春·雪》描绘的是一幅辽阔、壮丽的冰雪景象。千里冰封,万里雪飘,总写了北国风光的特征。《沁园春·长沙》写的是南方,湘江秋色,写山、树、天空、江水,也很开阔;但和《沁园春·雪》比起来,视野小些。"

"说得好极了,在境界的开阔上《沁园春·长沙》稍逊一筹。谁接着说?"

"我说。《沁园春·长沙》在写了时间、地点后,用一个'看'字领起,引出下边的'万山红遍';《沁园春·雪》的第四句,也用了一个字领起,'望'长城内外的'望'字。"

"好的,比得很具体,很准确。"

"还有,《沁园春·长沙》的下阕,是'忆'字领起;《沁园春·雪》的下阕有个'引'字领起,引出几个历史人物:秦皇汉武,唐宗宋祖。"

"补充得对。你们看,在写法上,《沁园春·雪》与《沁园春·长沙》多么相似。"

"还有，"另一个学生没有举手就站了起来，"《沁园春·长沙》写景时，有静景，有动景；《沁园春·雪》也有静景和动景，'惟余莽莽'，是静景，'山舞银蛇，原驰蜡象，欲与天公试比高'，是动景。"

"答得好！下面请从气势上作比较。"

"《沁园春·雪》的气势更为宏大。"

"为什么？"

"我来说。《沁园春·长沙》只写了几个少年同学的革命活动，《沁园春·雪》却把几千年封建社会的代表人物都作了评判。我从小说上看到汉高祖刘邦很了不起，连楚霸王项羽都被他打败了；成吉思汗更厉害，本事更大。但是，他们比起当今的革命者，都算不了什么。"

"嗬，他连课外知识也用上了，用得好！"

课堂里发出了笑声。同学们还在颦眉蹙额，苦苦思索。这种比较阅读法给他们的思维开拓了更为广阔的空间。洪老师提出的问题必须经过一番认真的思索才能回答。每一个正确的答案都是创造思维的成果。创造思维的根很苦很苦，结出的果实却很甜很甜。

"再想想两首词在写作手法上有什么异同？比如，它们都写了景物。"

"知道了，"一学生欣喜地答道，"两首词都有抒情，不同的是《沁园春·长沙》还有记事，《沁园春·雪》还有历史人物评论。"

"最后，请大家回忆一下，《沁园春·雪》写于哪一年？写于1936年2月，毛主席率领红一方面军从陕北出发，准备东渡黄河，对日军作战。《沁园春·长沙》写于1925年，中间相距11年。大家看一看，毛泽东同志在1925年提出的'问苍茫大地，谁主沉浮？'1936年解决没有？由谁来主沉浮？"

洪老师率领他的学生凭联想与想象的翅膀在更为广阔的时空中遨游，凭借分析、综合，求同与求异思维在理性王国作缜密的开掘与探索。

（《中学文科》1992年第9期）

教学真是一门奇妙的艺术。洪老师要求学生捶桌子，竟捶出了一个生动、活泼的新局面来。

捶桌子

马鹏举

教学真是一门奇妙的艺术。洪老师要求学生捶桌子，竟捶出了一个生动、活泼的新局面来。

教《最后一次讲演》。当时，观摩上课的老师从三面把学生围得水泄不通，学生一个个好不紧张！

洪老师在指导朗读。他要求学生能像闻一多那样慷慨激昂地讲演。一名学生站起来，他放开嗓门，表情激愤地读开了："反动派暗杀李先生的消息传出以后……"他一读完，课堂上的学生与老师都喜形于色：总算读出感情来了！

洪老师连连点头："读得很好！很好！不过，还可以放开些。放开了，还可以读得更好。闻先生在讲演时，不是激动得捶了桌子吗？像李公朴这样的爱国民主人士竟然遭到国民党反动派卑劣、无耻的暗杀，他怎能不气愤，不仇恨反动派？你如果也有这种愤怒的感情，你也会捶桌子的！"

洪老师声音深沉，感情激动，显然，他已进入课文情境之中，他决心把学生也带入那激动人心的、庄严的历史情境中去。

"我来读一遍，同学们仔细听：'反动派暗杀李先生的消息传出以后……不知他们是怎样想法，他们的心理是什么状态，他们的心是怎样长——（同时猛捶桌子）的！'"

这简直就是闻一多在讲演。最后一个"长"字，是从肺腑里喊出来的，震撼人心！那落在桌子上的拳头，无异于霹雳千钧。顿时，闻一多先生那疾恶如仇、大义凛然的高大形象，一下子在人们眼前浮现出来。全场寂然！

全班学生默默颔首，似有所悟。

"现在大家练读这一段，读的时候要想象闻一多当时讲演的情景。要知道，台下有特务，混在听众里面。他在面对面地痛斥敌人。你这么想着想着，就会情不自禁地要猛捶桌子，我希望听到大家捶桌子的声音！"

学生的情绪被调动起来了，他们已忘了置身于陌生的听课教师中间，也忘了害羞与胆怯。

几十名学生全都"进入了角色"！

"谁来朗读？"老师问。随即有七八只手举了起来。

一名男生站起来了，稚嫩的脸上显出严肃的表情。他用刚刚变声的粗嗓子读着，慷慨激昂，情绪的高潮自然而然地落在了"长"字上，同时，"咚"的一声，结实的小拳头砸向桌面。

他成功了！

又一名学生朗读，也成功了！第三名、第四名……

"同学们个个成了闻一多，不简单，现在全班齐读。"

50多张嘴巴在讲演，50多只拳头捶响了桌子……

捶桌子，与其说是朗读技巧，倒不如说是引导学生领会课文、理解课

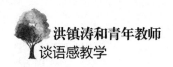
文内容的手段。当学生通过这样的朗读深刻地了解课文的内涵，课堂上的情绪简直沸腾了。

每堂语文课，或者说，上每一篇课文，是否都可以发现或寻找出一个契机，像"捶桌子"那样？我想，是可以的。

（《活的语文教育学》，上海教育出版社 1993 年版）

"大家都是鲁迅"

蔡大继

"刚才，同学们从课文中列举了大量的铁一般的证据，有力地驳斥了所谓'友邦人士，莫名惊诧'的谬论。现在，我们再来领会鲁迅先生在驳斥敌人时的思想感情。"听洪镇涛老师《"友邦惊诧"论》的课，迟到了十几分钟，一进教室，只见洪老师严肃地说，"下面，我把第二、三两段朗读一遍，请同学们注意我突出了哪些词语，表达出了哪些细微变化的思想感情。"

说完，只见洪老师整襟锁眉，慷慨激昂地朗诵着。这朗诵，如阵阵狂风翻卷着波涛，发出怒不可遏的咆哮，震撼着人们的心灵，我们感受到了30年代的斗争风云，那铁骨铮铮的鲁迅先生，仿佛就屹立在我们眼前。

老师的朗诵刚一落音，教室里爆发出一阵热烈的掌声，表示对老师精彩朗诵的赞赏。不知哪位同学小声说："洪老师读得真像鲁迅。"这句话

蓦然，我眼前这些瞋目怒视、大声呵斥敌人的同学们，一个个变成了"横眉冷对千夫指"的鲁迅。

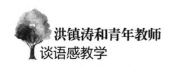

像一把盐撒在火炉里，顿时炸开了，同学们议论纷纷："洪老师要是长袍一穿，胡子一留，就是地道的鲁迅。"

待同学们的议论声稍小，洪老师风趣而认真地说："我是鲁迅，大家都是鲁迅！""我们？"老师见同学们疑惑不解，说："只要大家把文章中鲁迅的思想感情准确地表达出来，你们个个不就是鲁迅吗？"同学们备受鼓舞，高兴地鼓起掌，教室里气氛顿时高涨。

"好，现在分小组，议论一下，把最能表达作者思想感情的词语抓住，深刻理解含义，研究怎样朗读。"哗啦一下，教室里变得热闹非凡。

十分钟后，各组汇报议论结果。

"第一句，应强调'好个'。这是反语，要读出讽刺和愤慨的语调。"那位同学说完后，老师笑着问："你能读读吗？"只听他，把"好个"的腔调拖得长长的，重重的，在空中又像画了个圆圈，突然砸地。那反语的味道，活脱脱地表达出来了。

"三、四两句的重点是三个'不惊诧'，一个'惊诧了'。这是个鲜明的对比，有力揭露了'友邦人士'的反动立场。"接着，这组同学齐声朗读。老师赞扬道："'对比'读得有特色。"转而微笑着说："不过，我感觉有点不足，不知大家是否有这个感觉？"这时，另一组的同学接过话题："三个'不惊诧'读得不理想。这是排比句，读的时候语速要逐渐加快，语气要逐渐加重。""分析准确，"老师赞赏地说，"两组把优点合起来就全面了——你们能否为大家表演一下。"老师做了个请的姿势。两组同学站起。三个"不惊诧"，读得如大海涌潮，一浪高过一浪，滚滚而来；一个"惊诧了"，读得又似一股浪潮涌进港湾，在港湾中回旋着，余韵未尽。

不等上面的同学读完，另一组的代表站了起来："我们认为，第二段的几个四字短语，很有特色。在形式上，与反动电文的四字句针锋相对；在内容上，把敌人的罪行与学生的革命行动进行了对比。另外，四字短语铿锵上口，容易读出气势。""为了读出气势，大家说，用什么形式读好？"老师问。"全班朗读。"同学们齐声朗读，如同战场上对敌的炮阵，炮弹阵阵齐发，一阵紧似一阵。

只剩下第三段了。没发言的同学不愿放弃这个机会，争着要讲。老师说："从左到右，一人只讲一句。""第三段中的'国民党政府'这个定语用得好，说明了'友邦人士'不是中国人民的友邦人士，读的时候强调一下。""句后'是些什么东西'，说明了'友邦人士'不是个东西，坏透了，要读出讽刺意味。""两个感叹号，也不能小看，它表明了作者的极大愤慨，这也要读出来。"一个同学见内容都被"挖"走了，只好说："上面的同学从这一句话中分析出了这么多内容，可见作者把这一句话安排为一个自然段，是颇具匠心的。"

最后，洪老师提议："让我们用朗读第二、三段，来声讨日本帝国主义和国民党反动派的罪行，揭露'友邦人士'的反动立场吧！"全班同学愤然而起，脸上露出严肃的神情。蓦然，我眼前这些瞋目怒视、大声呵斥敌人的同学们，一个个变成了"横眉冷对千夫指"的鲁迅。

（《活的语文教育学》，上海教育出版社 1993 年版）

洪老师在这里精心地拈出三个不为人注意的标点符号，提供了『联想空间』和『想象的框架』，激发起学生思考与探究的热情，深挖作品的微妙之处，让他们体会到作者的匠心，感受到作品的魅力。这一拈，看似平常，何尝不是教者匠心的体现呢？

5 "拈"的魅力

朱长华

上课铃声响过。洪镇涛老师面带笑容地走上讲台。

今天继续讲解《阿Q正传》（节选）。

"写赵太爷先后对阿Q的三声呼唤，后面分别用了逗号、句号和叹号，为什么？"洪老师首先发难。

这可是一个出人意料的问题。教过三次《阿Q正传》（节选）的我，也从来没有意识到这里还有文章可做哩！

教室里静极了。

一双双眼睛闪现着智慧与灵感碰撞的火花。两分钟后，一只只手举了起来。

"我觉得这里分别用了三种标点，并没有深的含义，因为从创作活动来看，如果作家在写作时，连每一个标点符号都特别地去考虑的话，那么，势必影响创作想象的连贯性。"毕梅同学振振有词。

"我们写作时，谁又着意考虑标点呢？习惯而已。"龙锐旗帜鲜明地加入了"毕派"。

"我不同意毕梅和龙锐的观点，"吴涛说，"三个标点是区别的，比如第一处'老 Q'后的逗号，如果换成第三处所用的（阿 Q！）叹号，就跟句中的'怯怯的迎着低声的叫'不协调。这里的'老 Q'，赵太爷叫的声音很小，看得出，他距阿 Q 很近。"

"把逗号换成句号，又何尝不可呢？"

"不可以！"曾群人还没有站起来，话已出口了，她欣然加盟"吴派"。

"第一处用逗号，表明话还没有说完。赵太爷在这里毕恭毕敬地叫阿 Q 一声'老 Q'，是别有用心的。他是想向阿 Q 打探革命消息，用逗号，表现出赵太爷当时迫不及待的神情。"

"我补充一点，"刘宁说道，"第二处，是在阿 Q 料不到他的名字会和'老'字联结起来，以为赵太爷喊的与己无干而没有搭理的情况下，赵太爷接着喊的，表明赵太爷想等阿 Q 停下来以后，再向他打听消息，因此停顿时间长，用了句号。"

这时，"毕派"的龙锐，站了起来，他顿了一下，说道："用句号，还流露出一贯作威作福的赵太爷内心的一点不耐烦的情绪；第三处用叹号，加大了呼叫的音量，表明阿 Q 已经走远了，表现了赵秀才那种按捺不住的厌烦心理。"

话音未落，掌声四起，为他"门庭"的改换，为他分析的精彩。

热烈的讨论，活跃的气氛，浓厚的兴趣，精彩的分析，这让我想到文学鉴赏理论里一段很有名的话：作者创造的作品，其实只是一个半成品，如果没有读者的创造与合作，作品的美学价值就无法实现。因此从接受美学的观点看来，最好的作品就是能提供最广泛的联想空间和最能激发读者

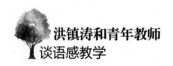

想象的框架。洪老师在这里精心地拈出三个不为人注意的标点符号，提供了"联想空间"和"想象的框架"，激发起学生思考与探究的热情，深挖作品的微妙之处，让他们体会到作者的匠心，感受到作品的魅力。这一拈，看似平常，何尝不是教者匠心的体现呢？

（《活的语文教育学》，上海教育出版社 1993 年版）

羊羣，孔乙己，笑声，同学们在脑中迅速地组合着，忽闪忽闪的眼睛里，仿佛已有了答案。

披情析理巧设喻

朱长华

"多乎哉？不多也！""窃书不为偷！"，洪老师刚走上讲台，就有两个学生拿腔拿调地抛出这两句话，顿时，教室里一片哗然。

也难怪，今天要上《孔乙己》这一课，昨天已经布置预习了，但这笑声，这氛围，跟这悲剧？……我心里很疑惑。

洪老师也笑了。台下同学们更兴奋。我以为，作为老师，该讲两句"孔乙己这个人物是可笑，但他更可怜，更令人同情"之类的话，把学生的情感调整一下。可是，洪老师向学生提出这样一个问题："你们之中若是有人在深山巨谷中遇上一只猛虎，当时心理和行为的反应会是怎样的？"学生们先是一愣，接着就有人说"害怕""恐惧"。"哭！"一位女同学的话音未落，笑声四起。

洪老师这时表情很严肃。他问同学们："当她说'哭'的时候，大家

165

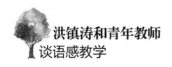
怎么要笑呢？"

　　教室里安静下来。这是一个有趣而棘手的问题。"哭不能解决问题"，"哭不能帮她解脱困境"，"大家笑，是因为，这是假设，事实上并未遇上"，同学们纷纷发表看法。

　　"是啊，"洪老师接过话题，"这是一个假设，大家没有身临其境，所以体会不出当时的危难。可是，孔乙己就生活在一个比虎山还要恐怖的环境中。科举，就好像一头无形的虎，吞噬着他的灵魂。倘若我们能设身处地地想一想，我们会作出怎样的回答？"教室里静极了，同学们感情的弦被一起拨动了，洪老师停顿了一会，然后用比较低缓的语调说，"在动物界，有一种奇特的动物，叫晕羊，它们只要一听到游人的笑声，就立刻晕倒，十秒钟后才能清醒过来，游客们反复的、开心的笑声，往往使得它们站不起来，《孔乙己》中也有一个字，总跟着孔乙己，那就是'笑'，大家想一想，这些笑声都是建立在什么基础上的？我们该怎样看待这笑声？"

　　晕羊，孔乙己，笑声，同学们在脑中迅速地组合着，忽闪忽闪的眼睛里，仿佛已有了答案。

　　课，在一种复杂感情的氛围中展开……

　　　　　　　　（《活的语文教育学》，上海教育出版社1993年版）

洪镇涛老师拈出文章中的关键词句，引导学生含英咀华，使课堂教学达到理想的境界。

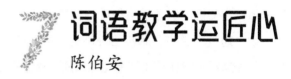

7 词语教学运匠心

陈伯安

洪镇涛老师拈出文章中的关键词句，引导学生含英咀华，使课堂教学达到理想的境界。

洪镇涛老师在分析小说《药》中华老栓这个主要人物时，处处显示了艺术匠心。

力避文学评论式的滔滔讲说，洪老师开宗明义，提示学生："华老栓这个人物，鲁迅先生着重从他的心理活动来表现他的性格，而华老栓的心理状态，在小说中又是通过一些词语表现出来的。请同学们认真阅读第一部分，把最能表现华老栓心理活动的词句找出来。"

在洪老师的引导下，同学们像采矿一样从事着创造性的劳动，每当发现了"晶莹的宝石"，师生都感到难言的喜悦。

"华大妈在枕头底下掏了半天，掏出一包洋钱，交给老栓，老栓接了，抖抖地装入衣袋，又在外面按了两下。"洪老师首先拈出"掏"字启发学生：

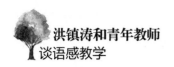
"拿钱就拿钱，为什么用个'掏'字呢？"有的学生回答："说明对钱非常珍惜。"有的学生回答："因为是他们辛勤劳动得来的。"洪老师进一步启发学生："珍惜就要'掏'？辛勤劳动得来的血汗钱也不一定要'掏'吧。"聪明颖悟的学生经这样一点拨，茅塞顿开："是因为钱放得深。"洪老师因其势而利导之，语颇幽默："是藏得紧吧。大家再想想看，华老栓接钱时，把钱抖抖地装入衣袋，为什么要'抖抖地'？是不是因为他要拿这笔血汗钱去买儿子的命？可以想见，这时华老栓的心情是——"洪老师的话还未落音，几乎是全班学生齐声回答："紧张！"教学目的很轻松地达到了。

"上街以后，华老栓是什么样的心情？哪些词语表现出他的心情？"洪老师抓住契机，引导学生作进一步的思考。

学生通过小说中"跨步格外高远。而且路也愈走愈分明，天也愈走愈亮了"等描写，很快理解了华老栓此时"爽快"的心情。

在分析华老栓走到刑场以及接到人血馒头的心理活动时，洪老师引导学生深入领会"他便退了几步，寻到一家关着门的铺子，蹩进檐下，靠门立住了"一句中的"退""寻""蹩""靠"等动词的感情色彩，想象"老栓慌忙摸出洋钱，抖抖地想交给他，却又不敢去接他的东西"时惊惧的心情，华老栓淳朴善良的性格特点便跃然纸上了。

紧接着，洪老师又引导学生分析华老栓买到人血馒头以后的心情，拈出"他的精神，现在只在一个包上，仿佛抱着一个十世单传的婴儿，别的事情，都已置之度外了"一句，让学生体会和思考，华老栓此时的兴奋心情以及通过"太阳也出来了；在他面前，显出一条大道"的景物描写所烘托出的幸福感，十分自然地为学生所理解。

在此基础上，洪老师板书"紧张—爽快—惊惧—兴奋"八个字，让学生透过华老栓"紧张""惊惧"的心理活动把握其淳朴善良的性格，透过"爽快""兴奋"的心理活动，把握其愚昧落后的性格。

真是匠心独运啊！

（《活的语文教育学》，上海教育出版社 1993 年版）

更『全盘授与』为『拈精摘要』，从文章中拈出某些精要的东西指导学生学习，引导学生领会文章的深刻含意，是洪镇涛老师语文教学艺术的精粹。

精彩的尾声

陈伯安

一堂成功的语文课，宛若一曲动听的乐章，既有引人入胜的前奏，也有极其精彩的尾声。且看洪镇涛老师是怎样结束小说《药》的教学的。

没有干巴巴的中心思想的归纳，也没有枯燥乏味的写作特点的总结，一个精心设计的提问将学生的思维引向深入，引导学生探寻小说的深刻意蕴："这篇小说为什么取名为'药'？"

不急于拿出现成答案，也不急于让学生回答，先让学生议论纷纷，各持己见，形成研讨问题的良好氛围。

一个学生踊跃回答："有双重含义，一重含义是说革命者的鲜血竟被一个贫民当作'药'来治病，这反映了当时的人们还不理解甚至反对当时的革命；再一重含义是说资产阶级革命脱离群众，这是革命遭到失败的惨痛教训。"

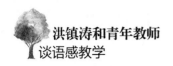
另一个学生站起来侃侃而谈："'药'的寓意是深刻的，革命者的鲜血居然被小市民作为'药'治病，这个现实是悲惨的，作者探索改变这个现实的道路，要启发人民的觉悟。"

见学生的回答不甚理想，洪老师欲擒故纵，提出了另一个问题："写文章要围绕题目写，否则就是脱题，这篇文章是不是脱了题啊？"

巧妙地引导学生回忆小说的情节和线索：买"药"、吃"药"、谈"药"。使学生对小说取名为"药"有了粗浅的认识。

洪老师又将问题向前推进一步："小说题目不仅仅是概括了情节和线索，它还有更深的寓意，请同学们深入思考。"

洪老师像一个高明的导游者，引领学生一步一步地登上泰山之巅。

"华老栓用蘸了烈士鲜血的馒头给儿子治病，说明当时的群众是多么愚昧；康大叔杀害革命者并用烈士的鲜血当'药'卖钱，表现了当时的反动统治阶级是多么凶残。这两方面表明当时中国处在多么黑暗和垂危的状态之中，正需要一服良'药'来救治。"

"资产阶级革命家试图用旧民主主义的'药'来救治中国，但由于他们的软弱、妥协和脱离群众的弱点，失败了，这服'药'无效。"

"要救治中国，就要探寻新的'良药'——探寻新的革命道路和新的革命方法。"至此，小说的中心思想水到渠成地为学生所接受，深深刻在学生的脑海里。

变"全盘授与"为"拈精摘要"，从文章中拈出某些精要的东西指导学生学习，引导学生领会文章的深刻含意，是洪镇涛老师语文教学艺术的精粹。

（《活的语文教育学》，上海教育出版社 1993 年版）

第四篇
洪镇涛语感教学法的运用

　　教师带着读者的视角走进文本，走进经典，这是给学生最好的示范，最好的引领。高明的教师的教学，在于善于引导学生，决不牵着学生的鼻子走；在于严格要求学生，决不使学生感到压抑；在于在问题之初启发学生思考，决不把最终结果端给学生。

——王先海

老师抓住「学习语言」这个语文教学的「牛鼻子」，通过「感受诵读之美」「品读细节之美」「品读笔法之妙」「品读人称之妙」「品读舞台说明」几个环节，硬是把一篇传统课文上得精彩纷呈，受到与会者的交口称赞。

《雷雨》课堂实录及简评

执教者：武汉市新洲一中　王　静
点评者：武汉市教育学会　王先海

如何引领学生学习《雷雨》这篇长达一万余字的经典课文，各家高手八仙过海，网络案例丰富多彩，怎样不落窠臼，上出新意？在"全国洪镇涛语文教育思想研学共同体"开展的"语感教学同课异构"中，王静老师抓住"学习语言"这个语文教学的"牛鼻子"，通过"感受诵读之美""品读细节之美""品读笔法之妙""品读人称之妙""品读舞台说明"几个环节，硬是把一篇传统课文上得精彩纷呈，受到与会者的交口称赞："语文课这么教才有味儿！"这里特作简评，以飨读者。

一、感受诵读之美

1.诵读示范

师：同学们，今天我们一起来学习天才剧作家曹禺23岁在清华大学读书时创作的话剧《雷雨》。首先我想跟一位同学合作诵读一个片段，从

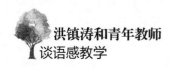

课文17页"她现在老了",读到19页"命,不公平的命指使我来的"。鲁侍萍呢,由我来读,我想邀请一位同学扮演周朴园,哪位同学主动请缨?(某男生举手。师与生分角色朗读。)

评:分角色朗读把握人物的情绪变化和言语状态,深入角色内心。教师的诵读示范先声夺人,一下子拉近了师生距离。以上是教学的第一个环节——感受语言,触发语感。

2.诵读指导

出示幻灯片一:

感受诵读之美

诵读指导:注意语速和语调

鲁侍萍　我前几天还见着她!

周朴园　什么?她就在这儿?此地?

鲁侍萍　嗯,就在此地。

周朴园　哦!

鲁侍萍　老爷,您想见一见她么?

周朴园　(连忙)不,不,不用。

师:回顾一下刚才的这个片段,周朴园和鲁侍萍在对白的时候语速一样吗?摇头?哦,应该是不一样的,大家自己读一读试试看,谁应该快一点,谁应该慢一点? (生读)

生:我觉得鲁侍萍应该读快一点,周朴园应该读慢一点。

师:为什么呢?

生:因为鲁侍萍应该知道对方是周朴园,所以她带着很愤怒的心情去跟周朴园对话,语速就很快。而周朴园他不知道嘛,而且他是一个地位很高的人,所以他就会缓慢一点。

师:你请坐! 大家有没有不同意见?

生：我觉得鲁侍萍应该慢一点，周朴园应该快一点。

师：为什么呀？

生：我读一读。

师：好，读一读找找感觉。

（生读）

师：很好！为什么语速这样处理？

生：因为鲁侍萍内心很痛苦，所以慢。而周朴园听说梅侍萍就在此地，他心里很慌，很着急，所以就快了。

师：不错，请坐下！说得很有道理！周朴园的最后一句话怎么读比较好？

生：不，不，不用。

师：注意，这括号里有个词"连忙"，两个"不"字怎么读才有"连忙"的感觉？

生：不，不，不用。

师：还不够"连忙"。两个"不"字如果读到最快应该怎么读？

生：应该连读。

师：对了，你连读试试！

生：不不，不用。

师：很好！从周朴园这"连忙"的拒绝中，我们可以看出周朴园是个怎样的人？

生：我感觉他挺自私的，为了自己的名誉和地位，不管鲁侍萍的死活。

生：他是个冷酷无情的人，鲁侍萍为他生了两个儿子，又因为他而吃了很多苦，可他连面都不想见。

师：是啊！这个自私而冷酷的人急切而慌乱地拒绝见面，语速要快，没有丝毫犹豫，显得无比绝情。而鲁侍萍，她是在慢慢地试探周朴园，"老爷，您想见一见她么？"虽然她当时很悲愤，但这悲愤是压抑着的，所以

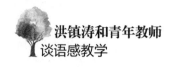

要慢一点。

评：看似朗读语速的快与慢的体味，实则人物个性心理的体验与把握。

师：下面我们再看看这个"哦"字。刚才有两个同学读到了，跟我合作朗读的同学读"哦↗↘"，后面一个同学读"哦→"，哪一个更合适？

生：哦↗↘。

师：为什么这样读？

生：因为听说梅侍萍就在此地，周朴园很惊讶，简直不敢相信这是真的。

师：哦↗↘，读出了一种莫名惊诧的感觉。这种读法叫作"曲调"。"曲"是"弯曲"的"曲"，在朗读的时候，通过语调高低高或低高低的变化，表达惊讶、怀疑、讽刺、反语、双关等复杂感情。在这个片段中，除了"哦"字之外，还有一处读"曲调"的。大家看啊，周朴园和鲁侍萍两个人都说了"此地"，但他们的"此地"是一个意思吗？

生：不是。周朴园说的"此地"是指那个很大的地方，而鲁侍萍说的"此地"是指周朴园家里。

师：一个是指这个城市，也就是天津，一个是指周公馆，是吗？

生：是的。

师：鲁侍萍的"此地"其实是一语双关，表面上是顺着周朴园的意思说她就在天津这座城市，实际上是说，我不仅在这座城市，而且在周公馆，就在你周朴园的面前。所以对于这个一语双关，意在言外的"此地"，我们读的时候也要用"曲调"。"此地"，"此"要拖长一点，语调要有变化。大家自己读一读，感受一下。

（生读）

师：话剧是一种语言的艺术，有些台词我们用曲调特殊处理一下，可以提醒观众去思考："哦"，在这个地方是有深意的。剧中人物周朴园没听懂，

176

但是观众能够听懂，能发出会心的一笑。

评：对一个"哦"字的品味大有深意，既体现了话剧语言艺术的魅力，更展示了语感教学的"三昧"。

3.诵读训练

出示幻灯片二：

感受诵读之美

诵读训练一：注意语速

周朴园　鲁大海，你现在没有资格跟我说话——矿上已经把你开除了。

鲁大海　开除了！？

周　冲　爸爸，这是不公平的。

周朴园　（向周冲）你少多嘴，出去！

师：刚才我们谈到了曲调，谈到了语速的变化，下面我们来做几个诵读训练。这是周朴园和鲁大海的一段对白。请大家思考一下周朴园的第一句话应该快速读还是慢速读？

生：我觉得应该用慢速。他应该是感觉自己地位很高，对那些小工应该是看不起的。

师：所以用慢速更能表现这种傲慢、不屑。请你和左右两边的同学一起来演绎这个片段，好吗？

（该生和左右两边的同学分角色朗读）

师：周朴园在鲁大海面前是一个霸道总裁的形象，说话慢条斯理，稳操胜券。用缓慢的语速更能表现出一个老奸巨猾的资本家在工人面前的拿腔拿调。但他在儿子周冲面前说话挺冲的，在家庭关系中他是很专制的父亲形象。

出示幻灯片三：

感受诵读之美

诵读训练二：注意语速

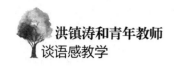

鲁大海　哼，你的来历我都知道，你从前在哈尔滨包修江桥，故意叫
　　　　江堤出险，——

周朴园　（厉声）下去！

仆人们　（拉大海）走！走！

鲁大海　你故意淹死了两千二百个小工，每一个小工的性命你扣三百
　　　　块钱！姓周的，你发的是绝子绝孙的昧心财！你现在还——

师：下面这个片段依然是周朴园和鲁大海的交锋。鲁大海的这两段台词应该快读还是慢读？

生：这个地方应该快一点，因为他的情绪比较激动，他要把以前周朴园做过的坏事揭露出来。

师：揭他的老底，这是一处争吵，你能试着把它"吵"出来吗？语速越快越好。

（生读）

出示幻灯片四：

感受诵读之美

诵读训练三：注意曲调

鲁侍萍　老爷问这些闲事干什么？

周朴园　这个人跟我们有点亲戚。

鲁侍萍　亲戚？

周朴园　从前的旧恩怨，　过了几十年，又何必再提呢？

鲁侍萍　那是因为周大少爷一帆风顺，现在也是社会上的好人物。

师：下面这两个片段是关于曲调的。回顾一下，哪些情感适合用曲调啊？表达惊讶、怀疑、讽刺、反语、双关的词语读曲调。先看前面这个片段，鲁侍萍的话里面有两个词语应该用曲调。是哪两个词？

生：亲戚？其实不是亲戚，是夫妻。

师：恋人。所以鲁侍萍反问一句"亲戚？"，带有什么情绪？

生：讽刺。

师：嘲讽周朴园："我鲁侍萍是你哪门子亲戚呀？你别在这里撒谎了。"好，请坐！还有哪个词语应该读曲调？

生：我觉得是"闲事"。周朴园和鲁侍萍的身份是截然不同的。周朴园问无锡三十年前的事情，鲁侍萍就讽刺周朴园，为什么你要问一个地位很低的人的事情。

师："闲事"也带讽刺意味。什么叫"闲事"？就是跟你不相干的事情，你问这个干什么呀？真的跟你不相干吗？别装了！后面这个片段鲁侍萍的哪两个词语应该用曲调呢？

生：我觉得应该是"好人物"，这也是对周朴园的讽刺。

师：你在外面是慈善家呀，社会名流呀，其实呢？你就是个道貌岸然的伪君子。冷嘲热讽！大家读读试试，"好人物"，这个"好"字要拖长一点。

（生读）

师：鲁侍萍的话里面还有没有什么词语也可以读出讽刺的语调？

生：周大少爷。

师：嗯！这个称呼也挺讽刺的。你是大少爷，你哪里知道我们这些下人的痛苦！

生：老师，我觉得"一帆风顺"这个词也可以读曲调，讽刺周朴园三十年前为了向上爬不惜出卖自己的感情，去娶一位富家小姐。

师：你很敏锐！周朴园为了飞黄腾达，不惜出卖自己的感情，出卖自己的灵魂。"一帆风顺"饱含嘲讽。请你和同桌一起来演绎这两个片段，好吗？

（该生和同桌分角色朗读）

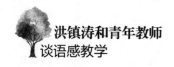

评：以上是教学的第二个环节——品味语言，领悟语感。

二、品读细节之美

师：通过刚才的诵读，我们对剧情有了一定的了解。请问周朴园和鲁侍萍三十年后偶然相遇，他们有没有一眼认出彼此？

生：没有。

师：谁没有认出来？

生：周朴园。

师：那么后来周朴园是通过一件什么东西认出侍萍的？

生：旧衬衣。

出示幻灯片五：

品读细节之美

鲁侍萍　老爷那种绸衬衣不是一共有五件？您要哪一件？

周朴园　要哪一件？

鲁侍萍　不是有一件，在右袖襟上有个烧破的窟窿，后来用丝线绣成
　　　　一朵梅花补上的？还有一件，——

周朴园　（惊愕）梅花？

鲁侍萍　旁边还绣着一个萍字。

师：请大家齐读旧衬衣的片段，想一想，从这件绣花衬衣上可以看出三十年前的梅侍萍是个怎样的姑娘？

（生齐读）

师：从这个细节中可以看出三十年前的梅侍萍是个怎样的姑娘呢？

生：我觉得梅侍萍很漂亮，也很受宠。因为她在周朴园的衣服上绣了一朵梅花，而"梅"就是她的姓，她还绣了一个萍字，这就是她的名字。

师：因为受宠所以敢把名字绣在对方衣服上，是吧？你说梅侍萍漂亮，那倒不一定，教材中没有写啊。不过可以猜想，无锡女子，江南佳丽，又

很"得宠"，应该是很漂亮的吧。同学们有其他理解吗？受宠只是一种待遇，不是性格啊！

生：她心灵手巧，一件破衣服被她补得比以前更好看了。

师：经她巧手一改造，变废为宝了。

生：她很细心。

师：细心，一个小破洞她也能发现，并及时补上。对一个男人这么细心，说明什么？

生：她很贤惠。

师：好个贤惠女子！

生：我觉得她也是个很节俭的人。

师：会过日子，也是贤惠的表现。

生：我觉得她特别喜欢周朴园，因为她绣上去的是自己的名字，所以说梅侍萍是个很痴情的人。

师：太好了！一个痴情女子，一针一线缝进去的都是自己绵绵的情思。

评：徜徉在语言的花丛中，师生都很"细心"啊。以上是教学的第三个环节。

三、品读笔法之妙

师：这样聪明灵秀、温柔贤惠，并且痴情专一的女子，应该被命运温柔以待。但从刚才的诵读中，我们发现她在控诉"命，不公平的命"，那么三十年前的梅侍萍到底遭受了怎样不公平的待遇呢？

生：梅侍萍为周朴园生了两个儿子，可周朴园为了娶一位阔小姐，在大年三十夜里把她赶出了家门。

出示幻灯片六：

品读笔法之妙

周朴园　梅家的一个年轻小姐，很贤惠，也很规矩。有一天夜里，忽

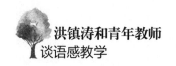

然地投水死了。后来，后来，——你知道么？

鲁侍萍　她是个下等人，不很守本分的。听说她跟那时周公馆的少爷
　　　　有点不清白，生了两个儿子。生了第二个，才过三天，忽然
　　　　周少爷不要她了。大孩子就放在周公馆，刚生的孩子她抱在
　　　　怀里，在年三十夜里投河死的。

鲁侍萍　你大概已经忘了你做的事了！三十年前，过年三十的晚上我生
　　　　下你的第二个儿子才三天，你为了要赶紧娶那位有钱有门第
　　　　的小姐，你们逼着我冒着大雪出去，要我离开你们周家的门。

　　师：关于这一段悲惨的经历，在剧本中有三种不同的表达。请大家自
由诵读这三个片段比较一下，它们在内容写法上有哪些不同，读的时候语
速、语气有什么区别？

　　（生自由诵读）

　　师：大家前后左右讨论一下这三处有哪些区别。

　　（生四人小组讨论）

　　师：我们来交流一下，好吗？

　　生：第一个片段周朴园说梅侍萍是个小姐，很贤惠，但第二个片段鲁
侍萍却嘲讽自己是个下等人，不很守本分。第三个片段是鲁侍萍经历了很
多事情之后感慨自己三十年前的不幸，心中有很多不甘。

　　生：周朴园说梅侍萍是个小姐，是个很高贵的人，这样才配得上自己。
梅侍萍说自己不很守本分，与周公馆的少爷有点不清白，表明她对自己过
去的行为很懊悔。第三处可以写出周朴园当时的冷酷无情。

　　师：懊悔，所以她说"我没有眼泪，有的是悔是恨"。鲁侍萍反驳周
朴园的话，既是自嘲，也是揭穿周朴园的谎言。你觉得第三处中哪些词语

能表现周朴园"冷酷无情"？

生："过年三十的晚上"。

师：大年三十，这是个什么日子？

生：喜庆的日子。

师：合家团聚吃年夜饭的喜庆日子，周朴园却把人往外头赶，丧尽天良。还有表现冷酷的词语吗？

生："第三天"。生孩子的第三天是要坐月子的，产妇最需要人照顾，却被扫地出门，周朴园太没人性了。

生：还有这个"逼"字，可见梅侍萍不想走，是周朴园硬逼着她离开。

师：而且当时天气如何？

生：下着大雪。

师：人心比这大雪还冷啊！这第三处的揭露是最为彻底的。它们还有没有其他的区别？

生：我觉得这三处的情绪是越来越激动，感情越来越强烈。首先周朴园这句话，他比较平淡，就是随口一问，他是很轻松的。到了鲁侍萍，就有点委屈。再后来就变成悲愤了。

师：说得太好了！情绪有个渐进的发展过程。第一处周朴园是在闲聊，轻描淡写；第二处人称代词是"她"，鲁侍萍是以一个什么人的身份来交谈的？

生：局外人。

师：对！旁人、局外人的身份，所以她要压抑自己的感情，读的时候要尽量克制，好像叙述跟自己不相干的事情一样。到了第三处，用的是第几人称？

生：第一人称。

师：到这里，鲁侍萍就是直接站在周朴园面前悲愤地诉说，强烈地控诉，

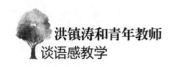
所以这一处就是感情汪洋恣肆的一种表达。请一位同学朗读这三个片段，读出这种情绪的变化。

（生读）

师：大家关注到这两个"忽然"了吗？周朴园说梅侍萍"忽然地投水死了"，鲁侍萍说"忽然周少爷不要她了"，这两个"忽然"各有什么深意？

生：周朴园的"忽然"是说梅侍萍死得很突然，不知道她好好的为什么投水死了。

师：你觉得周朴园这个人怎么样？

生：很假，很虚伪。

师：他当然知道梅侍萍为什么投水死了，因为，他就是罪魁祸首。可他故意说"忽然"地投水死了，多轻巧呀，好像跟他一点关系也没有，可见这个人的虚伪。梅侍萍听到"忽然"这个词，觉得非常刺耳，所以她回敬了一个"忽然"。生下第二个孩子才三天，"忽然"周少爷不要她了，这个"忽然"有什么意思？

生：是说这件事情发生得太突然了，鲁侍萍一点心理准备都没有。

师：可见周朴园是个怎样的人？

生：挺绝情的。

生：善变。

师："女也不爽，士贰其行。"周朴园是个善变而又绝情的负心汉，变心比翻书还快。

评：始终抓住"语言"这个"牛鼻子"。以上是教学的第四个环节——继续品味语言，领悟语感。

四、品读人称之妙

师：面对着梅侍萍愤怒的控诉，周朴园又会有怎样的反应呢？

出示幻灯片七：

品读人称之妙

周朴园　你可以冷静点。现在你我都是有子女的人。如果你觉得心里
　　　　有委屈，这么大年纪，我们先可以不必哭哭啼啼的。
　　　　……

周朴园　你的第二个孩子你不是已经抱走了么？

鲁侍萍　那是你们老太太看着孩子快死了，才叫我带走的。

师：我们来看看这个片段。"如果你觉得心里有委屈，这么大年纪，我们先可以不必哭哭啼啼的。"这里的"我们"是不是用得很奇怪？能不能改成"你"？"你的第二个孩子你不是已经抱走了么？"这里的"你"也很奇怪，明明是他俩的孩子嘛，能不能把"你"改成"我们"？也就是这两个人称代词能不能互换？

生：不能换。第一处用"我们"是因为他觉得"我"也很无奈，"我"也有很多委屈；第二处用"你"表明他对这个孩子很嫌弃，因为第三天孩子快死了，而周朴园又娶了新的媳妇。

师：娶了新媳妇，忘了旧孩子。是吧？说得挺好，还有没有其他同学发表意见？

生：周朴园不愿意承认自己过去犯过的错误，所以他不想承认这个孩子，于是用"你的"这个词坚决地划清界限。

师：也就是说，周朴园说任何一个词都是有目的的。"我们先可以不必哭哭啼啼的"，就像刚才那个同学说的，我也有委屈啊，我也难受啊，我也想哭。我想跟你一起抱头痛哭，可是我不能哭呀。我们要是一哭，闹开了，我们还怎么在子女面前做人？我们的子女又怎么在社会上做人？周朴园说这个"我们"的目的是什么？

生：目的是拉拢关系，不至于把关系搞得太僵。

师：很好！请坐下！那么"你的第二个儿子"中"你"这个词又有什

185

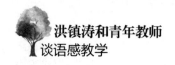

么目的呢?

生:"你的"是周朴园想划清界限。

师:怎么刚才拉拢关系,现在又划清界限呢?

生:因为他对这个孩子没有任何感情,如果不跟这孩子划清界限,以前的丑行就会暴露。

师:以后这孩子找上门来认爹,那就麻烦了。又要分财产不说,又会引发家庭风暴,还有损自己的体面。所以,周朴园这个时候很清醒,他是该拉拢时拉拢,该划清界限时坚决划清界限,老奸巨猾,手段真是太高明太老辣了!简单的两个人称代词,我们也可以嚼出其中的妙处。

评:"改一改、换一换"是语感训练的七个招式之一。目的在于让学生比较、推敲、品味语言使用的妙处,形成语感。一改动一品味,原作语言的分寸感便凸显出来了。以上是教学的第五个环节。

五、品读舞台说明

师:我们说,爹可以不是爹,但娘呢,毕竟还是娘。三十年后,鲁侍萍将再次被周朴园赶出周家,在离开之前,她唯一的愿望是什么?

生:见他的儿子周萍。

出示幻灯片八:

品读舞台说明

周朴园 好得很,那么一切路费,用费,都归我担负。

鲁侍萍 什么?

周朴园 这于我的心也安一点。

鲁侍萍 你?(笑)三十年我一个人都过了,现在我反而要你的钱?

周朴园 好,好,好,那么,你现在要什么?

鲁侍萍 (停一停)我,我要点东西。

周朴园 什么?说吧。

鲁侍萍　（泪满眼）我——我——我只要见见我的萍儿。

周朴园　你想见他？

鲁侍萍　嗯，他在哪儿？

周朴园　他现在在楼上陪着他的母亲看病。我叫他，他就可以下来见
　　　　你。不过是——（顿）他很大了，——（顿）并且他以为他
　　　　母亲早就死了的。

师：我们来看看这个片段，周朴园说："好得很，那么一切路费，用费，
都归我担负。"鲁侍萍说："什么？"周朴园说："这于我的心也安一点。"
鲁侍萍说："你？"后面括号里有个"笑"字，这叫舞台说明。我们关注
这个"笑"字，她为什么笑了？这是一种怎样的笑？

生：嘲笑，讽刺的笑。

师：这前面的"你？"大家能不能把它补充成一个完整的句子来表达
这种嘲讽？

生：你都抛弃我三十年了，现在才想起来弥补？

师：你早干吗去了？是吧？大家再结合上句"这于我的心也安一点"
来分析，"你？"还可能是什么意思？

生：你现在心不安了，那你当年呢，当年抛弃我的时候你怎么心就安了？

生：你还有心吗？你的心早被狗吃了！

师：不得了啊！我发现我们班的同学都很会分析啊！所以这个"你？"
这个嘲讽的"笑"，很含蓄，但其中大有深意。再看下面"好，好，好，那么，
你现在要什么？"你不要钱，那你要什么？按周朴园的逻辑，鲁侍萍找上
门来一定是有目的的。鲁侍萍听到这个问题，她"停一停"，为什么她停
了一停？

生：我觉得她是在犹豫，因为她跟她的大儿子周萍已经三十年没有见
了，他一直生活在周公馆这个社会地位很高的环境里面，他以为他的母亲

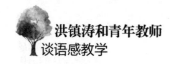

身份也很高贵。

　　师：她犹豫，怕儿子不见她？不是这样的。她"停一停"，其实是在思考，"你要什么"这个问题需要思考，就表明这个问题她没有想过。她从来没有想过要到周公馆来索要一点什么东西，索要点什么财物。这说明了什么呢？鲁侍萍是一个怎样的人呢？

　　生：心比较好。

　　师：挺善良的。

　　生：不贪图钱财。

　　师：穷死也不伸手讨要，是个心地纯朴、很有尊严的人。从"停一停"，我们可以看出她真的是很偶然地来了，并不是蓄意找上门来敲诈的。再看下面周朴园说"什么？说吧。"这时鲁侍萍"泪满眼"，她为什么满眼含泪呢，她含泪说出的这句话该怎么朗读呢？

　　生：她泪满眼是因为想念周萍。

　　师：三十年没见，这是思念的泪。

　　生：三十年后，她想见儿子，心情很激动，很迫切。

　　师：这是激动的泪。周萍一岁时，妈妈就离开了，这孩子没有享受过母爱。想到这些，鲁侍萍的内心有什么感觉？

　　生：她会觉得这孩子很可怜。

　　师：这是怜惜的泪，愧疚的泪。鲁侍萍对这孩子的印象还停留在三十年前那个哭着喊着要妈妈的娃娃身上。她想念周萍，她以为周萍也一样想念着她。那么"泪满眼"时说的这句话，特别是这三个"我"字该怎么读呢？

　　生：我——我——我只要见见我的萍儿。

　　师：很好，你的感情很细腻，读出了一个母亲内心的痛苦，特别是三个"我"字，读的时候有抽泣的感觉，是泣不成声，而不是读得吞吞吐吐，犹犹豫豫，好像说不出口似的。再看下面"他现在在楼上陪着他的母亲看病"，周朴园这句话给见子心切的鲁侍萍泼了一盆冷水，为什么这么说呢？

生：周朴园强调了周萍的"母亲"，周萍是有"母亲"的，不过这个"母亲"不是你这个下人鲁侍萍，而是楼上的我的太太。

师：你不再是她的母亲，他也不再是你的萍儿。再看后面有两个舞台说明"顿"。

"我叫他，他就可以下来见你。不过是——（顿）"如果不看后面的话，他想说什么？目的是什么？

生：我可以叫他下来见你，但是你不能认他。

师：这话如果直接说出来好不好？

生：不好。会让鲁侍萍又哭。

师：又会爆发，场面又不好收拾，所以用这一"顿"稳住她，话尽量说得含蓄委婉一点。"他很大了，——（顿）"，为什么说他很大了？

生：周朴园就有理由了，因为周萍大了，他就不会接受这样的事情。

师：他大了，就爱面子了，有自尊心了，知道讲身份了，他怎么会——

生：他怎么会认一个下人当妈妈呢？

师：这些意思也没有明说，又用一个"顿"让鲁侍萍自己去领会，不是我不让你认儿子，而是长大成人的儿子根本就不会认你。他说话的水平真高啊！从上面的分析可见，舞台说明，也就是括号里面的人物表情、动作，甚至服装、道具，等等，对我们理解人物性格、把握人物心理是有帮助的，不能忽视。

评：以上是教学的第六个环节。从示范朗读、诵读指导到诵读训练，由语感分析到语感实践，变"全盘授与"为"拈精摘要"，充分体现了学生主体和教师主导作用。这样，一般人作为"讲堂"的课堂，在王静老师这里则成了训练语感的"学堂"。

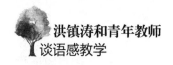

六、结语

师：阔别三十年的母子终于见面了，周萍打了亲兄弟鲁大海两个耳光，作为母亲的鲁侍萍有怎样的反应呢？在课文的结尾鲁侍萍有两句经典的台词，谁能读给我们听一听？

生：（大哭）这真是一群强盗！（走至周萍面前）你是萍，……凭——凭什么打我的儿子？

生：我是你的——你打的这个人的妈。

师：通过刚才的诵读，我们感受到了鲁侍萍内心的痛苦与无奈，然而这位不幸的母亲做梦也没有想到，更大的不幸即将降临到她和她的儿女们身上。好，今天的课就上到这里，请大家课后阅读《雷雨》四幕全剧，收获更多精彩！谢谢大家！下课！

【点评】

　　作为四大文学体裁之一，戏剧教学在语文教学中占有不可或缺的地位。戏剧剧本包含戏剧冲突、人物台词（潜台词）和舞台说明三个要素。在有限的教学时间内，要面面俱到实在很难。教学中，王静老师始终抓住"学习语言"这个根本，通过诵读指导、诵读实践，品味笔法、细节、人称、舞台说明之美之妙，进而把握人物的情绪变化和言语状态，深入角色内心。师生互动、生生互动，通过各种不同意见的相互碰撞和相互激发，淋漓尽致地呈现出复杂而丰满的人物形象。结尾"然而这位不幸的母亲做梦也没有想到，更大的不幸即将降临到她和她的儿女们身上"，从课内延伸到课外，从而激发起学生继续探究的兴趣。"引而不发，跃如也"，张弛有度！

老师始终紧扣一个『读』字，引导学生潜入红楼学语言，长文精读，从选篇开始；熟文细读，从语言着眼；人物内心，从深处亲近；充分彰显了学科特色和语感教学的艺术魅力。

《林黛玉进贾府》教学实录及简评

执教者：武汉市武珞路中学　李　劢

点评者：武汉市教育学会　王先海

【课前准备】

学生自读课文，对照《学案》完成预习：

1.走近作者，了解作品，了解《红楼梦》前两回中林黛玉的身世，列出课文中出现的人物及其关系，标注林黛玉进贾府所走过的路线图。

2.读准字音，熟读文本，了解文意。

3.细读课文，勾画文中对林黛玉的描写性语段。

师：同学们好。人们常说：一千个读者眼里有一千个林黛玉。今天，我们学习《林黛玉进贾府》（板书），透过文字来走进林黛玉的内心世界。老师先检查一下同学们的预习情况。先请大家齐读课文题目。

生：（齐）林黛玉进贾府。

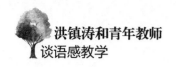
师：把题目改成"林黛玉回姥姥家"，怎么样？

生：不行，因为"回"字表示林黛玉已经来过，可从课文内容看，这是林黛玉第一次来到贾府，改成"回"不符合文意。

师：看来，你对课文内容相当熟悉，预习相当到位啊！

生：《红楼梦》是古典小说，这个"姥姥家"太口语化了，做章回体标题不合适，也显不出贾府的威严。

师：你语感真好！老师再换个题目——"贾府迎黛玉"，你看怎样？

生：我觉得可以，因为我预习课文，发现从林黛玉"弃舟登岸"一直到进入贾府，从白天到晚上，贾府上上下下好像都等着迎接林黛玉，而且，规格还挺高。所以，"贾府迎黛玉"，应该说得过去。

师：你看文章看得真仔细，老师要为你点赞！其他同学有没有不同意见？好，你举手了，你说说看。

生：我觉得最好不换。因为原题目"林黛玉进贾府"中，"林黛玉"是主语，而换了后，主语就成了"贾府"，这样不太合适。

评：题目是文章的眼睛，透过题目我们往往能捕捉到很多课文信息。李老师从课文题目入手，既检测了学生对课文预习的深浅程度，又对学生以往的语言积累、语言经验和语言悟性进行了深化，还通过题目的比较鉴别提高了学生的语言素养。可谓一举三得。

师：你从语法的角度来分析，好像也有道理呢！那究竟能不能改呢？咱们先埋个伏笔，这节课快结束时，我们再来回答这个问题，好不好？

评：《学记》云："道而弗牵，强而弗抑，开而弗达。"孟子也说："引而不发，跃如也。"李老师是善于启发引导的高手！"究竟能不能改动？"教师开放的态度给学生以尊重与期待。

师：请大家把《学案》拿出来，我们借小说人物角色之眼来认识一下林黛玉。你们找到相应的描写性文字了吗？首先来看——"众人眼中的林黛玉"，谁来读？

生：众人见黛玉年貌虽小，其举止言谈不俗，身体面庞虽怯弱不胜，却有一段自然的风流态度，便知他有不足之症。

师：读得准确又流利，谢谢你！你能不能用文中的词语说说众人眼中的黛玉的最大特点是——

生：不俗，不胜，不足。

师：哇，好精准！一言以蔽之，怎么说？

生：有自然的风流态度。

师：接着我们看看，"王熙凤眼中的黛玉"又是怎样的呢？我想请一位女生用王熙凤的语气来读。

生：这熙凤携着黛玉的手，（加"然后"）上下细细打量了一回，仍送至贾母身边坐下，（因）笑道："天下真有这样标致的人物，我今儿（才）算见了！况且这通身的气派，竟不像老祖宗的外孙女儿，竟是个嫡亲的孙女，怨不得老祖宗天天口头心头一时不忘。"

师：谢谢你，我们第一次拿到文本，能够找到相应的文字，然后流畅地读出来，很不错了。老师给你一个建议，朗读课文时不要加字或漏字，咱们前后关联、理解文意，适当放慢语速，这样就能看清、读准哦！我们一起来读读看。"天下真有这样标致的人物"，预备，起——

生：（齐）这熙凤携着黛玉的手，上下细细打量了一回，仍送至贾母身边坐下，因笑道："天下真有这样标致的人物，我今儿才算见了！况且这通身的气派，竟不像老祖宗的外孙女儿，竟是个嫡亲的孙女，怨不得老祖宗天天口头心头一时不忘。"

师：好，我们接下来看"宝玉眼中的黛玉"，我想请那位"宝哥哥"（注：该班唯一的男生），请你给我们读读这一段，我们把掌声送给他，好吗？

生：两弯似蹙非蹙胃烟眉，一双似喜非喜含情目。态生两靥之愁，娇

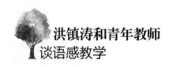

洪镇涛和青年教师
谈语感教学

袭一身之病。泪光点点，娇喘微微。闲静时如姣花照水，行动处似弱柳扶风。心较比干多一窍，病如西子胜三分。

师：你读了这段话，感觉黛玉是怎样的一种形象呢？

生：与众各别，非常美。

师：美到什么程度？

生：闲静时如姣花照水，行动处似弱柳扶风，连咳嗽都说成"娇喘微微"。

生：谢谢你，小伙子。看来，咱别说"一千个读者有一千个林黛玉"，就在这同一个屋檐下，同一个黛玉，在不同的人物眼中，都是各不相同的啊！林黛玉究竟是个怎样的人物呢？咱们还是从原著中来找找看。请大家默读课文节选前面对林黛玉进贾府的介绍文字（出示节选文前内容）：

那女学生黛玉，身体方愈，原不忍弃父而往，无奈他外祖母致意务去，且兼如海说："汝父年将半百，再无续室之意，且汝多病，年又极小，上无亲母教养，下无姊妹兄弟扶持，今依傍外祖母及舅氏姊妹去，正好减我顾盼之忧，何反云不往？"黛玉听了，方洒泪拜别，随了奶娘及荣府几个老妇人登舟而去。雨村另有一只船，带两个小童，依附黛玉而行。

好，老师把这段文字变成了一段林黛玉的自我介绍，谁来帮我们读？我们一起读吧！"我林黛玉"，预备，起——

生：我林黛玉，姑苏人氏。父亲林如海，是前科的探花，现为巡盐御史。母亲贾敏，是京城豪门贾府的女儿。我还有一个弟弟。我家虽系钟鼎之家，却也是书香门第，所以我从小静心习字、饱读诗书。可惜后来，弟弟和母亲相继过世，外婆怜爱孤苦的我，执意叫我到她那儿去，因而我在我老师贾雨村的陪同下到京城去投靠外婆。

评：从"众人眼中的林黛玉""王熙凤眼中的黛玉""宝玉眼中的黛玉"到改换人称，让林黛玉自己开口做自我介绍，无一不显示教者的艺术匠心和对语言的潜心涵泳、切己体察！

师：在原著中，你能读到林黛玉进贾府前的内心世界吗？

生：从"不忍弃父""洒泪拜别"，我看出黛玉难舍父亲，不愿意进贾府。

生：从"无奈他外祖母致意务去"，我看出林黛玉是在外祖母和父亲的双重压力下，没有办法才进了贾府。

师：你看，当我们细读文本，潜入语言文字，我们就能读出人物的内心世界。同学们一定注意到教材后面有一个贾府的主要人物关系图，林黛玉进贾府后，见到了好些不同身份的人物，你们能以林黛玉的口吻来介绍一下他们之间的关系吗？比如我是林黛玉，贾母是我的外祖母……

评：原著导引，主角亮相，人物关系梳理，从整体上感受语言材料。在熟悉内容、把握思路的同时，触发语感。

生：贾赦是我的大舅，贾政是我的二舅，贾宝玉是我二舅的儿子，是我的表哥。

生：王熙凤是我大舅的儿子贾琏的媳妇，是我的表嫂。

评：创设特定的言语情境，让学生设身处地、以"林黛玉"的身份"参与"言语活动，理清人物关系，联系生活体验，从动态语言中获得语感。这种有目的、有意识、有分寸的突破教材的教学方法，使学生的学习兴趣盎然。

师：现在，我们再来请一位同学到大屏幕前来介绍"我"（林黛玉）进贾府所走过的路线。（多媒体切换到贾府建筑分布图）

生：（边说边指着林黛玉进贾府的路线）我到了贾府以后先去看望了外婆，路过了这么几个地方：西角门、垂花门、穿堂和正房大院。然后又去拜访了大舅贾赦：送至穿堂，出了垂花门、西角门，过荣府正门，入一黑油大门，至仪门，入院中，见正房。最后又去拜见了二舅贾政：送至仪门，进了荣府，穿过一个东西的穿堂、五间大正房（荣禧堂）、正室东边的三间耳房，到了东廊之间小正房。这时贾母传晚饭了，黛玉连忙由后廊往西，出了角门，穿过一个东西穿堂，回到贾母的后院。

师：你的预习花了工夫，点赞！刚才我们跟着这位"林黛玉"浏览了一下贾府。大家想想：林黛玉经过这番拜访，对贾府会产生怎样的印象？能不能用你们自己的话来形容一下？

生：很宏伟。

生：贾府是华丽的，房间内的装饰特别奢华，布置也十分讲究。

师：总说一句，分说几句，不错。宏伟的外观，讲究的布局，华贵的陈设，林黛玉看到了贾府的富贵尊荣、轩昂壮丽，这是从硬件方面来描写的，那软件方面怎么样呢？

生：女性特别多。

师：的确，一部红楼就是一部女儿书，道不尽女性的悲欢离合。你看问题的视角很独到。

评：认读，整体感知，获得"阅读初迹"。"阅读初迹"对培养学生语感有着非常重要的意义。尊重学生阅读中的个性化感受，肯定学生在交流中真实表达，使他们的积极性、主动性得到充分调动，这就把语文学活了。

生：还有礼节和规矩特别多，比如人跟人见面啊，着装啊，尤其是吃饭。

师：对，规矩多呀！同学们，听说你们马上要参加舞蹈比赛，对吧？假如你们拿到全国大奖了，领导要接见你们，那一刻你们会有什么样的感受？

生：会很紧张。

评：在学习课文语言时，指导学生代入自己的生活经历、生活体验，去体察语言的意蕴和情感，以培养语感。

师：那你能不能在文章里面找到林黛玉刚进贾府时的心理感受？

生：步步留心，时时在意。

师：你给大家把整个句子读一读吧。

生：因此步步留心，时时在意，不肯轻易多说一句话，多行一步路，惟恐被人耻笑了他去。

师：对，我们一起来读一遍。同学们觉得哪些词应该读重一点？我们要读出黛玉心里边的那种拘束、那种诚惶诚恐来。

生：（齐）因此步步留心，时时在意，不肯轻易多说一句话，多行一步路，惟恐被人耻笑了他去。

师：哪些词读重一点，就能读出黛玉那颗悬着的心啊？

生："时时""处处"读重一点，从时间和空间上强调了黛玉紧张的心理。

生：两次出现"不肯""多""一"字读重一点，再三强调黛玉的谨慎。

师：说得太好了！你再读一读这句话。

生：因此步步留心，时时在意，不肯轻易多说一句话，多行一步路，惟恐被人耻笑了他去。（读得声情并茂）

师：你这一读，别说黛玉那颗心悬着，我感觉到她的脚步、她整个人都悬着，读得真好！请坐下。林黛玉进贾府后，就怀着这种"惟恐被人耻笑"的心理，见到了不同的人，经历了不同的事。那我们接着在文章里面找一找，可以顺读，也可以跳读，看看通过哪些语言或动作描写，你能感受到黛玉的步步留心，时时在意？

评：初读，捕捉语感，画出要点。学习语言，读是基础，培养语感，读法指导很重要。通过圈点勾画进行文本细读，在比较揣摩中培养语感，在语境中感悟语言获得语感。

（生细读文本，勾画语句）

师：好，大家交流一下，有什么发现？你来说说看。

生：我在第二自然段找到，黛玉拜见了贾母后，贾母又一一介绍了两个舅母和贾珠的妻子，黛玉一一拜见过。我从这个"一一"看出黛玉努力遵守礼节、惟恐有所怠慢被人耻笑的谨慎。

生：在第5页的第3行，"黛玉连忙起身接见"，第7行"黛玉忙陪笑见礼"，我从这两个"忙"字看出了黛玉的小心翼翼。

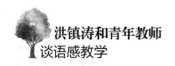

师：我想问你，黛玉这是见谁呀？

生：见王熙凤。

师：这两个"忙"字抓得真好！同学们，咱们"慢慢走，欣赏啊"，仔细读文本，我们会发现这篇文章里边的"忙"字出现得真不少呢！老师在细读时共找到了 12 个"忙"字，不同的人有不同的"忙"。黛玉见王熙凤时的"忙"说明什么？

生：说明她对王熙凤特别尊敬，也反映出她对这里的规矩特别在意。

师：说得好，这样就透过语言说出了黛玉的内心，请你给我们读一读。

（生读"黛玉连忙起身接见……黛玉忙陪笑见礼"。）

师：第二个句子中，除了这个"忙"的动作，还有一种神态，也表现出她的留心。你能给大家说说么？

生：是"陪笑"。

师：谢谢你，找得非常仔细，读得也挺好。从"连忙起身接见"到"忙陪笑见礼"，大家看这不又更进了一步吗？好，谁再来说一说。

生：我找的是邢夫人留黛玉吃饭的部分。"黛玉笑回道：'舅母爱惜赐饭，原不应辞，只是还要过去拜见二舅舅，恐领了赐去不恭，异日再领，未为不可。望舅母容谅。'"

师：这段话怎么看出黛玉的小心翼翼呢？

生：邢夫人留她吃饭，这是一种厚待，黛玉本不应辞，可她还有二舅舅没有拜见，再说了，没准贾母也要她去共进晚餐呢，于是她婉言谢绝了邢夫人的好意。

师：婉言谢绝，说得好！请你再为我们读一读这段话，大家仔细听，看看黛玉是怎样委婉含蓄的。

生："舅母爱惜赐饭，原不应辞……"她首先顺着邢夫人的话说"舅母爱惜赐饭，原不应辞"，接着解释自己不能在这里吃饭的原因，最后说道理。然后再表达感谢并请舅母谅解。

师：先顺其意，再讲道理，表达感谢，最后恳请原谅。你读得好，梳理得十分清晰，谢谢你！来，我们齐读这段话，跟着黛玉学会说"不"。

生：（齐）舅母爱惜赐饭，原不应辞……

评：精读品味，从细微处体悟语言的精妙处，领悟语感。

师：我们不难发现，林黛玉"步步留心，时时在意"，在这样一种看似拘谨的言行举止中，我们可以感受到黛玉是一个什么样的人？

生：她很聪明，有智慧。

生：她是个知书达礼的女子。

师：黛玉读过诗书吗？从这一章的开篇介绍中，我们可以了解到，她是贾雨村的学生，从小饱读诗书。可进了贾府后，黛玉是怎样介绍自己的读书情况的？谁来读一读？

评：教师穿针引线，收放自如，一节课的"起承转合"自然无痕。

生：在第12段末尾处。"贾母因问黛玉念何书。黛玉道：'只刚念了《四书》。'黛玉又问姊妹们读何书。贾母道：'读的是什么书，不过是认得两个字，不是睁眼的瞎子罢了！'"

师：在这段话里，你觉得黛玉说的是实话吗？

生：黛玉没说实话。我读过原著，他们后来每次对诗，尤其是黛玉教香菱学诗，可以看出黛玉古诗文功底相当深厚。在这里她说只刚念了《四书》，显然太谦虚了。

师：读名著就要从原著读起，向你学习啊！后来，黛玉跟谁又谈到了读书的事情？

评：对个别学生"读过原著"的肯定，恰是对全体学生课外阅读的指导。得法于课内，得益于课外。课内一篇节选文字带动课外一部原著的阅读，这对名著导读尤为重要。李老师深谙"道而弗牵，开而弗达"的个中三昧！

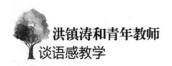

生：跟宝玉又谈到了读书的事。在第14段，宝玉问"妹妹可曾读书"，黛玉道"不曾读，只上了一年学，些须认得几个字"。

（出示PPT）

A.念何书？

黛玉：只刚念了《四书》。姊妹们读何书？

贾母：读的是什么书，不过是认得两个字，不是睁眼的瞎子罢了！

B.宝玉：妹妹可曾读书？

黛玉：不曾读，只上了一年学，些须认得几个字。

师：大家看看黛玉的这两句话，刚才说"只刚念了《四书》"，这已经把自己给藏了一大半了；可是面对宝玉，她为什么说"只上了一年学"，只"些须认得几个字"呢？

生：她不想透露自己读的书多。

师：为什么呢？

生：因为在封建社会，"女子无才便是德"嘛。

师：你说得有道理。能不能从文中找到黛玉内心变化的缘由呢？

生：应该是贾母的话让黛玉有了变化。当黛玉问姊妹们读何书的时候，贾母的回答表露出她对女孩子的审美标准，女孩家读那么多书干啥。

师：你给我们读一读贾母的这句话。

生：读的是什么书，不过是认得两个字，不是睁眼的瞎子罢了！

师："不过……罢了"，这一读就读出了贾母对女孩子念书多的一种不屑，所以细心的黛玉马上意识到了自己读书多恐怕不合时宜，见到宝玉重谈读书这一话题时，她不自觉地改口了！分角色再读一读这两段。

（分角色朗读，男生读宝玉的话，女生读黛玉的话，老师读贾母的话）

师：通过刚才大家找到的细节描写，我们可以感受到黛玉的"步步留心，时时在意"，真不是一句简单的心理描写呀！她进贾府后见到不同的人，黛玉的举止言谈无不表现出这一点啊。

生：我还发现一处，在第 12 段，吃饭的细节。"当日林如海教女以惜福养身，云饭后务待饭粒咽尽，过一时再吃茶，方不伤脾胃。今黛玉见了这里许多事情不合家中之式，不得不随的，少不得一一改过来，因而接了茶。"

师：遵守规矩从改变生活习惯开始。黛玉是时时处处都在用眼看，用心来打量，对不对？谢谢你，你找得非常细。同学们，从这些细节之处，我们读到了黛玉内心深处满怀凄凉的自卑、极度敏感的自尊，同时也感受到了她的机敏和智慧，黛玉的形象更加具体也更加生动鲜活了起来。那我现在想问的是，林黛玉进贾府后，她真的是一直、一直绷着这根小心谨慎的弦吗？接下来，我想请大家继续细读文本，找一找刚才这些细节之外，黛玉内心的细腻变化。

（生细读文本，圈点勾画）

评：课堂静下来，学生或默读、或细品、或静思，学习活动真正发生。

师：大家也可以从黛玉见贾母、见熙凤、见宝玉以及学案中补充的《红楼梦》第三章最后一个自然段内容来找。

生：我想说说宝黛相会这一节。

师：前世的因缘，今生第一次见面，黛玉除了小心翼翼的心理，从哪里找到他们相逢的电光石火的刹那？

生："黛玉一见，便吃一大惊，心下想道：'好生奇怪，倒像在那里见过一般，何等眼熟到如此！'"从这一段独白，我感受到黛玉内心稍稍放松了下来，有点小惊喜。

师：宝黛相会，心有灵犀。哪一个字最能传达黛玉的内心感受呢？

生：是"吃一大惊"的"惊"字。

师：你读得好，品得也精妙。那宝黛相会中宝玉的反应又是怎样的呢？

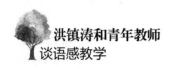

谁来读一读？最好也能抓住一个字来走进宝玉的内心。

生："宝玉看罢，因笑道：'这个妹妹我曾见过的。'"这里，宝玉"笑"了，也能感受到他内心的喜悦。

（出示PPT）

师：谢谢你！宝黛相会，心心相印。黛玉一"惊"，宝玉一"笑"，这一"惊"一"笑"，多么传神！我们一起来读一读。

（生分角色朗读）

评：这一"笑"一"惊"分别是宝黛初见时的反应，他们的初见是不同寻常的，他们的表现暗合了"木石前盟"。作者的笔触无声胜有声，教师捕捉点染、学生美读美点，穿透语言表层，带给我们的心灵触动也妙不可言。

师：为什么他们是这样的反应呢？如果把这两个句子主语互换一下，会是怎样的效果？我们来读一读。

（出示PPT）

（男生女生分角色朗读）

宝玉一见，便吃一大惊，心下想道："好生奇怪，倒像在那里见过一般，何等眼熟到如此！"

黛玉看罢，因笑道："这个哥哥我曾见过的。"

（生笑）

师：（问一生）为什么笑啊？

生：宝玉是贾府的宝贝，性情直爽，无所顾忌，他不会这么小心翼翼的；黛玉一直步步留心，时时在意，就算内心惊喜，说话也绝不会这么放肆啊。

评：这个问题很见教学机智，变文本品读为语言赏读，从而去构想人物鲜明的形象，体味他们独特的情感。换一换，改一改，删一删，调一调，联一联……让学生推敲、揣摩、体会作者在遣词造句中的意图，在比较中体味语言运用的妙处。

师：你太了解宝哥哥和林妹妹了，谢谢你！这时，黛玉的内心虽然起了波澜，但是人物的身份、地位促使她在心有灵犀的惊喜之余，还是保留了一种小心与矜持。你看，这一细读，黛玉的内心变化更细腻了，人物也更加鲜活起来了。大家在前文再找找看，还有哪些发现呢？也可以从黛玉所处的环境氛围来走进她的内心哦！

生：我发现了，黛玉见贾母时，"当下地下侍立之人，无不掩面涕泣，黛玉也哭个不住。"黛玉见王熙凤时，所有人都笑了，一片喜乐气氛。

师：你读得真仔细！能具体说说在这种氛围下，黛玉这一哭一笑中，内心有怎样微妙的变化呢？

生：见到贾母，黛玉"哭个不住"，她应该是被外祖母感动得哭了。

师：贾母哪些举动感动了她？请你为我们读一读，说一说。

生："黛玉方进入房时，只见两个人搀着一位鬓发如银的老母迎上来，黛玉便知是他外祖母。方欲拜见时，早被他外祖母一把搂入怀中，心肝儿肉叫着大哭起来。当下地下侍立之人，无不掩面涕泣，黛玉也哭个不住。"这里的"迎""早""一把""搂""心肝儿肉""大哭"都表现出贾母对黛玉这个外孙女的疼爱。

师：你对关键词抓得真准！来，我们一起读一读描写贾母的这个句子，刚才这几个词语读重音啊。

生：（齐）黛玉方进入房时，只见两个人搀着一位鬓发如银的老母迎上来，黛玉便知是他外祖母。方欲拜见时，早被他外祖母一把搂入怀中，心肝儿肉叫着大哭起来。当下地下侍立之人，无不掩面涕泣，黛玉也哭个不住。

师：你们被感动了么？其实，后来说起黛玉之母的时候，"不免贾母又伤感起来"，"搂了黛玉在怀里，又呜咽起来"。同学们，此时的贾母表达着真挚的亲情，那么，此刻的黛玉是否也感受到亲情之悲切呢？

（生窃窃私语，纷纷应允）

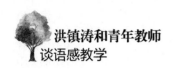

师：走一步，再走一步，我们离真实鲜活的黛玉越来越近了。那么，见王熙凤时的笑语欢声，你怎么看呢？谁来读一读，品一品？

评：当"读"与"品"成为课堂主活动，学生成为课堂真正的主人，语文课活了起来，也生动了起来。

生：在第5自然段，王熙凤未见其人，先闻笑声；黛玉连忙起身接见时，贾母笑着做介绍；黛玉忙陪笑见礼时，王熙凤笑着夸赞黛玉，最后转悲为喜，吩咐安排黛玉在贾府的饮食起居。

师：你抓住要点概述得很好。把这两个自然段联系起来，对比看看。

生：见贾母时，一片悲情；见王熙凤时，其乐融融。

生：我倒觉得见贾母时，虽然哭声一片，却也挺温馨的，给了黛玉家的感觉。王熙凤到来后，在场所有人都转哭为笑，气氛也变得热烈多了。

生：我觉得，王熙凤在贾母面前似乎有些肆无忌惮的。

师：我申请插一句话，她的"肆无忌惮"，黛玉是怎样认为的？你能读一读，再说一说么？

生："一语未了……这样放诞无礼？"贾母好像还挺喜欢她的这种放诞无礼呢，总的来说，王熙凤一来，在场所有人都好像松了松紧绷着的弦似的。

师：太棒了！我发现同学们对语言的感知越来越细腻，领悟力非同一般啊！在这其乐融融的和美氛围中，所有人都放松了心头的弦，当然也包括黛玉。大家看屏幕，我们来梳理一下黛玉的"心电图"。

（教师与学生一问一答，在黑板上绘出心理变化双线图）

评：黛玉的"心电图"，教学的"心智图"，这是师生对文本的概括与提炼，更是读者对作品的阅读释放，直观形象，还原了黛玉鲜活的生命。

师：最后，我们来看看老师印发的整章最后一段，大家都休息后，黛玉怎样了？

生：（异口同声）她伤心得睡不着，在那里淌眼抹泪。

师：不合情理啊！安排住宿的时候，她享受最高规格住到了贾母的房间，还是宝哥哥的碧纱橱呢！黛玉为什么夜不能寐呢？

评：巧妙的质疑设问，既抓住了人之常情，又激发起学生积极的阅读思考。

生：因为宝黛相会后，宝玉气急败坏地问玉又摔玉，让黛玉措手不及，猜测连连，所以睡不着觉，唯恐自己白天做错了什么，被人耻笑了去。

师：你真是透过语言文字，走进了林黛玉的心灵深处！从这第三章来看，宝玉摔玉的确是黛玉伤心流泪的一个重要原因。结合前后文，从第三章在原著中的位置来看，黛玉伤心落泪、夜不能寐的细节，似乎也不可或缺哦！刚才说读过原著的同学，你能不能简单说说？

生：我记起小说开篇的"木石前盟"来，黛玉原是一绛珠仙草，受神瑛侍者灌溉多年后终于长大了，她进贾府就是为了还前世的恩情。

师：爱读书、爱思考的孩子最可爱！正如你所说的，黛玉在整部小说中动不动就伤心流泪，正意味着黛玉要用一生的眼泪来偿还宝玉前世的恩情啊！

评：借助黛玉的泪串起黛玉的情，也将这篇课文还原到原著第三章的位置，教师适时的引导激发了学生的阅读兴趣，提升了学生的阅读品位。

（出示PPT）

师：大家有没有新发现？我们跟随黛玉的脚步进到贾府之后，她所受的优待是一次比一次尊贵优厚，可是获得如此钟情之后，黛玉却独自忧伤。贯穿始终的防备性自尊变成了多愁善感，哪怕是极好的事情，也引起黛玉消极性的痛苦，这将是她未来在全书中展示的性格核心呀！你们读懂了吗？最后，我们回到标题能否换的话题，"林黛玉进贾府"能换成"贾府迎黛玉"吗？

生：不能换。因为全文都把黛玉当主语，借她的眼睛来呈现贾府环境，

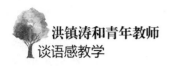
借她的眼睛来看一个一个角色。

评：回应课前的阅读期待，透过对标题的鉴赏，不仅是对内容主旨的小结，让一节课首尾圆融，更是学生课堂学习效果的动态生成。课堂生成让预设更精彩。

师：有道理！那作者曹雪芹为什么要选择用林黛玉的眼睛来看贾府、看世界呢？这就留给大家课后品读吧！一篇小说精彩的细节，不但是有特点的，而且是有情感和思维深度的。希望我们大家都能够走进名著经典，走进原著文本，通过细读细节，在品读语言、学习语言之后，我们可以感受到细微之处有深意，红楼深处有真情。好，下课！谢谢大家。

【点评】

教师带着读者的视角来走进文本，走进经典，这是给学生最好的示范，最好的引领。高明的教师的教学，在于善于引导学生，决不牵着学生的鼻子走，在于严格要求学生，决不使学生感到压抑，在于在问题之初启发学生思考，决不把最终结果端给学生。李老师始终紧扣一个"读"字，引导学生潜入红楼学语言，长文精读，从选篇开始；熟文细读，从语言着眼，人物内心，从深处亲近；充分彰显了学科特色和语感教学的艺术魅力。

一节好课，应是一节学生学习动力增值的课。葛老师语感教学的课实现了这种效应。相信葛老师的学生通过这节课的学习，会热爱上语言，会热爱上语文，会热爱上名著的课外阅读。诚如此，则善莫大焉。

3 《林教头风雪山神庙》课堂实录及简评

执教者：武汉西藏中学　葛江海
点评者：武汉市教育学会　王先海

导入：同学们好！我们很多人喜欢读小说，其中一个重要原因就是小说塑造了个性鲜明的文学形象。一部《水浒传》，塑造了一百零八个性格鲜明的英雄形象。今天，我们就来走近其中的一位——林冲。

一、速读课文，整体感知

师：我们先用几分钟把全文快速阅读一遍，再次熟悉一下课文。读的时候，同学们留心一下，把你认为最精彩最有味的内容做上记号。下面同学们开始看书，边看边勾画精彩内容。

幻灯片一：

快速阅读，把你认为最精彩的内容做上记号。

（学生默读，老师巡视）

评：一篇经典小说，可值得欣赏的地方有很多。学生对文章的感知，

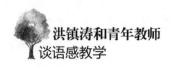
最贴近学生的认知实际。以此切入教学，既让学生有亲切感，也体现了对学生主体的尊重。"哪些内容最精彩最有味"这一设问，能引导学生深入文本，开展与文本的对话。

二、品读语言，感受形象

1. 交流阅读发现

师：有的同学在书上画了好几处，有的同学已经开始跟同桌小声交流了。有发现就大声说出来！下面我们来分享一下读书的发现，说说你认为最精彩最有味的地方。

生：我认为林冲杀死陆虞候那三个人的一段很精彩，很解恨。

生：我认为课文中的"火"写得有味道，值得品味。我认为林冲就像一把火。课文中也多次写到火，最后草料场也是被一把火烧了。

生：课文后面练习题说文章中关于风雪的描写对刻画人物起到了一定作用。我感觉课文中的环境描写确实很有味道。

生：我也认为林冲在山神庙杀那几个人（师：痛杀仇敌），对，痛杀仇敌一段很精彩。那几个人把那块石头挪不开，让林冲听到了真相；林冲挪开石头，杀死仇敌，可见他武艺高强。这一段写得很精彩。

师：（示意学生坐下）嗯，很好。同学们不仅谈了自己的发现，有的还进行了简评，相信待会儿深入阅读了之后会有更多的人有更多的发现与感悟。下面，我们就一起来欣赏这些精彩之处。

评：这一环节是"布局"。老师收得很及时，"初读发现"仅仅是触发语感，不宜过早展开。

2. 品读动作描写

师：我们先来看山神庙痛杀仇敌这一片段。

幻灯片二：

林冲举手，胳察的一枪，先搠倒差拨。陆虞候叫声"饶命！"吓的慌了手脚，走不动。那富安走不到十来步，被林冲赶上，后心只一枪，又搠倒了。翻身回来，陆虞候却才行得三四步，林冲喝声道："奸贼！你待那里去！"劈胸只一提，丢翻在雪地上，把枪搠在地里，用脚踏住胸脯，身边取出那口刀来，便去陆谦脸上搁着，喝道："泼贼！我自来又和你无甚么冤仇，你如何这等害我！正是'杀人可恕，情理难容'！"陆虞候告道："不干小人事；太尉差遣，不敢不来。"林冲骂道："奸贼！我与你自幼相交，今日倒来害我！怎不干你事？且吃我一刀！"把陆谦上身衣服扯开，把尖刀向心窝里只一剜，七窍迸出血来。将心肝提在手里。

师：哪位同学想来读一读？

（生读）

师：嗯，林冲的喝骂还应读得更顺更畅快些，要把情绪带进去。那索性这样，老师把这段这样改一下，同学们看行不行？

评："改一改"是品味语言方式之一，在"改一改"中品味语言的精妙之处。

幻灯片三：

林冲举手，胳察的一枪，先搠倒差拨。陆虞候叫声"饶命！"吓的慌了手脚，走不动。林冲又是一枪，将他搠倒在地里。那富安走不到十来步，被林冲赶上，后心只一枪，又搠倒了。林教头武艺实在高，三恶人命丧山神庙！

师：还是请这位同学给我们读一下！

（生读）

师：同学们比较一下，改文与原文的表达效果是否一样？大家同不同意这样改？

生：改文不像原文的描写那么"血腥"了。但我不同意这样改。这样改把林冲在怒杀仇敌时的喝骂删掉了，读起来没有原文那么过瘾了。

师：哈哈，删掉后读起来不"过瘾"了。同学们再看看，林冲的喝骂

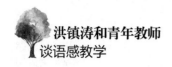

后面的标点与陆虞候的话后面的标点有什么不同?

生:林冲说的话后面有很多感叹号,陆虞候的话的后面是逗号和句号。

师:对。大家再读读林冲的三句喝骂和陆虞候的话。注意读出不同的标点所表达出的不同的语气和语调。

评:教师观察入微,引导到位。经典著作的每一个标点都是值得品味的。

(生读)

师:哪位同学来试试?

(生读)

师:同学们,这一遍读得怎么样?

生:他读出了林冲当时的愤慨之情。林冲的那些话,可以说是他与这个社会决裂的宣言。他边杀边骂,表明他在经历了一些事情之后,终于奋起反抗了。

师:不错,他读得好,你品得到位!

(老师板书:奋起反抗)

师:老师改的与原文相比还有什么不同吗?

生:老师的改写没有了林冲杀仇敌的细节。只有"又是一枪"这一句,不能表现林冲当时的心情,看得也不解恨。

生:我还发现,林冲杀死其他的人,都是用花枪,而杀陆虞候却是用解腕尖刀,因为这把尖刀就是事先为他准备的。林冲杀陆虞候,其实不是在杀人,而是借杀人来控诉,控诉陆虞候的不义,控诉社会的不公,读来痛快淋漓!

师:施耐庵果然比葛老师厉害!我们还是请那位同学来给我们读一下原文的描写。

(生读)

师:顺畅多了。你在处理上与上次有什么不同吗?为什么这样处理呢?

生：我这一次读得快一些。林冲边骂边杀，情绪激奋，所以读快一些。

生：我感觉他这次读把林冲的几个动作读得更清晰更连贯更带劲儿了。比如"踏""搁""扯""剜""提"。

师：说得很好，他读得用心，你听得认真！这几个动作，岂是能够一笔删掉的！有没有哪位同学再来读一下杀死陆虞候的这几句？

（生读）

师：语速控制得很好。最后一句"将心肝提在手里"，可以读得稍慢一些。同学们都来读一下。

（生自由读）

师：这一句要读得慢，不仅仅因为这是最后一句。其实，有味道。

生：一件曾经纠结的事终于了结了，于是"提在手里"，长舒一口气。

生：林冲痛杀仇敌之后，"将心肝提在手里"，似有所思。

师：好个"似有所思"！想我林冲本是京都八十万禁军教头，如今却成杀人凶手；我林冲一忍再忍，无奈恶人却步步相逼；我林冲本想苟安草料场，这世道却将我逼上造反的道路！应该说，林冲痛杀仇敌是经过了一个心理变化的过程的。

评：语感教学的第二步是"品味语言，生成语感"。本课这一环节运用"改一改""减一减"的方法，引导学生在语言材料的对比中品味语言的表现力，感受形象，生成语感。教学中老师抓住标点符号这一语言信息，反复指导朗读，对调动学生语感也起到了作用。

3. 品读细节描写

师：刚才有位同学说，课文中的"火"值得品味。现在让我们把镜头转向草料场，在这里，我们也许可以看到林教头性格的另一面。

幻灯片四：

将火炭盖了，取毡笠子戴上，拿了钥匙，出来，把草厅门拽上；出到

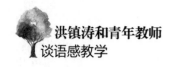

大门首,把两扇草场门反拽上锁了;带了钥匙,信步投东……

恐怕火盆内有火炭延烧起来,搬开破壁子,探半身入去摸时,火盆内火种都被雪水浸灭了……依旧把门拽上,锁了……旁边止有一块大石头,掇将过来靠了门。

师:这两段,上面一段写林冲防火,下面一段写林冲灭火。读这两段,应该怎样处理?哪位同学读一下?

(生读)

师:我感觉你读这两段的时候语调语速和先前同学们读痛杀仇敌时不一样?

生:痛杀仇敌一段读得应快一点,这两段应慢一些。

生:这两段中,林冲的动作也很慢,所以应读慢一点。

师:说得好!林冲这时的动作很慢。这位同学的朗读告诉我们:朗读时语调语速要根据文章内容而进行不同的处理。下面我们来齐读一下,重点揣摩那些动词。

(生齐读)

师:不错,同学们读得很有画面感,好像慢摇的电影镜头,让我们在想象他的动作时也能体会到他的心理活动。林冲当时是怎么想的呢?我们可不可以给林冲来个心理旁白?同学们,试试?

生:让我林冲守这草料场,可是管营的一番好意,我可不能出什么差错。

生:这草料场,防火可最要紧。那火盆里的火是不是真灭了?待我摸摸。

生:嗯,火是真的熄了。对了,门也要锁好……好,这石头正好给抵上。

师:同学们真的是进入角色了,揣摩得很细致。林冲曾是八十万禁军教头,大小是个官,他的身份和生活环境,形成了他的性格与行事方式,所以他做事不同于一般的草莽英雄。摸火盆、拽上门、掇石头,好不小心,完全不像怒火冲天的杀人犯嘛。这说明了什么?这是一个什么样的林冲?

生：有责任心。

师：他确实很细心，但能说他是爱岗敬业的劳动模范吗？

生：好像不能。他这时的细心，有别于敬业，也有别于一般的责任感。可能是他的一种性格吧。他就是个安分的人，他并没有纠结失去的教头职位。

生：我认为从林冲的表现可看出他是个逆来顺受的人，他善良安分，心存幻想，以为可以在这里平静地待下去。

（老师板书：善良安分）

（老师在与学生分享的同时完成板书。内容如下：）

官逼民反

奋起反抗
痛杀仇敌

忍辱求生

善良安分

师：对，他以为待在这里忍辱求生，恶人就会放过他。这些动作和心理，都表现出林冲性格中善良安分的一面。但是封建社会的魑魅魍魉，将那个善良安分的林冲给活活吃了。盆中火已灭，胸中火却燃。走投无路的林教头只有奋起反抗。

所以，有人把《水浒传》的主题概括为四个字——

生：逼上梁山。

生：官逼民反。

师：对。

（老师板书：官逼民反）

评：语感教学中的第二步"品味语言，生成语感"与第三步"实践语言，习得语感"并不是硬性划开的。本课这一环节中语速语调的揣摩能帮助学生生成语感，同时让学生说"心理旁白"这一处理也具有很强的实践性，有助于学生习得语感。

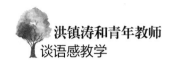

4. 品读环境描写

师：（板书后）俗话说，月黑杀人夜，风高放火天。和林冲性格发展紧密结合在一起的，是那场越下越大的雪。下面我们再来欣赏小说的环境描写。

请同学们大声自由朗读课文的第七、八、九自然段，重点揣摩那几句写风雪的句子。

（生自由读）

师：同学们也可看前面的幻灯片，老师列出了文章中写风雪的句子。

幻灯片五：

第七段：正是严冬天气，彤云密布，朔风渐起，却早纷纷扬扬卷下一天大雪来。

第八段：那雪正下得紧。

第九段：看那雪，到晚越下得紧了。

师：刚才那位同学说本文的风雪有味道。那我们先请你谈谈你的看法。

生：课文写风雪，给人一种肃杀的气氛。

师：嗯，有道理，阴谋与反抗的情节，不适合在春光明媚的背景下上演。大家还可从与情节、人物、主题的关系上想想文章风雪描写的效果、作用。大家前后左右讨论一下。

（生四人一组讨论）

师：讨论得怎么样了？我们来分享一下看法吧。

生：风雪的设置为下文做了铺垫，有利于故事情节的展开。正因为风雪天寒，才有林冲出门沽酒，草屋倒塌，借宿山神庙，让林冲得以远离火海，逃得一命。

生：一天大雪，烘托了林冲此时此地凄凉的心境。冒着风雪出去买酒、夜宿山神庙，写出了一个落魄的英雄形象。

生：天寒地冻，风雪漫天，肃杀的自然环境，也象征了当时黑暗的社会环境。

师：同学们体味得都很好。我们还可深入一些，这几句都是写风雪，那么能不能互换一下位置？比如第二处与第三处换一下，把第七段的"正是严冬天气，彤云密布，朔风渐起，却早纷纷扬扬卷下一天大雪来"与第八段的"那雪正下得紧"换个位置，行不行？

生：第一句只能在第七段。因为这一句主要是交代了故事发生的环境，为后面的情节作铺垫。

师：有道理，第一句定了。那我们把第八段的"那雪正下得紧"与第九段"看那雪，到晚越下得紧了"换个位置，可以吗？为什么？

生：这两句也不能换位置。第九段说"越下得紧了"，这一句有个"越"字，可见气氛更加紧张了。

师：是的。"越下得紧了"，增强了情节的紧张感。我们平时说雪下得大，习惯用"大"来形容，文中重复使用的一个词是——

生：紧。

师：全班同学齐读这两句。揣摩一下，这个字与"大"字有什么区别？

（生齐读）

师：再换作"大"来读一下。

（生齐读）

师：有什么区别？

生："大"字只表明雪大；"紧"，更能渲染气氛，暗示更紧张的情节可能要开始了，烘托了一种山雨欲来风满楼的紧张气氛。

师：紧张，是我们读者心理感觉。其实，林冲当时知道与风雪一起到来的还有一场阴谋吗？

生：不知道。

师：这时我们会对林冲有一种什么感觉？

生：同情。一张杀人的网罩在他的头上，他却浑然不知。

生：同时也有对黑暗势力的痛恨，林冲一忍再忍，仇人却步步紧逼。

生：一边是步步紧逼，一边是幻想安生于此。我这时还有对林冲性格太软弱的恨。

师：恨铁不成钢吗？

生：也算是吧。

（生笑）

师：林冲本是八十万禁军教头，本有一个幸福美满的家庭，本有一个安身立命的向往，也本有维护尊严、守护家庭的理由与本领，但他总是心存幻想，总是一忍再忍，而以高太尉为代表的黑暗社会容不下他。所以当我们读到他手刃仇敌时，才感到解恨。一部优秀的文学作品能培养我们对邪恶的仇恨，对英雄的渴望。

评："紧"字的品味，运用的是语感教学中"换一换"的手法。这一手法目的是启发学生感受语言，引导学生揣摩妙处。

三、小结全课

一个风雪交加的夜晚，一个黑暗的时代，善良温和、也曾想安于天命、忍辱求生的林冲，走向了与这个时代决裂的道路，恶人终有恶报，英雄走向梁山！

今天的课就上到这里，谢谢大家！下课！

【点评】

一节好课，应是一节学生学习动力增值的课。葛老师语感教学的课实现了这种效应。相信葛老师的学生通过这节课的学习，会热爱上语言，会热爱上语文，会热爱上名著的课外阅读。如此，则善莫大焉。

第五篇
洪镇涛语文教育思想评说

　　对洪老师本体改革的一整套设想，我是非常赞同、非常欣赏的。听了洪老师的报告，也听了他的课，昨天，又听了几位年轻老师按洪老师本体改革设想而教的五节课，感触很多。马鹏举老师要我对几节课作评点，就算是评点吧。我的标题用三个词：民族的、科学的、现代的。我觉得这三个词洪镇涛老师的本体改革是可以当之无愧的。

——钱梦龙

镇涛先生为构建我国民族化、科学化的语文教学新体系而努力的主张和创见，是在语文教学本体上进行的一次深刻变革，如果这一变革得以在全国范围内实现，语文教学"少、慢、差、费"的现象就会得到根本上的改观。

洪镇涛先生的治学品格和他的语文教学思想的实质

张定远

　　我怀着崇敬、求知的心情出席洪镇涛语文教学思想及教学艺术研讨会。这次会议开得很适时，很必要。我代表全国中语会热烈祝贺洪镇涛语文教学思想及教学艺术研讨会的召开，祝会议圆满成功！

　　镇涛先生是我的老朋友，过去曾读过他的一些文章。最近，我又比较系统地读了他的作品，对他的认识更深了一层。我在想，镇涛先生在语文教学上为什么有如此突出的建树，为什么能取得一个又一个突破性的进展，为什么能取得那样好的教学成果，博得广大师生的厚爱？从这些方面探讨一下，对于我们共同从事的事业，对于年轻教师的成长不无裨益。

一、谈谈洪镇涛先生的治学品格

1. 有敏锐的思维触角，强烈的改革意识

　　我们的语文教师，大致有三种类型。第一种，认真备课，努力钻研业务，

对学生认真负责，教学效果良好。至于如何适应时代需要，提高教学效率，培养时代需要的新型人才，却少去考虑；一切按部就班，墨守既定章法，脑子里缺少一个"变"字。第二种，除了有上述老师的长处之外，还想到了改革，想到了祖宗之法是可以变的。他们在思索、探讨改革之路，学习他人的改革经验，然而教改多年，收效甚微。什么原因？就是这些老师还没有抓住教改的方向，没有抓住要害即关键部位，只是修修补补，改其形而未改其神。第三种则不然，他们一边教学，一边在深入探索，把握语文教学的规律，并根据规律，依据语文教学中存在的实际问题，进行高屋建瓴的思考，古人的、外国人的、同行的经验与理论只作借鉴与参考。他们在改革中前进，又在前进中改革。我认为洪老师就属于这一种类型。

"变讲堂为学堂"的提出谈何容易，在 20 世纪 80 年代初，这个口号的提出可以说是语文教坛的一声春雷。洪老师之所以能在 20 世纪 80 年代初提出这么一个振聋发聩的口号并加以实践，就是因为他是一个开拓者，一直没有停止对教改的思索和实践。这种长期的、不间断的思索与实践，使他的思维有了一对敏锐的触角。作为一个有成就的语文专家，这是最可宝贵的品格。

2. 敢于承担风险，有改革家的气魄和风范

十几年来洪老师一直在进行教改实验，用实践验证他的改革设想，又在实践中最后形成自己的教学思想。

从湖北《中学语文》杂志的报道得知，1995 年 11 月由《中学语文》在武汉举办的"特级教师教学艺术演示报告会"上，洪老师的演示课令全体与会的老师为之倾倒、折服，大家认为"语文课就得这样上"，从而为"学习语言"说作了肯定而有说服力的验证。我也听过洪老师的课，读过他的课堂实录，确是教学思路明晰，教学语言规范而生动幽默，教学构思往往创意迭出，而且善于引导、组织学生主动、积极地去学习和训练。他还勇

于挑起教材试验的重担，取得了可喜成就，充分显示了一个改革家的胆识和气度。

3. 勤于总结，善于作理论概括

把镇涛先生的语文教育论文稍作全面性的披览，给人的第一个印象便是它的系统性。在"变讲堂为学堂"总的教学思想指引下，在几年时间内，他写了一系列理论性、概括力、说服力都很强的文章，构成了一个关于学习语文的具有洪镇涛特色的理论体系，这是不同寻常的。这些文章，论证严密，具有极强的思辨色彩与说服力，且文章的语言简明、准确、流畅，形成了镇涛先生的论文风格。另外，他的教学理论文章棱角分明，尖锐醒豁，从不似是而非，模糊含混，它直奔真理，从不迁就从众，从不害怕当"众矢之的"，所以洪老师又具有一个理论家的勇气与素质。

二、谈谈洪镇涛先生语文教学思想的实质

1. 坚持中学语文学科的基础工具性质

语文学科的工具性，体现了中学语文教学的方向，是中学语文教学理论体系的核心。对于这个重大问题，虽然教学大纲有明确的规定，虽然叶圣陶先生、吕叔湘先生早就有明确的论断，但在语文学界仍然是一个长期争论不休的问题。镇涛先生对这个问题却有清醒的认识，早在 20 世纪 80 年代初，他就明确提出语文学科具有基础工具性质。他认为这是语文学科的个性，是其他学科无法代替的。他还认为语文教学只有明确它的基础工具性质，才不会重犯过去的错误。至于语文课的思想教育作用，他也十分重视，认为应当在语文教学过程中，特别是语言训练的过程中，对学生进行理想、情操、道德品质以及美学、文学等方面的教育。

镇涛先生还认为，语文教学性质决定语文培养目标，也就是教学目的。语文学科既然有基础工具性质，其教学目的就应当是培养学生正确理解和运用祖国的语言文字的能力，应当是语文训练和思想道德教育的有机统一。

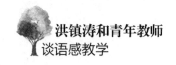

我听过他上的观摩课，可以说做到了两者的高度统一。

2. 学习语言是语文教学的根本任务

镇涛先生认为，语文教学根本的第一位的任务是组织和指导学生学习语言，提高学生正确理解和运用祖国语言文字的能力。至于思想教育、思维训练、审美陶冶等虽然都是重要任务，但都是从属于上述根本任务的。那么，在语文教学中怎样实现这个根本任务呢？经过多年潜心研究，镇涛先生提出了一整套学习语言的体系、方法和途径。

镇涛先生这套学习语言的理论，不是凭空想出来的，而是通过学习和教学实践逐渐探索总结出来的。这是我迄今为止看到的最完整、最系统、最富创造性的有关学习语言的理论、途径和方法的论述。

3. 倡导自学，着重训练，让学生积极主动地参与语文教学的全过程

当前，语文教学最大的弊端之一，是教师不积极主动地引导学生参与语文教学的全过程，而让学生参与的只是老师讲、学生被动地听这样一个教学环节，提高语文教学效率和质量的正确途径，应当是让学生积极主动地参与教学的全过程，即让学生参与阅读、作文、听说、活动课教学的全过程。在整个教学活动中引导学生动脑、动手、动口，让学生接触现实社会生活。通过上述种种努力，让学生的语文能力和思想水平都能达到甚至超过初、高中教学大纲的要求。能不能让学生参与语文教学的全过程，能不能正确引导学生自学，我认为可以作为今后评价语文教学得失成败的一条重要标准。在这方面，镇涛先生给我们做出了榜样。

洪老师指出："教学过程既包括教师教的过程，也包括学生学的过程，是教与学相统一的过程。这个过程，就是在教师的引导、辅导下，学生学习知识、培养能力、发展智力、提高认识、陶冶情操的过程。教学过程的本质，就是教师指导下的学生自学……课文是'例子'，传授有关这些'例子'的一些知识结论绝不是教学的主要目的。而主要目的恰恰体现在引导学生

得出这些知识结论的过程当中。这个过程就是听、说、读、写训练的过程。"最后，洪老师明确指出："把'讲堂'变为'学堂'，是时代对我们的要求，也是语文教学自身规律的反映。"

从以上简要论述可以得出这样的结论：镇涛先生为构建我国民族化、科学化的语文教学新体系而努力的主张和创见，是在语文教学本体上进行的一次深刻变革，如果这一变革得以在全国范围内实现，语文教学"少、慢、差、费"的现象就会得到根本上的改观。从这一点说，历史将记下洪镇涛先生的业绩。

（作者系原人民教育出版社资深编审，中国语文报刊协会副会长，人教报刊社社长，人教社终审委员，全国中语会学术委员会主任、秘书长、理事长。）

我的标题用三个词：民族的、科学的、现代的。我觉得这三个词洪镇涛老师的本体改革是可以当之无愧的。

民族的·科学的·现代的——评洪镇涛先生语文教学本体改革

钱梦龙

对洪老师本体改革的一整套设想，我是非常赞同、非常欣赏的。听了洪老师的报告，也听了他的课，昨天，又听了几位年轻老师按洪老师本体改革设想而教的五节课，感触很多。马鹏举老师要我对几节课作评点，就算是评点吧。我的标题用三个词：民族的、科学的、现代的。我觉得这三个词洪镇涛老师的本体改革是可以当之无愧的。

下面我先谈第一个问题：语文教学本体改革的理念与实践，对当前困扰着语文教学的诸多问题，做出了明确的回答，其潜在价值和长远的意义必将为实践所证明。

在中小学各学科当中，语文是受批评最多的一个学科。语文教学质量不高的症结在哪里？出路又在哪里？语文究竟应该怎样上？这些问题长期地困扰着每一个有责任心的语文老师。1997年冬天，由《北京文学》发难而波及社会各界的一场语文教学大讨论，更把这些问题推到了社会关注的焦点上，于是很多人为百病丛生的语文教学开出了各种各样的药方。但是，我也注意了一下，这些药方大多不是从实践出发，而是坐而论道、纸上谈兵。既不是从实践出发，也没有实践的经验，因此，那些药方难免演变成一场空对空的概念之争，如关于语文学科性质之争。说起来也是可悲，搞了几十年语文教学，语文学科究竟是什么性质，到现在为止还争不清楚。

我们长期接受了一个观念，语文学科是一个工具性的学科。现在有的同志提出来，工具性的提法贻误了语文教学。于是，提出了各种各样的"性"，我数了一下：人文性、思想性、社会性、文学性、朦胧性、实践性、科学性等，很多"性"，我是看不大懂的，谈得玄乎得不得了。读这样的文章，我感觉像读弗洛伊德或者尼采的著作一样。我问过几个语文老师，他们都认为：让他们去争吧，反正我是这么教语文。一位老师说得好，他说：我管它什么"性"！让那些对"性"感兴趣的专家们去议论吧。不幸的是，到现在为止对语文教学究竟定什么性质还搞不清楚。

最近我看到了教育部刚制定的课程标准，其中是这样定的：工具性和人文性的统一。刚才，我和洪老师在讨论这个问题，工具性跟人文性其实并不是一个层面上的东西。工具性，我们说的这个工具不是普通的工具，这个工具本身就包含着诸多人文内涵的东西，所以工具性和人文性就不是一个层面上的东西。所以，语文学科究竟定什么性，我估计今后还会有争论，我还坚持这个观点：实践是检验真理的唯一标准。语文教学评论谁是谁非，还是用实践去检验吧。

我想语文教学需要有一支理论家队伍，我们语文教学需要理论的武装。但是（我用的是"但是"，我很喜欢用"但是"），我们需要这样一种理论家，那就是从实践中来，通过概括提炼，发现了规律，又运用到实践中去指导实践，这种脚踏在地上的理论家；不是那些只会贩卖洋概念的空头

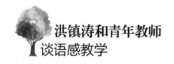

理论家。说到洋人，我倒想起了两位值得尊敬的洋人。一位是苏霍姆林斯基，一位是赞科夫。苏霍姆林斯基，他长期在乌克兰郊区的一所中学，脚踏实地地担任了二十多年的老师，他在长期实践中形成了苏霍姆林斯基百科全书式的教学笔记。他的百科全书式的教学笔记完全是从实践中来的，这是一位了不起的教育家。还有一位教育家是赞科夫，他搞的是"教学与发展的实践"。从 1957 年起步，但是他发表第一篇总结性的论文是哪一年呢？是在 1975 年！就是说，他整整用了 18 年的时间进行了大规模实验，才发表了第一篇总结性的论文——《教学与发展》。他的整个理论体系，完全建立在他的实践、实验、观察、思考当中。我们中国，大家都说，缺少教育家，现在没有教育家。现在我被主持人赠给一顶"教育家"的桂冠，其实，我绝对不是什么教育家。这是礼貌性的头衔，我知道。中国没有教育家，至少没有像苏霍姆林斯基、赞科夫这样脚踏在地上的教育家。不过，我们也有一些虽然没有达到两位大师的高度，却与这些教育家接近的老师。我觉得洪老师足以当之。我不是说，洪老师的成就已经达到这两位大师的水平，我是说他的研究的路数、他研究问题的路数是在实践与理论相结合之上的，在这一点上和苏霍姆林斯基、赞科夫是完全一致的。

洪老师长期实践在语文教学的第一线，他首先是一位脚踏实地的教育实践家；但他同时又不满足于个人的实践，不断地在实践当中进行理论思考与理论概括，终于在理论与实践的交会点上提出了非常宝贵的教育理念，那就是语文本体论，并且形成了教学体系。他提出的语文教学本体改革的理念以及在实践当中、在实践基础上建构的学习语言的一套完整体系，不仅明确地回答了困扰着当前语文教学的很多问题，而且它的潜在价值，将会被实践越来越证实。对"语文教学质量不高的症结在哪里呢"这个问题，洪老师做了明确的回答：因为语文教学存在着一个长期性、全局性的失误，那就是以学生"研究语言"取代"学习语言"。他提出了"学习语言"的概念，这一点，可以说深得我心，因为我一直认为语文教学正是一种母语教学，是学习母语的，我的观点和洪老师的是完全一致的。他提出了"学习语言"的概念，也就是说，语文教学长期以来被当作一门知识性和纯理性的学科来对待，过多的知识传授、过多的理性分析，削弱乃至取消了学生对祖国语言最基本的感悟。小孩子学母语，不是从零开始。我有个孙子，我发现他在小学二年级的时候，已经能够说一些很复杂的句子，这些句子拿到我们语文课上，让我们语文老师分析，句子成分层层叠叠、非常复杂。有一次，我听他说了一句话：妈妈叫我到街上买一盒香烟给爸爸抽。这是小孩子说的一句话，请我们语文老师分析一下看：兼语式又套连动式，复杂得不得了！我们语文教学不需要这样，因为我们的孩子学母语，在孩童时期，他们的语言能力已有相当水平了，已经能说一些复杂的句子了。所以洪老师主张不要搞过多的分析，这是完全符合我们学习母语的特点的。对过细的分析，我们语文老师是非常在行的。有些作品当中的人物形象是非常生动、非常感人的，但是一到我们语文老师的课上，感人的形象不再感人，变成了什么呢？变成了一只躺在解剖台上等着解剖的尸体。我们平常难道不是这样做的吗？同学们，把这句画下来，这叫心理描写，下面的几句是外貌描写，这几句别忘了是行为描写，那是语言描写……让学生记住了一大堆毫无用处的抽象概念，就是不让学生去感受人物形象本身。

在语文课堂上这种东西太多了，浪费了老师和学生大量的时间和精力。所以洪老师他正本清源，把它改到学习母语这个正道上来。我觉得这个方向是完全正确的。那么语文教学的真正出路在哪里呢？洪老师说得非常明确，回到语文教学的本体即学习语言上来，即把教学的重点转移到帮助和指导学生感受、领悟、积累和运用语言上来，尤其要重视朗读和背诵。因为朗读和背诵有助于语料的积累和语感的获得。他主张让琅琅书声回归校园，把读书的权利还给读书郎，我觉得这些做法都符合我们中国的本土的

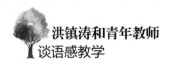

语文教学规律和特点。

也许有人问，把语文教学的根本任务定位在"学习语言"之上，把语文教学理解为母语教学，是不是降低了语文教学的要求呢？我觉得可以分两个小问题来回答。

第一小点：语文教学究竟是干什么的？我前不久给《上海教育》写了一篇文章，我说搞语文的定性问题，我没有兴趣，也搞不清楚，公说公有理、婆说婆有理。我只考虑一个现实问题：我们中小学为什么开语文课，语文教学究竟是干什么的。我觉得这个问题并不如有些专家说的那么复杂。如果把我们的视野扩大到全世界的范围之内，看看全球的母语教学的状况，或者说国语教学的状况，我觉得我们就不难发现有个共同的问题，世界上的任何一个国家都十分重视对下一代的母语教育。为什么？因为母语教学是培养民族意识的必须，是延续本民族古代文化的必须。一个民族都希望他的下一代有很强的民族意识，希望自己的民族文化能够一代代延续下去。那么靠什么？靠母语教育。而这个任务又都无一例外地由国语课来承担。各个国家的课程设置第一门就是国语课，并且用的课时最多。因为这是培养未来的合格公民所需要的。

侵略者在武力征服一个国家以后，他第一步要做的工作就是剥夺这个国家母语学习的权利，要学习他们侵略者的语言。在都德的《最后一课》中讲的就是这件事。他们（普鲁士兵）占领了阿尔萨斯，不许阿尔萨斯的老百姓学习法语，强制学习德语。有一位苏联的教育家说过一句话，他说：本族语是给学生进行普通教育的基础，本族语本身包含着使学生得到全面发展的最大可能性。可见本族语的教学历来是被各国所重视的，所以重视它，因为它不仅仅是国语，更重要的是通过母语学习，培养本民族意识、延续本民族文化，所以我们把语文教学的任务定位在学习语言，或者用我的话来说学习母语上，这绝对不是降低了语文教学的要求。

为了证明我这个观点，我翻阅了一下几个国家的语文教学大纲。俄罗斯的语文教学大纲，第一句就是要学生掌握俄语。日本的，培养正确地理解和恰当地使用国语的能力，使学生在提高交流能力的同时，养成思考能力和想象能力，以及丰富的语言感受能力（就是我们说的语感），加深对国语的认识，培养尊重国语的态度。依我看，如果我们有一点母语教学的国际视野的话，就会发现任何一个国家之所以设国语课，就是进行母语教学，进行本民族语言的教学，这是一个国家一个民族之所以能够生存、所以能够延续下去立于不败之地的原因。有趣的是，我还注意到了一个事实，所有这些国家的教学大纲及课程标准都没有关于学科性质的定性语言。语文是一个具有什么性质的学科？它们没有这个东西。开门见山，就是任务是什么。是不是这些国家的教学大纲和课程标准的制订者头脑比较简单呢？我觉得不是。这本来就是一个明摆着的事情，没有必要为性质问题争论不休，他们好像没有我们这样的麻烦。国语课就是教国语的，就是学习本民族语言的。民族意识、民族文化自然包含其中，这是不言而喻的事情，没有必要为这些问题大费口舌、大费周折。所以我说过，我们的同胞具有这个本事，把简单的问题复杂化。也有的把本该复杂的事情看得非常简单，把复杂的东西简单化。我给洪老师说过，他学习语言的观点是符合世界学习母语的潮流的。

第二小点，把语文教学的根本任务定位在学习语言，是不是削弱了语文教学的人文因素和思想因素？我觉得这确实是一个应该好好讨论的问题。首先我们看语文课是通过什么途径来指导学生学习语文的。在语文课上，学生学的不是语言符号，他们学的是承载着丰富的人文信息的言语成品，就是一篇篇文质兼美的文章。同学们通过阅读这些范文，学习规范优美的语言。这是学习语言的一条最简捷、最有效的途径。我看了好几个国家的语文教材，我发现，所有的语文教材无一例外地采取文选的形式。就

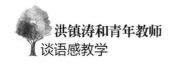

说美国，他们有个别教材，是文学与语言分开的。即使是语言教材，也大多是提供完整的小文章、文学作品的片段。有的是名著的片段，有的是贴近学生生活的社论、小话剧、童话剧等。把这些作为语言的范例，让同学们学习。学生在读这些文章的时候，他不可能不受到这些文章所包含的人文信息及人文精神的感染与影响。我们听了洪老师的课《有的人》。没有刻意的思想教育，没有刻意地进行人文灌输，他只是在指导学生读书的过程中，适当地点一点："你能不朽吗？""你真的伟大吗？"使学生感到这种人的可悲可鄙。这是自然而然的思想教育。

我觉得，一种语言的工具性和人文性，好像是一张纸的正面与反面，互相依存、相辅相成，谁也离不开谁。离开了人文内涵，那么这个语言的外壳就是空的，也不存在；同样，离开了语言外壳，那么人文内涵也就不存在。所以，学习语言本身，如果我们语文教师引导正确的话，加上适当的点拨，人文内涵自然也在其中。

总之，洪老师的语文本体论，把语文教学的根本任务定位在学习语言，不仅切中当前语文教学时弊，抓住了语文教学的根本，搞清了以前人们相当混乱、模糊的认识，而且比起某些不可琢磨的宏论来，它又是那样的朴实和平易，又便于操作。所以我认为，这是迄今为止，所有药方当中比较对症的一味良药。

第二个问题，我觉得洪氏体系（洪老师语文本体改革教学体系的简称）实现了民族性、科学性、现代性的结合。

先谈谈洪氏体系的民族特色和科学内涵。

近几年来，很多杂志上讨论语文教学姓什么，我说中国的语文教学首先姓"中"。我国改革开放以来，我们的教育也随着国门的打开走出了封闭的状态，开始把世界尤其是发达国家的教学理论拿来，语文教学也不例外。现在我们看看报刊中发表的一些语文教学论文，经常可以看到一些外国教育家、心理学家的名字，比如布鲁纳的发现法，根舍因的范例教学、普雷西的程序学习法。我们上海正推广的掌握学习，还有皮亚杰的认知同识、巴班斯基的教学过程最优化等。这些外国名字出现得非常频繁，以至于认为一篇论文如不引用一些洋人说的话就是没水平。华东师大的一位研究生，也是我的一位徒弟，他现在硕士学位已拿到了，正在读博士。他的硕士论文写的是《语文导读再认识》。他来征求我的意见，我说，你能够少引用那些洋东西吗？能不能引用我们中国的一些语文教学传统中优秀的理论或精华呢？他说：不行的，我的导师（华东师大的一名教授）还嫌引用的洋理论太少，我没有办法，只好拼命地去找一些洋理论，又加进去。有些人做了各种努力，把"三论"引入语文教学：信息论、控制论、系统论。打开了这些著作，居然都是满纸的三论的概念。当然，我们也不要走极端，他山之石可以攻玉，科学没有国界。国外的东西的确对我们有用的，我们借鉴一下也未尝不可。但借鉴毕竟是借鉴，它不能代替我们自己的实践和思考，中国语文教学的理论必须是在本土生长的教学理论。

洪老师的教学体系格外引起我的关注和兴趣，就因为他的全部理论和实践都深深地扎根在我们本土文化的土壤之中，扎根在中国语文教学丰厚的土壤之中，但是他的眼光却是现代的眼光。他用现代的眼光从我国深厚的文化和悠久的语文教学传统当中，捡起了其中的精华部分，并经过自己的实践和探索将其发展成形了。这就是他的教学理念，既符合科学的原理，又打上了鲜明的民族印记。

什么是传统的语文教学？有些人一提起传统语文教学，好像都带着贬义的，和现代语文教学是对立的。我说的传统语文教学是什么概念呢？是个大概念，指的就是从唐宋以来，一直到 20 世纪上半叶，这么一长段历史时期的中国的语文教学。当然我们祖先没有运用这个概念，但是我们有语文教学这个事实。我国传统的语文教学，形成发展于我国长期的封建社

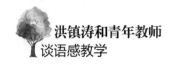

会。当然它不可避免地携带了封建主义的一些糟粕，但同时又处处闪耀着我国历代教育家思想与智慧的光芒，其中精华部分很符合科学原理。当然我们祖先没有西方那种思辨的、实证的精神，没有系统的科学论著，但是他们的原理是符合科学的，这些东西我们必须认真地加以研究和继承。洪老师的可贵之处，在于他在创新的语文教学过程中，始终保持着传承和创新之间的生态平衡。下面我想就把传统的语文教学观念和洪老师的语文教学观念作些对比。

我国传统的语文教学，最值得重视的也是最宝贵的经验是什么呢？我觉得就是从儿童识字开始，一直到具备相当的读写能力，整个教学过程都是符合汉语言文字的特点的。我觉得这条非常重要。据说，我们祖先在考虑语文教学过程的时候，他们始终密切地关注着汉语言文字的特点。下面我讲三个小点，就是汉语言文字的特点。

第一个特点，汉字是一种表意文字。每个字都有固定的形、音、义。学汉字要一个一个地记，是一件麻烦事。常用汉字有 3500 多个。因此，识字教学始终是语文教学启蒙阶段的一个非常重要的奠基性的工作，这和拼音文就不一样。学拼音文的国家小孩上学学字母表，学拼音后，就能看诗歌、看小说、看童话故事，什么都看得懂。因为拼音和文字是一致的。我们不行，我们要记几千个字，那比较累。我们的蒙书是怎么解决这个问题的呢？他们就把我们汉字单音词占绝对优势的特点编成韵语式的图书"三百千"，即《三字经》《百家姓》《千字文》。韵语式的容易记，小孩子记性好，但不懂。"人之初，性本善"他不懂，但记住了也就是了。同时，也或多或少地接受了一些人文知识、历史知识、人物典故等。所以我们传统语文教学在解决识字问题上，这条经验是很值得重视的，这是我们传统语文教学中一个特点。

第二个特点，传统语文教学十分重视早期的积累，不管理解多少，先吞下去再说，以后会慢慢地反刍、消化，好像吃东西。我小时候读到杜甫的"白头搔更短"，不仅当时不懂，后来也不懂，怎么头发会越来越短呢？越来越稀疏可以解释，怎么可以短呢？现在年纪老了，我前面的头发就长不长了，怎么也长不长了。白头搔更短！到了七十多岁左右，我才懂得这句诗。读的时候不懂，吞下去了。一旦遇到同样的语境，由于生活经验的积累，会豁然开朗。古书大多是韵语式的，《今古贤文》《蒙求》《幼学琼林》《龙文鞭影》等，念起来朗朗上口，容易记。明末清初的学者陆世仪说："凡人有记性、悟性。在十五前，物欲未染，知识未开，多记性，少悟性。十五以后，知识渐开，物欲渐染，则多悟性，少记性。故凡人要多读书，截至十五以前，使之熟读。"让孩子们在十五岁以前大量地吞念古典文学中的精华，对今后有好处。我觉得这些话是完全符合理解力和记忆力对于年龄而变化的实际的。在这点上，我觉得我国的蒙学是有一点心理学的根据的。

第三个特点，汉语重视语境与语感。汉语非"法治"语言，而是"人治"语言。汉语言不是一种形态语言。我们学过英语，知道英语有形态变化、时态变化。我们也学过俄语，它不仅有态的变化，还有格的变化，阴性、阳性、中性。有的外语里头，态都是阳性的。我记得还有一种什么语言，态是阴性的，有的格的变化很多。态、格的变化，这是形态语言的特点，汉语里没有这个特点。汉语遣词造句都要依靠词语的语境义和语感，好像王力曾经说过汉语不是一种"法治"的语言。张之洞先生也说过：中国严格地说是没有语法的，没有语法可言。有位语法学家晚年发出这样的感叹：没有真正中国化的语法。我举一个例子：春风又绿江南岸。大家都知道，王安石对"绿"字改动了好几次，比如到、过、满，等等。说明汉语的动词可以随心所欲地改，他在改的时候不去考虑这是一个动词，还是一个形容词，要的是什么时态，是现在时，还是过去时，不需要考虑。只要考虑这个词的色彩，它的语感，它表达的情意最符合他的心意就可以。中国人写文章，即使完全不懂语法，如果有一定的文化素养的话，绝对不会写错，不会出语法错误。

在我们传统语文教学当中，这三条是非常重要的经验。我觉得洪老师语文教学本体改革的理念和实践是有选择地继承和发展了我国的传统语文教学的极其宝贵的经验。所以我说是民族的，它扎根在本土文化的深厚土壤当中。

对洪老师的东西，我不多讲，比如他的"三主一副"，"三主"就是：学习精粹语言，学习古代汉语言的精华；学习目标语言，就是现代语言当中一些堪称典范的语言；还有伙伴语言，就是日常交际语言。这三条主线说得非常好。还有一条副线，就是适当地学一点语言知识，学习文化常识。这是一条非常符合我们传统语文教学的经验。

在教学方法上，洪老师淡化语言知识的传授和不对课文作过多的理性分析，我是赞同的，这也是符合我国传统语文教学的经验。我还发现，洪老师的教法可操作性很强。就是说，它能够把握，一般老师都能够学。一种教法搞得再高明，人家学不了，那就很难真正地推广。我的教法可操作性强，洪老师的教法可操作性更强。

我昨天看了几节课，它大体上有这么个模式：第一步，简称整体感知。通过有声有色的朗读，让学生从整体上、从情感上去接受这篇课文；第二步，分层指导、品味语言。分层或按照自然的结构，或者按照专门的问题，或者按照文章的逻辑顺序，分层学习，也就是品味语言，即关键的语句；最后又是整体感知，最后一个与前面的不同，它在认识上升华了一步，提高了一步，不是简单的反复，而是螺旋式的上升，从整体到局部，由局部到整体，全部的活动主要落实在品味语言、感受语言中，从这个过程当中培养语感。我们老师对此容易操作，所以便于大面积推广。什么叫科学性？

我觉得，科学性的最大的特点，就是它有一个普遍性，反映了一个普遍的规律，而且是可以重复的。

在教学的策略上，洪老师一般让学生自学。他有句很好的话，他要"把讲堂变为学堂"，"把教本变为读本"，就是让学生自学。我也是这么理解的。语文课就应该自学。我觉得这也是我国传统语文教学的一个重要的内容。从孔子开始，就提倡启发式："不愤不启，不悱不发""举一隅不以三隅反，则不复也"。他让学生自己能够举一反三。

我觉得洪镇涛老师把"讲堂"变成"学堂"，让学生自悟自得是符合语感教学规律的，因为语感这东西别人是代替不了的。总之，洪镇涛老师的语文教学本体改革的理论和实践，体系较为完整，在当代语文教学的各流派当中，是比较少见的。当然，我也算有一个语文体系，但洪老师比我多一个教材，我没有教材。于漪老师有体系，但也没有教材，魏书生也没教材。所以洪老师在当代中国各个语文学派当中是比较少见的，甚至可以说是绝无仅有的。

学习语言在信息时代仍然有着无可替代的意义。我觉得现代信息传输的手段是越来越先进了。现在的信息高速公路，还有宽带网。又听说有一种最新一代因特网，它比宽带网还要快一万倍。但无论这些手段如何先进，文本的阅读始终是基础，也就是说对语言文字的理解力、把握语言运用的能力是基础。

一谈到教育现代化，一般人首先脑子里跳出的概念就是电脑、多媒体，其实，这不过是教育手段的现代化。而且从现在的情况来看，先进的教育手段和滞后的教育理念之间正在形成一种强烈的反差。我就看到一位老师教朱自清的《春》，鼠标一点，出来了几朵花，这几朵花还是比较漂亮的。我就在想，朱自清在写春花的时候，他心目当中就是这几朵花吗？同学们从文学语言当中感受到的春花图——红杏枝头春意闹——就是这几朵花

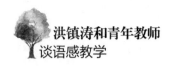

吗？恐怕不是这样的，作者心中的春花图不是这样的，读者从文学语言当中感受到的春花图也不是这样的。这几点春花出来了，反而限制了同学们的想象力。春花图就是这么几朵花，太坐实了，反而冲击了对文学语言的学习。我觉得传输手段无论怎么样先进，文本的阅读，对语言文字的把握始终是阅读的基础。洪老师抓学习语言，也是符合现代的要求的。我们大量的信息都是用语言来承担的，那么抓语言，就抓到了根本上。

下面我再提些想法，也是一点建议。因为任何体系它都是逐步地完善的，洪老师的体系也并不例外。它又面对着很多挑战性的问题，怎么样解决这些问题，那要靠洪老师、靠一些实践中的教师一起去解决。洪老师对此也是完全赞同的。不要把语文课变成知识课，要注重学生的言语实践，注重朗读和背诵。我也正是这样主张的。昨天我听了五节课，我感觉这五节课在这方面做得都很好。几位老师的朗读水平我都很赞赏，并且指导学生朗读得也很有方法。学生不管是实验班的还是非实验班的，最后都基本达到了教师所要求的朗读水平。我觉得我的确是看到了语文教学的希望，就是琅琅书声。但是我又觉得，不要多讲知识是对的，但真理再跨进一步就是谬误，如果太少，就是应该讲一点知识的地方，也不点一点的话，那恐怕就是失之偏颇了。有的地方是应该点一点的。比如说昨天教的《九方皋相马》，有一个四个字的句子：绝尘弥辙。书上有解释：跑步不扬起尘土，跑步不留下足迹。有个同学提出来了。一个同学起来解释了，就读了一句注解，其实问题还没解决，因为注解他也看到了，但是他还不懂啊，为什么"弥辙"是"没有灰尘"呢？老师要解释一下：弥是消失的意思，辙是车辙。就这么点一点，也不花时间，同学们就懂了。所以少讲知识不等于不讲知识，必要的时候，老师要适当点拨，学生豁然开朗，这也恰恰是让学生开窍的方法。

每篇课文都要来个作者介绍，那是一种公式，是不必要的。但是如果作者介绍本身就有文化含量，这种介绍就很好，不要去掉。前天饶杰腾教授跟我谈起，他说：钱老师，我看了你《谈骨气》的教学实录，你对吴晗的介绍我很欣赏。这个吴晗是怎么介绍的呢？是放在同学们读了文章以后，不是开始就介绍的。同学们读了文章以后，感受到了《谈骨气》的字里行间表现出的中国人的强烈自豪——中国人的骨气，在这种情况下，我告诉同学们，写这篇文章的人——吴晗就是一个很有骨气的人。我举了一个例子。他是一个明史学家，他是研究明代历史的。他写了一本书《明史》，当时国民党审查委员看到《明史》当中有一支农民起义军，这支农民起义军就叫红军，跟我们共产党红军一样名称。因此，他坚持要吴晗把这个红军改掉，不能用红军。吴晗说："我这本书宁可不出，这个'红'字绝不改。"我还讲到吴晗在"四人帮"时候被迫害致死的事，他始终坚持自己的气节。让同学们知道写出有骨气的文章，作者本人就是一个有骨气的人。所以他笔下有那么丰富感情的流露。饶老师说这个作者介绍他非常欣赏，跟文章内容的理解融为一体。

还有一些文章的时代背景的介绍，也是要提的。因为有的文章不理解背景，就很难在读中品味其深刻内涵。还有比如理性思考，我们过去的理性分析太多，但是并不意味着我们不要理性分析。必要的时候学习些规律，还是要的。另外，还要启发学生的思维，这些都是值得重视的。

现在还有个问题在困扰着我们，那就是应试的问题。老师们不能没有考试的意识，但这考试的意识，不要太强烈，应该坚信一点，如果同学们的语文素质真正提高了，这样的学生是考不倒的，是不怕考试的。有的说我们要搞教学改革，又要考试的结果，在考试的束缚下，好比是戴着镣铐跳舞，这个舞怎能跳得好呢？我说，不一定，戴着镣铐照样可以跳舞，而且可跳得非常出色。回忆一下看，有一个现代芭蕾舞剧，叫《红色娘子军》，里头有位党代表叫洪常青，有一段戴着脚镣手铐的独舞，非常悲壮。如果

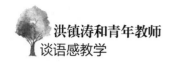
把镣铐去掉了，反而没有那种悲壮之美了。所以我说，我们语文老师就要学一点戴着镣铐跳舞的艺术。从这点上说，我们每一个语文老师都是一个悲壮的角色。真的，我们的事业相当悲壮，这个艺术存在不存在？存在！就靠我们怎么去研究它，不要追求那种华而不实的东西。有位教师写了一篇文章叫"连环提问"，后来又听了他的课，他教的是《纪念白求恩》。他问：白求恩是什么国家的人啊？"加拿大共产党员。"文章第一句，哗，都举手了。又问：多大年纪了？哗，又都举手了，"五十多岁了。""到中国来干什么？"哗，举手，"到中国参加抗日战争。""后来在哪里牺牲了？"同学们哗哗，举手如林，课堂的气氛热烈得不得了。有的老师说，哎哟，这个课提问设计得好啊！我就在想，如果在我的班里，我这样提问，他们肯定就会提出抗议：钱老师把我们当傻瓜了。他们不肯回答。但当时那群孩子，也许有人听课，他们要配合，举手热烈得不得了。我脑子里扑哧、扑哧地跳出了一句话，一句什么话呢？这是一位傻乎乎的老师，设计一串串傻乎乎的问题，训练了一群傻乎乎的孩子，训练的结果，孩子变成了傻孩子，小傻瓜，老师自己也变成了大傻瓜！

不要去追求这种华而不实的东西。把这些东西去掉，真像洪老师那样，指导孩子读书，品味语言，在品味语言的过程中发展思维能力，增加文化积淀，这样的学生会考不好吗？不会考不好的。

最后，我祝福：我们洪老师做一个悲壮的英雄，我们每一位老师都成为一个悲壮的角色，让我们演一台有声有色的悲壮的正剧！

（作者系著名语文教育家，中国"中学语文教育终身成就奖"获得者。）

我们的事业将造福人民，惠及世界。这就是一代代中国语文人对使命的追求和对历史的回答。

一代代中国语文人的追求

欧阳代娜

在喜讯频传的金秋十月，我们迎来了洪镇涛老师从教60年教学改革研讨会的召开。佳境逢喜庆，深表祝贺。

中国的母语教育教学改革的道路，是一条历史渊源深远、工作意义伟大光荣、实践过程又十分艰辛漫长的道路。一代代中国语文人前赴后继，坚忍不拔，艰苦探索，改革的步伐从未停止过。单就从19世纪末期到今天，在跨越三个世纪，历经一百多年的时间里，就涌现出许多重大的语文教育教改成果。不论在语文学科性质、目的任务等教育理念方面，还是在语文教材建设方面，或在语文能力培养训练的体系和语文知识传授范畴，语文教学方法等方面的研究，都取得了重大的突破性的进展。把我国的母语教育科研活动推向一个新的阶段。

在这支包括各级教育教研领导部门、各地有关教育事业的高等院校以

239

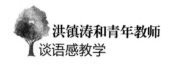

及各省市的出版事业单位以及宣传媒体部门，和中学的教师们组成的语文教育教学改革大军中，一批具有教育理论修养，又有较丰富的教学工作经验和吃苦耐劳、埋头苦干实践精神的中学语文特级教师成为改革中的带头人，带领全国的中学语文教师团结奋斗，形成了近百年来母语教改的最生动活泼的、最富有创造性的时期。在这支带头人的队伍里洪镇涛老师就是最优秀的代表人之一。

洪老师的语文教改实践中的成就是比较全面和完整，而且富有创造性的。

第一，他的母语教育改革理念，是建立在继承发扬我国母语教育的优秀传统基础上，吸收当代世界先进的母语教育的先进理念和技术，形成具有我国母语教育特色的理论来指导改革实践的。我国母语教学优秀传统必须坚持，当代先进的教育科学理念和技术必须吸取，这是唯物辩证法的统一。洪老师的教学改革，体现了我国母语教育教学改革，要走"民族化、科学化与现代化相结合"的道路这个客观规律，所以取得成功。第二，洪老师的改革实践还在于它创造了以"学习语言"为核心，以语言为本体，以学生为主体，以"强调培养学习语感"为主要教学方法的科学体系。这个体系，以其鲜明的汉语言文字的民族特色，坚实的现代教育理念和先进的教学技术而形成的一个"语感教学"的流派，富有鲜活的生命力，因而产生了广泛的影响。第三，洪老师和他的科研团队与开明出版社合作，还编写出版了一套包括从小学，初中到高中的三个学段的实验教材，连同教学参考书共 1000 多万字。还有一套中职语文实验教材。这些有特点的语文教材，极大地丰富了我国广大地区各种不同层次的教学需要。受到师生的欢迎。为我国语文教材建设出现"一纲多本"百花齐放的局面做出了贡献。

洪老师和他的团队的老师们是我们语文教改行列中的战友和老师。我们从他们的母语教育改革的深邃的理念和坚实的教改实践中学到了很多东西。极大地提高与丰富了我们的教改实践。在此，我们对洪老师和他的团队表示衷心的敬意和谢忱。

时间在前进，38年弹指一挥间过去了。从1978年开始的，我国母语教育教学改革的那个炽热的年代，留给我们的是对语文教育教改事业充满的激情与力量。今天通过对洪老师及他的团队的成功经验的总结和弘扬，我们可以清晰寻找出一代代中国语文人奋斗追求的目标和力量的源泉。那就是通过母语教育教学改革和这个角度，把中华民族的悠久而又优秀的文化传统与当代最新的教育科学理念和技术相结合起来，形成具有中华民族文化传统特色的母语教学的道路，为实现中华民族伟大复兴的历史使命做出应有的贡献。中国语文人要在新的征途上，在母语教育这个领域中，发扬光大我们的道路自信、理论自信、制度自信、文化自信的优势，更加努力而前行。我们的事业将造福人民，惠及世界。这就是一代代中国语文人对使命的追求和对历史的回答。

祝贺洪镇涛老师从教60年教改研讨会圆满成功！愿我们的母语教育教学改革事业更上一层楼！

（作者系著名语文教育家，中国"中学语文教育终身成就奖"获得者。）

由于有一套身体力践的语文"本体观"在坚定地主导着，他在数十年里没有因受到风吹浪打而丝毫动摇，显示了难得的教学定力！

语感教学：洪氏定力

陈日亮

　　洪镇涛先生的教学思想是 20 世纪 80—90 年代语文教学改革的高浓缩的经验结晶。之所以说是"高浓缩"，是因他提出的"语感"理念而触及语文课程的核心。关于"语感"，许多人也包括我都曾主张过，甚至有的学者还出过专著，但像洪镇涛先生这样大力倡言，躬自实践，不顾忌被视为模糊、混沌、无法界定、不好操作，而执意孤行，在当年的语文界可谓独树一帜。他是叶圣陶"语言文字的训练，最重要的是训练语感"的最有力的践行者。语文能力和语文素养，不同样无法量化和难以定性，终归也是模糊和混沌的吗？唯有对语言文字的准确、丰富、敏锐的感觉，才最能体现和最好检测一个人的语文水平，是毋庸置疑的。

　　叶圣陶先生说过："'感'比较'知'深入一层，'知'是我与事物对立，从我'知'彼；'感'是我与事物融和，彼我不分。"语文教学之殇，

242

是被语知（或谓语识）统治太久，积重难返，遂造成学生与教师的语言敏感力长期弱化，总被知性捆绑，阅读文本进不了语境和情境，老在文字外面浮游。按照王荣生的说法，语感虽然不能被言说，但语感比语识更基本，也远比语识丰富。洪镇涛先生更明确指出，语感是依靠直接思维而不依赖于分析思维，故学习语言知识对提高语言能力作用不大，它不能直接进入读写过程。因此语文教学就必然要循着"感受—领悟—积累—运用"的途径，有效地达到语感训练的目的。洪老师的主张和操作方法是一致的，也是简单而易行的。我听过他的课不多，但他的声情并茂的示范朗读，他的比较揣摩的启发式教法，总是那么富有磁力，而且举重若轻，给我的印象是深刻的。

从更高的层面上看，洪先生提出的"不是研究语言，而是学习语言"，在当年以至今天，都是具有启蒙意义和廓清功效的。新世纪语文课改的重大成果，是把语文课程的性质任务规定为"学习语言文字的运用"，无疑也是吸收了洪镇涛语文学习语言"本体论"的教育思想。包括 20 世纪 80—90 年代所总结的"因文悟道，因道学文"，文道相因而终归于"文"，都是强调突出学习语言，而非研究语言的语文"本体论"思想。因此，我们今天来纪念洪镇涛先生从教 60 周年，也是为了不忘初心，回到常识；为了继承前辈先行者、探索者的业绩而与时俱进。

洪镇涛先生所倡导的"变讲堂为学堂"，主张重视学法指导和自学能力的培养，和我 30 年前提出的"得法养习，历练自学"，可谓心事互通，桴鼓相应。我们在一起时，我总是亲切地称呼他"洪哥"，每每兴奋地喊道"洪哥！我们动手吧"，可他从来不回答"No"，我知道，在语文教改上他早早就已经"动手"了，而且成绩斐然。由于有一套身体力践的语文"本体观"在坚定地主导着，他在数十年里没有因受到风吹浪打而丝毫动摇，显示了难得的教学定力！记得洪镇涛先生还曾写过一篇质疑新课标的文章，最近

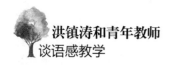
他从美国回来，我向他介绍国内的语文教学现状，出现的某些新理念和所谓研究的"新成果"，他仍然坚持他的一贯看法，认为只有把"学习语言"的宗旨牢牢把握，才能树立能够引领语文教学健康发展的方向。我也因此从他的一以贯之的坚守中，不断得到支持和鼓舞。

我在武汉出席洪镇涛先生的语文教育思想研讨会期间，曾经向有关人士提出，应该编一本洪先生的语文教学语录。洪先生没有为自己构建什么理论体系，但他有许多言论话语，值得作为语文教学的至理名言，可供年轻人识记遵照，能为今后的改革取法借鉴。

洪镇涛先生已晋八十高寿，仍步履轻快，风神健旺，吐属清朗。今日我来武汉为先生举觞，目睹纪念和祝颂的热烈场景，更为洪哥常青的事业备受瞩目而后继有人由衷赞贺！

（作者系著名语文教育家，中国"中学语文终身成就奖"获得者。）

洪镇涛老师最值得我们语文人学习的，我认为至少有以下几点：一是教育理想与教育情怀。二是心中有学生。三是具有开拓创新精神。四是脚踏实地的工作作风。

洪镇涛先生与语感教学

顾之川

洪镇涛老师是我国当代著名的语文教育家，也是我们中学语文教育界的一面旗帜，他的语感教学课题实验是中语会多年来重点扶持的一个课题。中语会很多位领导、专家都曾对洪老师的语感教学研究与实验课题付出过心血，给予过大力支持。1996 年，"洪镇涛语文教学思想及教学艺术研讨会"在武汉召开，张定远先生应邀参加，并发表《洪镇涛先生的治学品格和他的语文教学思想的实质》。1997 年，中语会在北京师范大学召开"首届国际汉语文教育研讨会"，洪老师应邀作《回归本体，构建语文教育新体系》的大会发言，受到与会代表好评。1998 年，中语会为成立了"全国语文教学本体改革研究中心"，开明出版社焦向英社长任主任，洪镇涛任副主任。张定远、陈金明应邀出席了在北京召开的"首届构建'学习语言'语文教学体系学术研讨会"。2000 年，在河北霸州举行的第三届年会上，

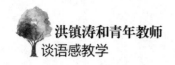
张鸿苓、张定远、陈金明、苏立康、欧阳代娜等学会专家应邀出席，并审
读了开明版中小学语文实验课本。2001 年，中语会在广东汕头举行"首届
全国中学语文教学实验经验成果交流展示评奖会"，语文本体教学改革的
五个实验单位获得 2 个一等奖，3 个二等奖，是获奖最多的实验课题。钱
梦龙先生曾称赞开明版语文课本是"民族的、现代的、科学的"。经中语
会推荐，"构建'学习语言'语文教学新体系"更名为"语文本体教学研
究与实验"，被列为中国教育学会"十五"规范重点课题。为了宣传语感
教学研究成果，我会邀请洪镇涛老师参加中语会组织的"中语西部行"到
宁夏（2002 年）、贵州（2004 年）义务支教活动。2005 年，"语文本体
教学研究与实验"顺利结题。2008 年，在武汉四中举行的"传承与创新——
语感教学演示报告会"，陈金明理事长应邀出席并作学术报告。2009 年，
中语会组织编写《中国教育学会中学语文教学专业委员会成立 30 周年纪
念文集》，收入了洪老师的文章《教海弄潮三十年——我的语文教改历程》，
全面回顾总结了他的语文教改历程。为了表彰洪老师对中学语文教学研究
的贡献，2010 年 4 月在"中国教育会中学语文教学专业委员会 30 周年座
谈会暨 2010 年工作会议"上，中语会为洪镇涛老师颁发"中学语文教育
终身成就奖"。2013 年 10 月，中语会在北京大兴举行第十届年会，洪老
师在发言中强调语言学习的三个层次，一是学习精粹语言，建立诵读系统；
二是学习目标语言，建立阅读系统；三是学习伙伴语言，建立操作系统。
现在洪老师仍担任中国教育学会中学语文教学专业委员会学术委员，在我
国语文界发挥着广泛而持续的影响。

　　洪镇涛老师最值得我们语文人学习的，我认为至少有以下几点：

　　一是教育理想与教育情怀。做一个老师，做一个语文老师，首要的不
是他的语文素养，不是他的语文专业，而是他的教育情怀，他的教育理念，
他的教育品质。洪镇涛老师以他 60 年从事语文教育研究与实验的经历，

实践着他的母校北京师范大学 "学高为师，身正为范" 的校训。他热爱教育事业，作学生的引路人，引领着学生学习知识，锤炼品格，创新思维，奉献祖国，并乐此不疲。洪老师曾说："如果还有第二次人生，如果下辈子还是这块料儿，我还是当老师。"

二是心中有学生。教育的根本目的在于教书育人，立德树人。洪老师的语文教育实践，体现出心中装着学生，一切以学生发展为本的教育理念。80年代初，针对当时语文教学满堂灌、注入式的弊端，洪老师提出"变讲堂为学堂"的主张。 形成独具特色的"八字教学法"，认为语文教学的本质是教师指导下的学生自学，学生是语文教学的主体。90年代，针对语文教学脱离本体、架空分析的弊端，他又提出"变研究语言为学习语言"，正式形成他的语感教学理论，着眼于语文教学教什么、怎么教的问题。这也体现了他心中有学生，以人为本的教育观。

三是具有开拓创新精神。1978年7月，洪镇涛老师在《湖北教育》上发表《关于中学语文教学改革的建议》，标志着他的语文教改征程的起步。人民教育出版社、课程教材研究所《课程·教材·教法》杂志1998年第3期，发表了洪老师的《构建"学习语言"语文教学新体系》（后被收入顾黄初、李杏保主编的《二十世纪后期中国语文教育论集》）。文章指出：语文教学要抓住根本，即学习语言运用；学习语言的途径是"感受语言—领悟语言—积累语言—运用语言"。一要注重吸收和积累语言，二要习得和积淀语感。语感训练要与思想教育、思维训练、审美陶冶、语言知识传授结合起来。语言学习要联系生活。感受语言，触发语感；品味语言，领悟语感；实践语言，习得语感；积累语言，积淀语感。新课改以后，课程标准提出"工具性与人文性的统一是语文课程的基本特征"，语文教学在培养学生语言运用能力的同时，应着眼于语文素养的提高，更好地服务于立德树人的总目标。但洪老师在语文教学上的开拓创新精神值得我们学习。

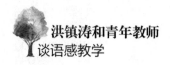

　　四是脚踏实地的工作作风。洪老师对语文教学的贡献，主要体现在他的语感教学上。语感教学，又称语文本体教学，强调以语言为本体，以学生为主体，以语感训练为主要教学手段，以培养语感从而提高理解和运用民族语言能力为主要目的。语文教学第一位的根本的任务是学习语言，提高学生理解和运用民族语言的能力。为了实践他的这一教学思想，他在教材和教学两个方面做了实践探索，一是主编了开明版中小学语文实验教材，并在全国20多个省市、2000多所学校开展实验，洪老师和他的团队到各地讲学，上示范课，受到广大一线语文教师的欢迎。二是在教学研究提炼出七种课型和四种方法。七种课型是：语言教读品味课、语言自读涵泳课、语言鉴赏陶冶课、书面语言实践课、口头语言实践课、语言基础训练课、语言能力测评课。四种方法是：美读感染法、比较揣摩法、语境创设法、切己体察法。最终目的是培养学生的阅读能力、写作能力和口语交际能力。这正反映了洪老师具有脚踏实地的工作作风，值得我们发扬光大。

　　　　　　　　　　　　　　　　　　（作者系人民教育出版社编审。）

洪镇涛先生和所有那些为母语教育的变革做出过贡献的人，他们的思想精髓，是我们中华民族一笔巨大的精神财富，更是每一位语文教育工作者的巨大财富。

6 思想的力量

孙志毅

非常荣幸能受邀参加洪镇涛先生语文教育思想研讨会暨从教60周年纪念活动。我们从四面八方聚集在九省通衢的武汉，共同研究洪镇涛先生语文教育思想和实践对中国母语教育的价值，这不仅是对洪镇涛先生的敬仰、感恩，同时也是梳理中国语文教育的一个机遇。

本次研讨会定位于"语文教育思想"，而不是模式、技巧、方法是十分正确的。任何一个学科，教育思想与教育方法相比，总是"道"与"术"的关系。"道"永远高于"术"，方向永远比方法重要；"教什么"永远高于"怎么教"；"为什么而教"，永远重于"怎样教"。这个观点同样适用于语文教育。因为思想之下可以有无数个方法，但在同一问题上往往正确的思想只有一个。方法是通向"罗马"的大道，但这个大道不会只有一条。为什么要去罗马呢？是因为有一个思想在指导着，影响着。我们一

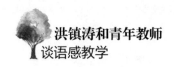

定要纠正教师中普遍存在着的一个误区：认为研究教育思想是专家学者的事，与一线教师无关；学名家，只学其技巧、方法，不学其思想精髓；一旦模仿没有效果，就认为"学名家也没用"。

为什么思想得不到重视？由于思想不能直接用于课堂实践。正是因为思想不能直接用于教学，所以教师对思想的学习就不感兴趣、就虚化弱化了。

在实际教学中教师更重视的是教学的方法或教学的操作，如，怎样导入新课更能激发学生的兴趣、怎样设计问题更容易被学生接受、怎样的课堂语言更能激发学生的学习热情等。喜欢看课例的设计、教学片段的赏析、教学策略、教学操作类的文章，参加培训最喜欢听的是名师的课、教材辅导、教学经验类的介绍等。

其实谁都知道，如果没有思想作支撑，哪来的精彩课例？哪来的名师？哪来的精美教材？其实谁都知道，我们之所以喜欢课例和名师，是因为他们把思想诠释了，他们把思想转化成了教学行为，成了我们看得见、摸得着的东西。如同一个活生生的人有血有肉会说会笑，而不是白骨一堆；一座大厦有精美的装饰华丽的外表，而不是钢筋骨架；一桌饭菜色香味俱全营养丰富，而不是白米生菜。

远在武汉的洪镇涛与千里之外的内蒙古有着千丝万缕的联系。20 世纪 60 年代初他所工作的吉林省白城子与内蒙古的乌兰浩特毗邻；80 年代后至新世纪的前十年，他无数次地到内蒙古的呼和浩特、包头、赤峰等地讲学、做示范课，那仍然是一种"智力支边"；在赤峰市有若干校长、教研员持续多年研究洪镇涛先生的语文教育思想，如韩树培、徐长林、刘国辉、巴易尘等。

我做过七年的中学语文教师，从事教育杂志（特别是语文教学研究）稿件的编辑已经二十六年，杂而不专，浅尝辄止。2004 年，曾经与丁培中先生商议过梳理 100 年来最重要的语文教育思想，后丁老师不幸英年早逝，一直到 2006 年才在赤峰市召开了一个小范围的、民间性的、草根性的研讨会。我们斗胆归拢了一下，觉得从清末、民国直到今天的百年间以下四个方面的语文教育思想应该是最有价值的（当然不排除还有其他有价值的思想）。

一是叶圣陶先生的"教是为了达到不需要教""教材无非是个例子"（据考证最早是夏丏尊提出的），这几乎达到了"教育哲学"的高度，不仅适用于语文教育，似乎也适用于其他学科。无须赘述。

二是河北张孝纯老师的"大语文教学观"。

"大语文教育观"是已故张孝纯先生创立的一种带有突破性的母语教育思想。"这种思想主张语文教学要以课堂教学为轴心，向学生生活的各领域开拓、延展，全方位地与他们的学校生活、家庭生活和社会生活有机地结合起来，并把教语文和教做人有机地结合起来。"这与美国学者所说的"语文的外延和生活的外延相等"有异曲同工之妙。当然，在此之前，不少有识之士提出过类似的观点。只不过"集大成者"是张孝纯老师。

"大语文学习观"告诉我们：语文课堂教学不等于语文学习；母语学习不是从零开始的，时间上是从生到死，空间上是任何有人的环境里、任何人都可能是学生的老师！拓展了语文教学的外延。

第三个应该列为语文教育思想的是"一课一得，得得相连"。

该思想是 20 世纪 80 年代初期华东师大一附中特级教师陆继椿先生提出的，得到了华东师大校长、著名教育家刘佛年先生的肯定。

他的理论依据是，语文教学因其文本所包含的信息极为庞杂，上涉天文，下至地理，三教九流，无所不包。所以在教学中容易出现"面面俱到"的现象，教师唯恐遗漏掉知识点，导致语文课目标模糊，内容庞杂，课堂臃肿，师生疲惫。表面上"多得"，实际上"一无所得"。因此，他提出"弱水三千我只取一瓢饮""一课一得，得得相连"的语文教学思想，即为语

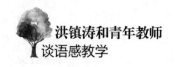
文课堂教学"减肥",每节课教学目标要单一,教学任务要简化,主题要明确,一节课让学生有"一得"即可,无数个"一得"相连就会形成知识链、能力链,从而形成语文素养。

为了实践这种的思想,他们编辑了"双分"(分类集中、分阶段进行语言训练)教材,80年代全国曾有两百多所学校参与其中,持续十年之久。80年代后期人教社修订初中语文教材时,吸取了"得得派"教材的不少"合理内核",如,每个单元前加一个"单元提要",以提示学习的目标;单元不再以文体归类,而是以写作题材、表述风格组合等。这与20年后《课标》提出的"用教材教,不是教教材"有契合之处。"教教材"就会使课堂变得臃肿不堪,贪多嚼不烂;"用教材教"才能把教材作为"例子",举一反三,完成知识储备、能力训练、素养形成中的某个目标。

四是洪镇涛的"学习语言不是研究语言"的观点,以及与此相关联的"语感论"。第一次听到前者时,我拍案叫绝:这可说到点子上了!语文教学的少慢差费不就是因为"研究语文"的结果吗!

洪镇涛认为,学生来学校上学是"学习语言"的,而不是"研究语言"的。"研究语言"是专家学者的事,不是普通国民教育的任务。而且两者的途径、目的、方法全不一样。

"学习语言"通过感受、领悟、积累语言材料(即"吸收"信息,其途径是听、读)和运用语言("表达",其途径是说、写)来提高语文能力。而"研究语言"是针对语言材料和语言现象,从不同方面、不同角度揭示其规律。前者要求大量接触语言材料并化为己有,注重感受,领悟、积累;后者是从语言材料中抽取系统的语文知识,重在归纳、分析、比较。前者重语感,强调直觉;后者重分析,强调理性。

"学习语言不是研究语言" 是在语文教学重理解轻积累,重分析轻实践、追求讲深讲透忽视自悟自得的现状下提出的,公正地说,他对语文教学弊病的诊断可谓一语中的。这个思想的提出，在语文教育史上是举足轻重的，廓清了在语文教学天空的迷雾，明确了语文教学的终极目标。

一个游泳教练员不会认为运动员水平是掌握系统运动学知识来提高的，而是靠实践、操作、领悟（加之必要的点拨）、积累（经验、技巧），循环反复，逐步提高的。

曾经看到启功先生的一段话，说他给学生上课，常常是一遍又一遍地吟诵要讲的诗词，让学生感受体味，很少做繁碎的诠释。他说："一篇作品，如果没有很好地感受它的文字之美、声律之美，就急着分析什么思想性、艺术性，实在是得不偿失。"真是"英雄所见略同"！

洪镇涛先生并不一味地反对研究语言，他所说的"研究"不同于我们今天所说的"探究"，指的是教师那种学者式的烦琐分析。另一层意思是，教师的"分析研究"不能代替学生 "学习语言" 的实践。诚然，学习语言和研究语言有本质的区别，但教学中也绝非泾渭分明，互无往来。学习语言强调积累、实践、自悟自得，但也离不开教师引导学生体会语言的表达方式。而这时的"研究语言"，指向的目标不是语言内部的规律，而是语言表达效果之妙。

可见，"研究语言"有时候是必须的，它可能是"学习语言"的一种方式。比如说，通过孩子们的研究，达到品味、比较、涵泳的目的。与课改以来倡导的"探究式学习"并行不悖。

洪镇涛的观点针对的是语文教学中存在的长期性的、全局性的失误——以指导学生"研究语言"取代组织和指导学生"学习语言"，以对语文材料（包括内容和形式）的详尽剖析取代学生对语言材料的感受和积累，构建了以"学习语言"为核心、以语言和人的发展为本体的语文教学新体系。洪先生认为，组织和指导学生"学习语言"包括两个方面的内容：一是培养学生正确地理解祖国语言文字的能力；二是培养学生正确运用祖

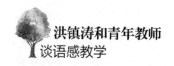

国语言文字的能力。这两个方面的任务，"就是语文教学的根本任务"。即通过听、读教学中的感受、领悟、习得来积累语言材料，从而培养学生理解祖国语言文字的能力；通过说、写教学中的表达来培养学生运用祖国语言文字的能力。

为落实"学习语言"的根本任务，最好的方法就是"重视语感教学"。所谓语感教学，就是以培养语感为主要目的的教学活动。语感教学包括语感分析和语感实践两个方面：语感分析，不是做语言表面特征的分析，如这是什么词性，这里用了什么修辞手法，这是什么句式，这里用了怎样的表达方式等，而是分析语言的语境意义，分析语言的使用。语感实践，就是让学生去接触、感受语言材料和运用语言，也就是让学生多听、多读、多说、多写成套的语言。

"学习语言"教学思想的意义在于：

第一，"学习语言"这个教学思想完全符合"课标"中强调的"语文课程应培养学生热爱祖国语文的思想感情，指导学生正确地理解和运用祖国语文，丰富语言的积累，培养语感，发展思维，使他们具有实际需要的识字写字能力、阅读能力、写作能力、口语交际能力"的要求。

第二，虽然"语文课程有目标多元的特点，有知识目标、能力目标、德育目标、情感目标、审美目标等"，"但抓住了'学习语言'这个根本目标，就可以使多元目标在语文教学过程中达到和谐的统一。"（钱梦龙《学习语言：语文教学本体的回归》）

第三，语文本体教学新体系"走出了一条语文教学民族化之路"。

第四，"'学习语言'在信息时代仍然有着无可替代的意义"，只要"瞄准了'学习语言'这个目标，实实在在地提高学生对语言文字的理解，语文教学的现代化就有了一个切实的'抓手'"；"语文教学本体改革特别重视文化熏陶，而文化熏陶正是现代语文教育体现人文关怀的基本途径"；

"语文教学本体改革充分体现了学生主体的现代教育理念。"

洪镇涛先生为构建我国民族化、科学化的语文教学新体系而努力的主张和创见，是在语文教学本体上进行的一次深刻改革，如果这一变革得以在全国范围内实现，成为大部分语文教师的教育行为，那么，语文教学就会得到根本上的改观。当然，这很难！

洪镇涛先生和所有那些为母语教育的变革做出过贡献的人，他们的思想精髓，是我们中华民族一笔巨大的精神财富，更是每一位语文教育工作者的巨大财富。我们该将他们的思想化为实践，将少数人的理解、认同、研究化为更多人的教育行为。让思想真正拥有力量！

（作者系《内蒙古教育》主编 ，著名教授。）

能够引领一次潮流已属不易，然洪镇涛先生却历三次浪潮而依然立于潮头，"手把红旗旗不湿"，殊为难得。

变革时代的语文需要大师引领

张新强

"我们已经走得太远，以至于忘记了为什么出发。"

纪伯伦这句话，人们在反思近年来的教育改革时，时常引用。新时期以来的三十多年间，语文教育经历了三次改革浪潮。每一次浪潮都催生出一批勇立潮头的弄潮儿，《增广贤文》云："长江后浪推前浪，世上新人换旧人。"能够引领一次潮流已属不易，然洪镇涛先生却历三次浪潮而依然立于潮头，"手把红旗旗不湿"，殊为难得。在新课程实验如火如荼的当下，研究洪镇涛先生语文教育思想，回望洪氏为新时期语文教育所做出的杰出贡献，于语文教育大有教益。

1. "学堂论"

长期以来，支离破碎的分析、连篇累牍的讲解，成了语文课堂的常态，似乎忘记了教育的对象是学生。这就如同美食在前而不让其品尝，任你大谈其好处，学生始终难解个中滋味。

早在 20 世纪 80 年代初，洪先生就提出了"变讲堂为学堂"的主张，认为语文教学过程的本质是教师指导下的学生自学，学生是语文教学的主体。为了"变讲堂为学堂"，他建立了以自学为主的"五环节"课堂教学结构：提示、设问—阅读、思考—讨论、切磋—归纳、总结—练读、练写；并在教学上实行"三变"：变"全盘授与"为"拈精摘要"，变"滔滔讲说"为"以讲导学"，变"默默聆受"为"研讨求索"；方法论上，将"学堂论"具体化为"八字教学法"："拈"（拈精）、"讲"（讲解）、"点"（点睛）、"拨"（拨窍）、"逗"（激疑）、"引"（引导）、"合"（综合）、"读"（阅读和诵读）。

"学堂论"的实质是以学生为主体，即学生是学习的主人。语文教育本体论认为，学生在教学中的主体地位，更多的是从语文教学的个性和本质出发的。语文教育的本体是语言，学习语言的途径是"感受—领悟—积累—运用"，这就必然要求语文教学要以学生为主体，让学生感受语言，领悟语言，积累语言，运用语言。从而培养学生的语感，提高理解和运用民族语言的能力。决不能以教师为感悟代替学生的感悟，以教师的"讲授"代替学生的"学习"。

1900 年，在《学校与社会》一书中，杜威说："我们教育中将引起的改变是重心的转移。这是一种革命，这是和哥白尼把天文学的中心从地球转到太阳一样的那种革命。这里，儿童是中心，教育的措施便围绕他们而组织起来。""在学校生活中，儿童是起点，是中心，而且是目的。"

20 世纪 30 年代，杜威的学生、人民教育家陶行知继承和发展了"儿童中心"论，提出"六大解放"，认为教学必须确立学生的主体地位，把学习的基本自由还给学生。因此，要解放学生的头脑、双手、眼睛、嘴巴、时间、空间，使学生成为学习的主人。"先生的责任不在教，而在于教学，而在于教学生学。教的法子必须根据学的法子。"但是，国民党的党化教育，使教育成了政治的附庸；新中国成立后的苏联模式一统天下，改革开放初期，国门大开，各种教育理念蜂拥而至，让人莫衷一是，洪先生的一声呐喊振聋发聩。然而理想很丰满，现实很骨感，时至今日，"学为中心"的思想还远没有占到主导地位，"学堂"理念深入人心尚待时日。

在构想"促进有效学习"课堂变革项目时，本人将洪先生的"学堂论"作为贯穿整个方案的红线。虽然从实验到全面推行，方案几易其稿，不断完善，但"学为中心"的基本指导思想并未改变。

近几年来，我将主要精力集中在骨干教师队伍建设方面。为了发挥名师的辐射作用，我们设立了"特级教师大讲台"和"名师大讲堂"，为骨干教师课堂教学和学术讲座搭建平台。一段时间后，我和同事们发现"讲台"和"讲堂"都侧重于"讲"，学生的主体作用不突出。于是将二者整合，更名为"名师大学堂"，既有"学为中心"的课堂教学展示，又有紧贴"学堂"的专家讲座，还有线上线下的评课和互动，教学理念实现了由"讲"向"学"的转变。

无论是在本人主持的语文名师工作室，还是在全市的名师工作室建设中，我都主张学员的个性发展，要求每个学员要根据自身的特长，量身定做专业发展规划，导师因材施教，因势利导，帮助学员实现专业成长。八年来，温州名师工作室建设已有全国影响，《中国教师报》和中国新闻网等媒体对此做过多次长篇报道。

关于"学堂论"，洪先生谦虚地说：这些主张都只是从教育的角度，从各学科共性的角度，从解决教与学的关系的角度提出来的。言下之意是，"学堂论"并不是专门针对语文教育而言的，其"语文性"还不够强。但从笔者看来，这恰是洪先生基于语文教育，又跳出语文教育，站在更高、更广的角度提出的，是洪先生对于整个教育的一大贡献。

2.“本体论”

“语文课的本体是语言……语言是个载体，它承载着思想、情感、知识、文化，在学习语言的过程中，自然会接受相应的思想、情感、知识、文化。‘学习语言’是语文课有别于其他课程的个性和本质特征……至于思想教育、思维训练、审美陶冶、知识传授等，都是派生的任务，是在教学生学习语言的过程中体现出来的，是与‘学习语言’自然地和谐地融为一体的。”洪镇涛先生虽然承认“派生”的任务也很重要，不可偏废；但他更强调：“根本任务”和“派生任务”不是平列的“姊妹关系”，而是包孕的“母女”关系。学习语言是母体，其他几项是包孕在语言学习过程中的。

新时期以来，我们好不容易走出了僵化思想的桎梏，却很快就走入了自我膨胀的怪圈，觉得语文“无所不能”，肩负了太多太多的任务。这样一来，学习语言这个本体，反而被掩盖了。

古希腊神话中有一个巨人，他是大地的儿子。大地母亲赐予他无穷的力量，没有谁能够战胜他。但有一次，他的对手将他诱到空中去决斗，双脚离开了大地的巨人无法再从母亲那里获得力量，最终战败被杀。离开了大地母亲的怀抱，即便是神勇无比的巨人也会不堪一击。何况语文不是巨人，离开了“学习语言”这个母体，就无法生存。

直到今天，笔者还对二十年前洪先生执教《雷雨》时的情形记忆犹新：课文节选的虽然只是整部《雷雨》的一幕，但一万余字的篇幅，使许多语文教师不知从何下手。而且，从戏剧的体裁特点、思想内容、人物性格、社会意义各方面出发，似乎都大有文章可做。洪先生举重若轻，只紧紧抓住人物个性化语言这个“牛鼻子”，就让这头笨重的“牛”服服帖帖的了。我情不自禁，一挥而就，写下《走出“雷雨”》一文，发表在《中学语文》杂志；并与同行的全县各普通高中教导主任当场商定，将高一年级全部纳入实验范围。

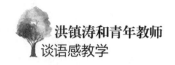
"如果脱离语文教育的本体——语言，而去一味追求'人文'，那必然会导致语文课的异化。"洪先生似乎对语文教育中的"泛人文化"问题早有预见。语文新课改起步之初，一些老师对文本望上两眼就畅谈心得，放纵学生脱离文本"个性表达""独特感受""情感体验"，语文教育成了无本之木：上《兰亭集序》热衷于与学生对话王羲之的书法；上《六国论》抛开文本跨越千年进行所谓教学对话；上《失街亭》大半时间用于讨论"失街亭谁之过"……各种所谓的新理念新思想新招术泥沙俱下鱼目混珠。为了拨乱反正，我们专门召开大会，请洪先生到温州授课和讲座。大师的引领，使温州的语文教改少走了许多弯路。

为了使"学习语言"落到实处，洪先生编写了语文新教材，让学生学习"精粹语言"（通过诵读古汉语精品，奠定语言及文化功底）、"目标语言"（通过阅读现代名家名作，揣摩语言，提高语言素养）和"伙伴语言"（通过口语交际，直接模仿运用，提高语言操作能力）。课改以来，关于"精粹语言"的定位出现了严重的偏差，在语文教材编写中，表现为打着"推陈出新"的旗号，大量减少古汉语精品的数量。以人文主题组元的苏教版语文必修教材96篇课文中，文言作品仅27篇（含4首诗词），占28%；鉴于这种情况，浙江的有识之士，将一些经典文言文补充到教学计划之中。人教社初中语文的169篇课文中，仅39篇古诗文，占23%；今年秋季开始实施的由温儒敏教授主编的人教版初中语文教材，古诗文一下增加到124篇，占所有选编的近52%。古汉语是现代汉语的根，文言文是"长效补品"，通过长期反复品味揣摩，奠定文化底蕴。洪先生和温先生"年相若也"，对语文课程建设也"英雄所见略同"，不知是早有沟通，还是一种默契。

现在，新的《普通高中语文课程标准》虽然还没有出台，但权威人士已透露相关信息，"语文核心素养"包括"语言建构与运用""思维发展与提升""审美鉴赏与创造""文化传承与理解"等四个方面。于是新的问题又来了——四个方面的"核心素养"是并驾齐驱的吗？哪个是基础和载体？哪个是渗透其中？哪个是派生出来的？"核心素养"时代来临，我们需要冷静思考。

在笔者看来，以洪先生的"本体论"观之，则问题迎刃而解：在四项"语文核心素养"中，"语言建构与运用"（即洪先生之"学习语言"）无疑是本体（或称"本分"），它包括积累与整合，语与语理，语境与交流。要求在丰富的语言实践中，通过主动的积累、梳理和整合，逐步掌握祖国语言文字特点及其运用规律，形成个体的言语经验，在具体的语言情境中正确有效地运用祖国语言文字进行交流沟通。

"思维发展与提升"包括直觉与灵感、联想与想象，实证与推理，反思与创造。要求在语文学习过程中获得思维能力发展和思维品质的提升；语言的发展与思维的发展相互依存，语言是思维的工具。

"审美鉴赏与创造"包括体验与感悟，欣赏与评价，表现与创新。语文活动是人形成审美体验、发展审美能力的重要途径。在语文学习中，学生是通过鉴赏文学作品、品味语言艺术而体验丰富情感、激发审美想象、感受思想魅力、领悟人生哲理，并逐渐学会运用口头语言和书面语言表现美和创造美。

"文化传承与理解"包括意识与态度，选择与继承、包容与借鉴，关注与参与。文化传承与理解是指学生在语文学习中，能继承中华优秀传统文化，理解、借鉴不同民族和地区的文化，以及在语文学习过程中表现出来的文化视野、文化自觉和文化自信的态度。

由以上分析不难看出，"语言建构与运用"是"本体"，"思维发展与提升"以语言为工具，"审美鉴赏与创造"以语言为途径，而"文化传承与理解"则是从语文学习中派生出来的——在"核心素养"时代即将到

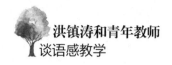
来之际，洪先生以其远见卓识，为我们指出了正确的航向。

3. "语感论"

在以往的语文教学大纲中，对"语感"视而不见或避而不谈，2002 年公布的《九年义务教育语文课程标准（实验稿）》第一次提出并强调语感培养。洪先生谦虚地说"这为我们于 20 世纪 90 年代初倡导并逐步发展起来的语感教学实验，提供了有力的支持"，然而依笔者愚见，应该是洪老师为旗手的"语感派"十年的教改实验获得广泛认同，而课程标准正好体现了这一成果。2002 年版课程标准共 6 处提到"语感"，而 2011 版的课程标准则 8 次提到"语感"。上文所引的关于"语文核心素养"的简要阐述，"语感"一词也出现了两次。

笔者是语感教学的自觉也是执着的追梦者。不仅 20 世纪末即参与实验，还蒙先生不弃，参与主编《洪镇涛语感培养教程》，并为《洪镇涛语感教学实录》点评，使我有机会向同样参与编写的大家学习和请教；又应《中学语文教学》杂志之约，作《语感教学的魅力》。后来，与浙江师范大学王尚文教授相识，成为忘年之交，似乎冥冥之中与"语感论"有一种割舍不断的缘分。两位先生相差仅 2 岁，洪先生自 1993 年开始语感教学实践，二十余年来惠及全国 20 多个省市数十万师生；王先生则致力于语感教学理论研究，1995 出版著作《语感论》，十余年间修订 3 次，探讨语感的性质、类型、地位和作用、心理因素、语感的形成与培养问题。跟随大师的旅程，感觉"风景这边独好"，内心充实丰盈。

说到语感，一般人都觉得很玄，看不见摸不着，洪先生却想出了一套妙法将其牢牢地"抓住"。他把语感分为分寸感（规范确当感、逻辑严密感、适境得体感）、和谐感（多样统一感、搭配相宜感、生动流畅感）、情味感（文情感、文质感、文势感、语味感）三大类；建立了一套语感教学常模：感受语言，触发语感—品味语言，生成语感—实践语言，习得语感—积累语言，积淀语感；他还创造了一套语感分析技法："加一加""减一减""换一换""调一调""联一联""改一改""读一读"，通过比较、推敲、品味，以形成语感。这样就为语感大厦的建设提供了脚手架。

10年前，在本轮课程实施之初，我在全市推出"新课程样本课"，其中有些课例，温州的语文教师至今耳熟能详。如苏教版高中语文教材中，将《念奴娇·赤壁怀古》中的"樯橹灰飞烟灭"改成了"强虏灰飞烟灭"，我指导的样本课中有一个这样的环节：让学生比较"樯橹"与"强虏"孰好，学生的回答出乎意料的精彩："强虏"虽能体现出对手的强大，但意蕴却比"樯橹"相差何止千万里！"樯橹"与后文的"灰飞烟灭"搭配得当，语意连贯；且体现出火攻的特点，战争场面如在眼前。后来，在教材出版单位召集的研讨会上，我举了这个例子，赢得了与会者不少掌声。其实，明眼人一看就知道，这里采用了洪先生的语感分析技法——"换一换"：置换课文的字词，让学生比较、推敲、品味语言使用的妙处，形成语感。

在二十余年的语文教研生涯中，我总会自觉不自觉地将洪先生的"语感论"渗透其中。如汪曾祺的《胡同文化》，教材要求以概括胡同文化的特点为教学重点。但胡同文化封闭、易于满足的特点，如果只作抽象的概括，学生难有真切的感受；执教者思路受到教材束缚，没有从语文的特征出发进行设计。我建议他好好琢磨，特别强调"要读出北京人的满足感"（因为这最能体现出胡同文化的特点），还以"臭豆腐滴几滴香油，可以待姑奶奶。虾米皮熬白菜，嘿！"为例，仅一个"嘿"字，不同的读法，感觉就大不相同。他的课受到大家的一致好评，其中最出彩的地方，恰恰是对一个"嘿"字不同读法的揣摩，"读一读"，文章便境界全出。2006年，刚刚三十出头的他即被评为浙江省特级教师。同样的技法，被两位语文教师分别用于执教的《声声慢·寻寻觅觅》《迢迢牵牛星》与《鹊桥仙·纤云弄巧》比较阅读，分别获得全国中语会和中国语文报刊协会课堂教学比

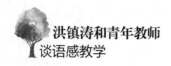

赛一等奖。十年课改，我市一大批优秀的高中语文老师脱颖而出，在全省课堂教学、论文、案例等比赛中屡获佳绩，涌现出特级教师、教授级中学高级教师、市级名师二十余名，令全省语文同行刮目相看。

　　面对关于语文教育的种种杂音，我们需要洪氏洪亮的呐喊；面对语文教改的重重阻力，我们需要洪氏洪荒之力来摧枯拉朽；身处变革时代的语文，需要洪氏这样大师的引领！

　　　　　　　　（作者系温州市教师教育学院党委书记，著名教授。）

为实现汉语文教育的科学化、现代化、民族化而奋斗，是他终身以之的事业。即使退休多年，他依然不遗余力，带领或逢导着他的教改团队不停地探索着，在『语文人生的长征』中续写着新的光彩篇章。

8 语文人生的长征

曾祥芹

恰逢红军长征胜利 80 周年纪念之际，2016 年 10 月 30 日在武汉市第六中学举行"洪镇涛先生从教 60 年暨语文教育思想研讨会"。这意味着一位普通中学教师成长为我国当代著名语文教育家的奋斗史，也是"语文人生的长征"史。

洪先生从 1956 年踏入杏坛，至今已从教 60 年。笔者虽长洪先生一岁，但至今教龄才 58 年（中学 22 年，大学 36 年）。彼此的语文教育经历，共同见证了新中国语文教育的曲折发展史。他的语文教改硕果尤使我感同身受，钦佩有加。

20 多年前，凭借马鹏举《教海弄潮》一书，我就"以文会友"见识了这位能镇住惊涛骇浪的语文教改弄潮儿。1993 年，读过洪先生的论文《是学习语言，还是研究语言——浅论语文教学中的一个误区》（《中学语文》

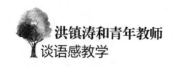

第5期），大受启发，我立即响应，向该刊主编邹贤敏教授投稿，第6期便发表了拙作《在文章运动中学习语言》。洪先生写道："学习课文的目的，无非是积累语言材料，扩大知识见闻，借鉴写作方法，训练思维能力，陶冶思想情操；而这些，都可以统一和落实在对文章的感受和领悟上，统一和落实在语感训练（包括语感实践和语感分析）之中。"这里的两个"统一和落实"可谓学术的接轨，不但把"文章教育"与"语感训练"凝结成一体，而且让专研"文章学与语文教育"的我和创立"语感教学流派"的他不约而同地行进在语文教改的征途上。

1997年，我在河南师范大学主讲《语文课程与教学论》时，就针对王丽主编的《中国语文教育忧思录》，构思《中国语文教育乐思录》，认定忧思敲响警钟，乐思唤起信心。于是草拟了"中国当代语文教学九大流派"：以于漪、欧阳代娜为代表的情感派，以钱梦龙为代表的导读派，以宁鸿彬为代表的思维派，以魏书生为代表的管理派，以洪镇涛为代表的语感派，以程汉杰为代表的快读派，以杨初春为代表的快写派，以武镇北为代表的目标教学派，以姚竹青为代表的大语文教学派。后来申报成国家教委人文社会科学研究"九五"规划项目，责成我的接班人张正君教授写成《中国当代语文教学流派概观》一书，由我作序，中国社会科学出版社2000年出版。洪镇涛先生就是当代语文教学"茫茫九派流中国"的"语感派"领袖人物。其特征是复兴了"语言、文章、文学"三育并举的语文教学本色，即在"双文（文章和文学）教育"中让学生打好"汉语言"吸收和表达能力的坚实基础。洪先生堪称近几年全国热议的"真语文"的教改先驱。

为开辟高师院校"语文课程教学论"与"中小学语文教改实践"彼此结合的"绿色通道"，我在新乡市与武镇北、穆鸿富、张正君配合默契，连续几十年举办了50多场《语文教改名师报告演示会》，几乎请遍了全国老生代和新生代语文名师（如程翔、李镇西等）。单说洪镇涛先生就莅临新乡讲学和作课两次：1999 年 4 月讲《语文教学要姓"语"》，上《为学》示范课；2011 年 9 月讲《我的教育思想和教学艺术》，上《乡愁》示范课。这种直面的聆教，让我加深了对他的"语文教学本体论"的认识，领会到语文教学既姓"语"（语言），又名"文"（文章和文学），如孟子所言"姓所同也，名所独也"（《尽心章句下》），知姓知名，方能完整地把握语文教育的特殊规律。

对于洪先生创立"语感教学流派"的独特贡献，我有三点感悟就教于同行：

"语言依存于文本母体。"可以跨越时空进行传播的"语言"总是储存在"文章"和"文学"的文本之中。汉语音韵、文字、词汇、语法、语体、修辞、逻辑的学习，始终离不开文本的母体。就职于文本组织的各种语言才是鲜活的语言。因此，洪先生的"语感"说涵盖着"文感"和"美感"、"语识"和"语用"，兼顾着"生活语言""文章语言"和"文学语言"的全面训练。

"语理寄生于篇章语感。"洪先生对学生强调"学习语言"，训练敏锐的"语感"，而对教师要求"研究语言"，掌握系统的"语理"（语音学、文字学、词汇学、语法学、语体学、修辞学、逻辑学知识）。依据汉语的非形态性特征，他坚信"语理寄生于语感"，坚持在文章和文学的读写听说中让学生习得鲜活的语文常识。在靠"语感"体会"语理"，又用"语理"引领"语感"训练的关系处理上，洪镇涛超越了王尚文的《语感论》。

"教学上升为教材开发。"在"语文理念课程化、语文课程教材化、语文教材教学化、语文教学素质化"的四重转化中，洪先生发挥"实践出真理"的优势，勇于逆向转化，由一线教师升格为教材编审，主编出版了 92 本开明版中小学生语文实验教材（包括 68 册课本和 24 本教参，计1000 多万字），在 20 多个省市的语感教学试验基地上，取得了出人意料的效果。这一惊人成就使他超越许多特级语文教师，有资格载入中国语文

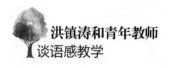
教育史册。

洪先生的语文教改业绩是辉煌的，其语文教育理念是先进的。笔者常以交往这位语文教育家为荣。为实现汉语文教育的科学化、现代化、民族化而奋斗，是他终身以之的事业。即使退休多年，他依然不遗余力，带领或遥导着他的教改团队不停地探索着，在"语文人生的长征"中续写着新的光彩篇章。

（作者系《河南师范大学学报》原主编，中国阅读学研究会、中国文章学研究会原会长，中国高等教育学会语文教育专业委员会顾问，中国图书馆学会科普与阅读指导委员会顾问等。致力于文章学、阅读学、语文教育学研究。）

洪镇涛先生是我国当代语文教育教学的一座丰富的宝库，一座高山，作为语文人，我们有责任、有义务来传承洪先生丰赡而宝贵的语文教育思想，有责任、有义务来传承洪先生的语文教学理论、教学方法、教学艺术，让其发扬光大，变成更广泛的社会财富，从而惠及更多的语文教师和学子！

洪镇涛语文教育思想及对我国语文教育的卓越贡献

王先海

洪镇涛先生是我国当代语文教育教学的一座丰富的宝库，一座高山，作为语文人，我们有责任、有义务来传承洪先生丰赡而宝贵的语文教育思想，有责任、有义务来传承洪先生的语文教学理论、教学方法、教学艺术，让其发扬光大，变成更广泛的社会财富，从而惠及更多的语文教师和学子！

洪先生长期致力于中小学语文教育改革，对我国语文教育做出了四大贡献。

第一大贡献：创立了"变'讲堂'为'学堂'，变'研究语言'为'学习语言'"的语文教育本体论（亦称学习语言论）。

洪镇涛先生在 20 世纪 70 年代末，即 1978 年，在全国率先举起语文教改的大旗，开展语文教学改革。80 年代初，洪镇涛先生被评为湖北省语文特级教师。与此同时，他提出了著名的"变讲堂为学堂"的教学主张，

实施课堂教学结构的改革，解决了各学科的一个共性问题，即教与学的关
系问题。他认为，教学过程的本质是教师指导下的学生自学。为此，他建
立以自学为主的五步课堂教学结构：提示设问—阅读思考—讨论切磋—归
纳总结—练读练写。在课堂教学上实行"三变"：变"全盘授与"为"拈
精摘要"，变"滔滔讲说"为"以讲导学"，变"默默聆受"为"研讨求索"。
创立八字教学法："拈""讲""点""拨""逗""引""合""读"。

　　洪镇涛先生的演示课和学术报告传遍大江南北。但是他从未满足，为
探索真理，他敢冒风险。于是，1992 年他又发表了振聋发聩的《是学习语
言，还是研究语言——浅论语文教学中的一个误区》一文，提出了"变研
究语言为学习语言"的主张，实施语文教学本体改革，解决了语文学科的
个性和本质问题，即语文课教什么、怎么教，学什么、怎么学的问题。又
一次站在了语文教改的前沿，让自己的事业掀起了又一个更高的浪峰。这
在当今中国语文教育改革家中是绝无仅有的！

　　在 2016 年 10 月武汉市教育学会举办的"著名教育家洪镇涛先生语文
教育思想研讨会暨从教六十年纪念"活动上，《中学语文》杂志原主编邹
贤敏先生在《教坛不老松》的贺信中，回顾了新时期以来的三十多年间，
语文学科和语文教学经历的三次改革的浪潮，这样评价洪镇涛先生和他的
语文教学改革："新时期以来的三十多年间，语文学科和语文教学经历了
三次改革的浪潮，每一次浪潮的生成都是以一批教改精英的涌现为标志的，
他们开风气之先，领潮流之先，为我国基础教育的发展做出了各自不可替
代的贡献。回顾语文教改的历程，的确是江山代有才人出，各领风骚七八年。
但洪镇涛先生是一个例外。在 20 世纪 70 年代末至 80 年代以拨乱反正为
主要任务的第一次浪潮中，镇涛先生提出了'变讲堂为学堂'的系统主张，
形成了有自己特色的'八字教学法'，被我国语文教学法奠基人、北师大
教授叶苍岑先生誉为'体现了语文教改的方向'。那时他尚年轻，但已崭

露头角,英气逼人。20世纪90年代初,镇涛先生提出了著名的'学习语言'论,并在之后几年里付诸实践,探索把教改的重心自觉地直接推向本体层面,基本形成了本体论的语言教学新体系。那时的他,高举语文本体改革的大旗,生气勃勃,独领风骚,把开始下行的语文教改推上了深化的轨道,掀起了不大也不小的第二波改革浪潮。21世纪以来,在以课程改革为主要内容,新一代教改精英登上历史舞台的第三次浪潮中,镇涛先生不知老之已至,以坚忍执着的精神逆袭教坛:扩大教改试点,讲学,上示范课,编写新教材,为推广语文本体改革不遗余力,并在实践中进一步完善本体论的语文教学新体系。人们惊奇地看到,他仍然是'精神抖擞,两眼放光',老而弥坚,屹立不倒。一个改革者,能在一波浪潮中脱颖而出,有所作为,已是大不易;如果他能横跨两波浪潮,不间断地贡献力量,那肯定是凤毛麟角的人中英杰;再如果他在三波浪潮中都能独树一帜,并持续产生重要影响,那只能是一个传奇。洪镇涛先生用自己的思想、智慧和毅力为我们书写了一个语文教改的不老传奇。他就是中国教坛的一棵不老松!"

《内蒙古教育》杂志梳理从清末、民国至今百年来最重要的语文教育思想,认为洪镇涛先生的 "学习语言不是研究语言"的观点,以及与此相关联的"语感教学论"属于从清末、民国至今百年来四个最有价值的语文教育思想之一(其他三者为叶圣陶先生的"教是为了达到不需要教";张孝纯先生的"大语文教学观"和华东师大陆继椿先生的"一课一得,得得相连")。该刊主编孙志毅先生认为洪先生的语文本体教学新体系"走出了一条语文教学民族化之路", "'学习语言'在信息时代仍然有着无可替代的意义"。

全国中语会原理事长、人民教育出版社编审张定远先生评价洪镇涛作为一名语文教育家,具有"执着追求,不断自我超越,年愈老而业愈进"的优秀品格。

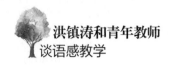
在语文教学改革的实践中，洪老师在不断地完善和丰富着他的语文教学本体论。1999 年初，洪镇涛先生在《语文教学与研究》发表《语文教学百年回顾》一文，文章历陈了百年来语文教学的沿革得失，回顾了新时期语文教学的改革的轨迹，明确指出新时期语文教改存在着严重的缺陷与不足。这就是：（一）忽视母语教学规律，过于求助于科学主义的思维方法，在追求科学化的道路上陷入了误区（如"目标教学""知识点""能力点""以知识为纲的单元组合"等）。（二）忽视对传统语文教学的研究、继承和发展。引进国外的新鲜理论和操作方法是必要的，但不能忽略母语教学的特点而生搬硬套。（三）对各学科的共性问题（例如教与学的关系问题）着力较多，解决得较好，但对语文教学的个性问题研究不够，认识不深，语文本体层面上的改革，远远没有深入。结论是，语文教学少慢差费的根子，在于始终没有把握住语文教学的本体，没有遵循好母语教学的规律。

面对语文教学严重的少慢差费这一严酷的现实，人们纷纷为它殚精竭虑，为它设计献策，为它号脉开方，表现了中国知识分子固有的忧国忧民、以天下为己任的精神品格。30 多年的语文教改史，便主要是由这些探索者、开拓者、改革者书写而成的。然而遗憾的是，我们始终没有把握住语文教学的真谛。现在，我们可以自豪地宣告：语文教学真谛，洪镇涛先生将它揭示出来了。

真理总是简单而朴实的，洪镇涛揭示的语文教学真谛，即："变'讲堂'为'学堂'，变'研究语言'为'学习语言'"，即"在学堂，学语言"。

两个"变"是有机统一的，这就是著名的语文教育本体论（亦称学习语文论）。《内蒙古教育》杂志主编孙志毅先生著文评论道："过去说'天不生仲尼，万古长如夜'，假如没有洪老师的'提醒'，我们将在语文教育上糊涂多少年呢！"

第二大贡献：创构了以"学习语言"为核心，以语言为本体、以学生为主体的语感教学新体系。

洪镇涛先生不仅在理论上创立了语文教育本体论，而且在实践上创构了语感教学新体系。洪先生把语感教学体系定义为，以语言为本体，以学生为主体，以语感训练为主要教学手段，以培养语感从而提高学生理解和运用民族语言的能力为主要目的的教学体系。

语感教学体系，有以下要点：

1.抓住一个根本。组织和指导学生学习语言，提高理解和运用民族语言的能力，是语文教学的根本任务，要始终不渝地抓住这个根本。

2.实施一种训练。即实施语感训练，包括语感分析和语感实践，二者并重。

3.遵循一条途径。那就是感受语言—领悟语言—积累语言—运用语言。

4.注重两个方面。一是注重对语言的直接吸收和积累，二是注重对语感的习得和积淀。

5.把握四个"结合"。即语感训练要与思想教育结合，语感训练要与思维训练结合，语感训练要与审美陶冶结合，语感训练要与知识传授结合。

6.加强一个"联系"。即加强语文教学与生活的密切联系。

7.建立一套常模。语感教学有一套常规的课堂教学结构模式，那就是：感受语言—触发语感；品味语言—领悟语感；实践语言—习得语感；积累语言—积淀语感。

8.设置七种课型。即：（1）语言教读品味课；（2）语言自读涵泳课；（3）语言鉴赏陶冶课；（4）书面语言实践课；（5）口头语言实践课；（6）语言基础训练课；（7）语言能力测评课。

9.运用多种方法。包括美读感染法，比较揣摩法，语境创设法，切己体察法，等等。

10.培养四项能力。即三项显性（看得见的）能力：阅读能力，写作能力，

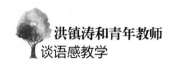
口语交际能力。一项隐性（看不见的）能力，即思维能力。

以上10项，包括了语文教学的根本任务，训练举措，教学途径，教学侧重点，语文教学如何处理内部和外部关系，语文课的常规结构模式，基本课型，常用方法和语文教学要达到的目的等，涉及语文教学的方方面面，构成了一个"民族的、科学的、现代的"完整的教学体系。

著名语文教育家钱梦龙先生著文评论道，"他（指洪老师）提出的语文教学本体改革的理念以及在实践基础上建构的学习语言的一套完整体系，不仅明确回答了困扰着当前语文教学的诸多问题，而且它的潜在价值，将会被实践进一步证实。"还说，"我觉得洪氏体系（洪镇涛语文本体改革教学体系的简称）实现了民族性、科学性、现代性的结合"。原全国中语会理事长、人教社资深编审张定远先生著文评论道："这是我迄今为止看到的最完整、最系统、最富创造性的有关学习语言的理论、途径和方法的论述"。又说："镇涛先生为构建我国民族化、科学化的语文教学新体系而努力的主张和创见，是语文教学本体上进行的一次深刻变革，如果这一变革得以在全国范围内实现，语文教学少慢差费的现象就会得到根本上的改观。从这一点说，历史将记下洪镇涛先生的功绩"。

这个语感教学体系，它既有深刻的理论内涵，又有实践这个体系的操作步骤与方法，具有极大的实践价值和可操作性。它既不是我国传统语文教育的翻版，也不是国外教育理论与模式的拼盘，而是根植于中国深厚文化土壤而又吸收了外来丰富养料的语文教育之花！它是"民族的、科学的、现代的"，又是我国语文教育史上前所未有的。它是洪镇涛先生传承与创新的一个杰作。语文教学本体论问世以来，愈来愈显示了它旺盛的生命力。语文教师欢呼它，拥戴它，并积极用它指导自己的语文教学。他们称赞它"抓住了语文教学的本质特点"，"使语文教学返璞归真"，"是汉语文教学的曙光"。应广大语文教师的要求，1998年，全国成立了一个隶属于中国教育学会中学语文教学专业委员会的学术团体——中国语文教学本体改革研究中心（"十一五"以来，"语文本体改革研究与实验"升格为中国教育学会直属课题，更名为"语感教学研究与实验"，中国教育学会颁发专题组印章）。开明出版社、《中学语文教学》杂志社（北京）、《中学语文》杂志社（湖北）、《语文教学通讯》杂志社（山西）都是它的常务理事单位。"语感教学研究与实验"经过二十余年的探索和实践，经历了"九五"（部分地区）以及"十五""十一五""十二五"三轮全国范围、二十余年的持续而卓有成效的滚动研究和实验，实验范围涉及内蒙古、山东、浙江、湖南、湖北、福建、广东、上海、南京等 23 个省市，逐渐形成了独具特色的语感教学理念和颇具学术价值、体系完备的语感教学体系。大量的数据和成果证明，语感教学不仅承继了我国传统语文以及老一辈教育家们的教育理念和教学精髓，同时抓住了语文教学的本质特征，形成了具体的操作性很强的语文教学的途径和方法，对于语文教学教改起到了巨大的推动作用。

在 2008 年"传承与创新：语感教学演示报告会"上，著名语文教育家程翔先生发来贺电说："在当前语文课程改革纵深发展的关键时刻，语感教学越发突显其重要意义。课改要想取得根本性的转变并获得彻底胜利，必须走语感教学的道路，这是不容置疑的。"

纵观中国当代语文教育改革家，或创立了自己的理论体系，或形成了自己的教学风格，或编写了有一定特色的语文实验教材，但是，既有一个理论体系，又有一个推广这个理论的学术团体，更有一套由这个理论指导而编写的语文实验教材，当属洪镇涛先生一人。

第三大贡献：创建并形成了我国语文教育的一个重要流派——语感教学流派。

洪镇涛先生不仅创立了语文教育本体论（语感教学理论）和创构了语感教学新体系，而且身体力行。几十年来，他被邀请到各地讲学，宣讲语

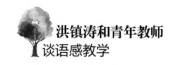
文教育本体论和语感教学体系，还亲自作教学示范。他的足迹遍布全国。他走到哪里，语感教学便推广到哪里；语感教学推广到哪里，便开花结果到哪里。几十年来，语感教学以其独特的魅力不断扩大着自己的影响。有越来越多的语文教师和语文教育工作者为之折服并趋之若鹜，积极加入语感教学研究与实验队伍。从而形成了我国语文教育的一个充满生机的崭新的重要流派——语感教学流派。

自 20 世纪 90 年代以来，洪老师及其团队在全国二十几个省、市、区建立语感教学实验基地，开展语感教学研究与实验。洪镇涛先生主持的课题"语感教学研究与实验"，先后被批准为中国教育学会"十五""十一五""十二五""十三五"科研规划重点课题，在全国范围内进行了一轮又一轮滚动实验。在全国范围内，先后建立起的实验基地除武汉市的数百所中小学外，还有湖北的十堰、安陆、鄂州、沙洋、宜昌；河南的巩义、济源、平顶山、洛阳、安阳；河北的霸州；湖南的长沙、衡东；山西的太原、长治；山东的淄博、博兴；江苏的南京；浙江的衢州、余杭、诸暨、象山、温州、缙云；广东的顺德、深圳宝安；福建的南平；安徽的淮南；四川的雅安；云南的瑞丽；海南的海口、琼海；新疆的沙湾；内蒙古的锡林浩特、赤峰；黑龙江的远安；西藏的灵芝；等等。先后参与实验的学校近两千所，研究员有两千余名，参与实验的语文教师万余人，惠及的学生数百万人。

第四大贡献：创编了以语文教学本体论为指导思想的开明版中、小学教材和教师指导用书。

20 世纪末，洪镇涛先生应开明出版社的邀请和要求，以他的语文教育本体论（语感教学理论）为指导思想，主编了一套含小学、初中、高中三个学段的开明版语文实验教材 92 本（其中课本 68 本，教参 24 本），1000 余万字。

开明版语文实验教材，采用"三主一副"（三条主线，一条副线）四线平行推进结构。第一条主线，学习精粹语言（即蕴含着传统文化精髓的古汉语精品语言），奠定学生语言和文化功底，建立诵读系统。第二条主线，学习目标语言（即用现代汉语表达的高于学习者语言发展水平，是学习者一定时期攀登目标的有丰富文化内涵的精品语言），提高学生语言和文化素养，建立阅读系统。第三条主线，学习伙伴语言（即相当或略高于学习者语言发展水平、已经或可能在与伙伴交际时使用的语言），训练学生语言操作能力，建立说写操作系统。一条副线是知识技能线，对学习语言起辅助作用。四线自成体系，平行推进，相互关联，相辅相成。

继开明版语文实验教材之后，洪镇涛先生依照他的语文教育本体论理念还应邀主编了一套外研社中等职业教育课程改革国家规划新教材（共 9 本，200 多万字）。这套教材，经教育部教材审查委员会审查通过，至今仍在全国使用。

除了上述四大贡献之外，洪镇涛先生还笔耕不辍，和他的团队一起，编写和出版了大量的专著和语文读物。如《洪镇涛语感教学实录》《打开学习语言的大门》《在语言的天空飞翔》《走进中华优秀传统文化》（丛书，共 5 本）、《洪镇涛语感训练教程》（丛书，共 6 本）、《国学读本》（丛书，54 本）、《洪镇涛和青年教师谈语感教学》《开拓与坚守——语感教学二十年》和《写给小学生的传统文化》（低年级卷、中年级卷、高年级卷）《写给中学生的传统文化》（初中卷、高中卷）等 80 余册，共 1000 多万字。

中国当代阅读学的开创者和奠基人、《河南师范大学学报》原主编曾祥芹先生在《语文人生的长征》赞扬"洪先生堪称近几年全国热议的'真语文'的教改先驱"，"洪先生的语文教改业绩是辉煌的，其语文教育理念是先进的"，洪镇涛先生的语文教学改革是"语文人生的长征"。

武汉市教育局原局长，90 高龄的彭义智先生不仅出席了 2016 年 10 月"洪镇涛语文教育思想研讨暨从教六十年纪念会"，还以 50 余行的长诗《一

张名片》热情洋溢地赞扬：" 镇涛身上的光环够多而且鲜艳／请允许我
将她们提炼成一张名片／这名片上闪耀着八个金色的大字／——改革创新，
敢于领先。"

　　洪镇涛先生对我国语文教育做出的突出贡献，在得到学界专家和广
大语文教师的高度赞扬的同时，也得到了政府和社会的高度重视和褒奖。
1982 年被评为湖北省特级教师（领衔者），1993 年被评为武汉市有突出
贡献专家，1994 年被评为享受国务院特殊津贴专家，2000 年被授予首届"武
汉市十大名师"称号。2010 年，中国教育学会中学语文教育专业委员会为
表彰洪镇涛"对我国中学语文教育事业的杰出贡献"， 特授予他中国"中
学语文教育终身成就奖"（获此殊荣者全国共 21 人，中南六省仅洪镇涛
先生一人）。

　　2016 年 10 月，武汉市教育学会为洪镇涛先生举办了著名教育家洪镇
涛先生语文教育思想研讨会暨从教 60 周年纪念活动，著名语文教育家欧
阳代娜、陈日亮，全国中语会理事长顾之川，北京开明出版社社长陈滨滨、
副社长咸平、总编柴星，山东教育报刊社原总编陶继新，《内蒙古教育》
主编孙志毅，江西金太阳教育研究院图书总策划崔志强，外研社分社社长
吕志敏，武汉市人民政府原副秘书长、原武汉市教委老领导罗友松，武汉
市委教育工委书记徐定斌，以及数十位特级教师与会祝贺，深圳市宝安区
教育局，崇文书局，人教社编审张定远，著名教育家钱梦龙、程翔，著名
学者曾祥芹、邹贤敏先生等纷纷发来贺信，充分赞扬洪镇涛先生为我国语
文教育事业做出的巨大贡献。十余家新闻媒体单位到会采访和报道，盛赞
这次纪念活动是一场"教育盛筵"。武汉市教育学会会刊《武汉教育学刊》
出版了洪镇涛先生语文教育思想研讨会暨从教六十年纪念专号。

这名片上闪耀着八个金色的大字——改革创新，敢于领先。

10 一张名片

彭义智

镇涛身上的光环够多而且鲜艳，
请允许我将她们提炼成一张名片。
这名片上闪耀着八个金色的大字
——改革创新，敢于领先。

他不安于当时耕耘的"田间"，
提出了变"讲堂"为"学堂"。
千万别小觑这一字之差，
这一字之差却是覆地翻天。
中小学不是教师进修学院，
青少年学生是当然的主体，

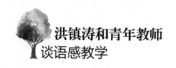
它打破了教师垄断的"一言堂"局面，

也折断了那支在黑板上敲敲打打的教鞭。

学生获得了应有的话语权，

这并不排斥教师的主导作用，

但它不能使学习成为"包办婚姻"。

因而出现了——

良性互动，教学相长、生动活泼、思维历练，

这"田间"洋溢出了生机盎然的春天……

接着提出了变"研究语言"为"学习语言"。

千万也别低估了这两个字的不同，不然教学就成了南辕北辙。

中小学不是高等语文科学研究院。

他抓住了诸多矛盾中主要矛盾的主要方面，

对语文教学的个性和本质进行了定位纠偏。

这一问题的提出再高的点赞也不为过，

语文课缺乏语言学习和语感训练，

犹如路线图失误，航船怎能抵达目的港岸边？

轻负担，高质量，提倡和呼唤了多少年？

法定的节日根本没有保障，

日历牌上星期七代替了星期天。

一年四季加点加班、加班加点，

教师辛勤地劳动没有得到应有的收获，

啊！

它浪费了学生生命成长期多么宝贵的时间。

他不是孤军奋战，深谙群众是力量的源泉，

足迹几乎把祖国的大地踏遍。

深情播撒"学习语言论"的种子，

在二十多个省市、两千多所学校开辟了实验田，

发动几万园丁积极参与了这一实验。

这一股浩浩荡荡的理论与实践相结合的学术潮流，

不能说绝无仅有，但它绝非屡见不鲜。

把业已形成的体系，改革创新的理念、实践，

物化成了"开明版"的 92 本教材、教参、共千万字的语言。

这精神与物质有机组合的结晶，

符合当下党中央的顶层设计，可浓墨重彩地点赞，

是他 60 年教学生涯和教学改革光彩夺目的纪念。

回望他改革创新的轨迹，我发现——

立足原点，突破难点，抓住重点，构建支点，

在语文教育改革的长征路上，一步一步，一往无前。

虽然面临显而易见的重重风险，

但他义无反顾，

——像一只逆风飞翔的海燕！

2016 年 9 月 21 日于武汉

（作者系武汉市教育局原局长、诗人。）

附 录

语感教学改革 20 年大事记

1993 年

◎洪镇涛《是学习语言，还是研究语言——浅论语文教学中的一个误区》发表于《中学语文》。该文指出，语文教学领域存在着一个长期性、全局性的失误，那就是"以指导学生研究语言取代组织和指导学生学习语言，以对语言材料的详尽剖析，取代学生对语言材料的感悟和积累"，指出语文教育的根本任务是组织和指导学生"学习语言"，而不是"研究语言"，语文教学的本体是语言，从而确立了"学习语言论"（亦称"语文教学本体论"）。该文可称为洪氏语文教学思想的奠基石。

《中学语文》以洪文为契机，发起了一场为时两年的大讨论。学界名家刘国正、曾祥芹等都参与了讨论，一致首肯洪文的观点。

◎武汉市洪山区开展语文本体教学改革实验，成为语感教学的第一个实验基地。

1994 年

◎洪镇涛被授予"享受国务院特殊津贴专家"称号，这是对洪镇涛语文教改的充分肯定。

◎在武汉市中语会第八届年会上，展示了洪山区语感教学实验阶段性成果。

◎洪镇涛先后赴郑州、巩义讲学，宣讲语感教学。

1995 年

◎湖北大学《中学语文》举办"洪镇涛教学艺术研讨会",与会者为来自全国的中学教师和教育工作者,达 3000 余人,国家教委副主任柳斌致电祝贺。会上,洪镇涛演示了语感教学经典课例。

1996 年

◎洪镇涛先后赴唐山、安阳、海口、琼海、深圳宣讲语感教学,演示语感教学课例。

◎武汉市教研室、湖北大学《中学语文》杂志社、洪山区教委、江岸区教委等七单位联合举办了"洪镇涛语文教学思想及教学艺术研讨会",武汉市党政领导出席会议祝贺,国内一批教育名家及不少杂志社、出版社致电祝贺,中语会领导专程赴汉祝贺。会议充分肯定了洪镇涛的语文教学思想。

◎洪镇涛再次应邀赴深圳讲学,宣讲语感教学并讲示范课。

1997 年

◎洪镇涛先后应邀赴金华、黄山、厦门、柳州讲学,宣讲语感教学并上示范课。

◎洪镇涛、邹贤敏应邀赴深圳讲学,在宝安区建立起语文本体教学(即语感教学)实验基地。

◎洪镇涛应邀参加由国家教委课程教材研究所、北京师范大学和全国中语会联合举办的"首届国际汉语文教育研讨会",作了《回归本体,构建语文教育新体系》大会发言,引起轰动效应。

◎应人教社邀请,洪镇涛参与编写高中语文新课本,表达了"学习语言"的有关理念,被人教社采纳。

◎应开明出版社邀请,洪镇涛与焦向英社长交谈并达成对语文教改的共识,应聘为开明出版社特约编审,接受主编以"学习语言"论为指导思想的开明版《中小学语文实验课本》(涵盖小学、初中、高中三个学段,共 68 本课本)。

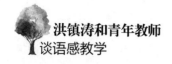
1998 年

◎由开明出版社、《中学语文教学》《中学语文》《语文教学通讯》共同发起的"全国语文教学本体改革研究中心"成立，焦向英任主任，洪镇涛任常务副主任，马鹏举任秘书长。该"中心"隶属全国中语会。

◎"全国语文教学本体改革研究中心"在北京召开"首届构建'学习语言'语文教学新体系学术研讨会"，全国 100 余名语文教师及语文教育工作者与会，中心秘书长马鹏举主持会议。全国中语会负责人张定远、陈金明和湖北大学教授邹贤敏出席，洪镇涛作主题报告并演示语感教学课。

◎参加北京学术研讨会的长沙市 10 名代表（芙蓉区教研室主任刘芳兰领队）回长沙后，成立芙蓉区语感教学实验基地和开福区语感教学实验基地。有 9 所小学起始年级试用开明版小学语文实验课本。

◎马鹏举著《教海弄潮——洪镇涛语文教改历程描述》（报告文学），由武汉出版社出版。

◎洪镇涛先后应邀赴湖南郴州、河南师范大学（新乡）讲学，宣讲语感教学并上演示课。

◎洪镇涛、马鹏举应邀赴河北霸州宣讲语感教学，洪镇涛上示范课，马鹏举作宣讲报告。

1999 年

◎洪镇涛先后应邀赴广东珠海，浙江绍兴、诸暨讲学，宣讲语感教学并上示范课。

◎洪镇涛先后应邀赴河南师范大学、山东威海教育学院讲学，宣讲语感教学并上示范课。

◎洪镇涛、马鹏举应邀赴平顶山讲学，建立平煤集团语感教学实验基地，该基地使用开明出版社语文实验课本。

◎由"语文教学本体改革研究中心"主办，深圳宝安区教育局承办的"全国构建'学习语言'语文教学新体系第二届学术研讨会"在宝安区召开。全国中语会理事长张定远与会，洪镇涛作主题报告并上示范课。与会200 余人。宝安区使用开明版语文实验课本。

◎洪镇涛先后应邀赴黄山、威海讲学，宣讲语感教学并上示范课。山西长治一中决定使用开明版语文实验课本。

◎洪镇涛应邀赴山东淄博讲学，建立语感教学实验基地，该基地使用开明版语文实验课本。

◎洪镇涛应北京教科院邀请，赴北京讲学，宣讲语感教学。

◎洪镇涛应天津师范大学邀请，赴天津讲学，宣讲语感教学。

◎洪镇涛、马鹏举应河南济源市教委邀请，赴济源讲学，出席济源市"构建'学习语言'语文教学新体系"实验课题开题仪式，建立济源语感教学实验基地，该基地使用开明版语文实验课本。

◎河北省霸州市教育局成立"语文教学本体改革霸州指导中心"，确立 8 所中、小学为实验学校，洪镇涛代表"研究中心"出席挂牌仪式。正式启动霸州市语文本体教学实验，该基地使用开明版语文实验课本。

◎浙江衢州市柯城区启动农村中小学语文本体教学实验。该基地使用开明版语文实验课本。

◎湖南衡东县召开语文本体教学研讨会，建立语文本体教学实验基地。

◎武汉市委机关报《长江日报》头版头条报道：《洪镇涛领衔挑战现行语文教材》。

2000 年

◎武汉市人民政府授予洪镇涛首届"武汉市十大名师"称号。

◎由"语文教学本体改革研究中心"主办，霸州市人民政府承办的"构建'学习语言'语文教学新体系第三届年会"在霸州市召开。中语会负责人张定远、陈金明、苏立康、欧阳代娜等出席会议并在会议期间审读了开明版中小学语文实验课本。一致认为，这是一套创新独具、极富民族色彩、有很大实用价值的语文教材。洪镇涛在会上作主题报告并上示范课，马鹏举作会议总结。深圳、武汉、长沙、太原、济源、平顶山、博兴、象山等地的实验教师赛课。与会教师代表 600 余人。

◎洪镇涛应邀赴内蒙古锡林浩特讲学，宣讲语感教学并上示范课，建立语文本体教学实验基地。该基地使用开明版语文实验课本。

◎洪镇涛应邀赴湖南怀化和湘西讲学，宣讲语感教学并上示范课。

◎洪镇涛、马鹏举应邀参加云南省瑞丽市教育局和第一民族中学联合召开的"瑞丽市第一届语文本体教学研讨会"，洪镇涛宣讲语感教学并上示范课。瑞丽市教育局决定在 25 所中小学开展教材、教法全面改革实验，使用开明版语文实验课本。

◎山西《特级教师》（双月刊物）第 4 期出《洪镇涛语文教学专辑》。

◎开明版语文实验课本被湖北省教材审定委员会审查通过，批准在省内使用。

2001 年

◎洪镇涛、马鹏举参加全国中语会在广东汕头召开的"首届全国中学语文教学实验经验交流成果展示评奖会"（评奖范围涵盖改革开放以来的语文教改成果），语文本体教学改革的五个实验单位（地区或学校）分别获得了 2 个一等奖（全国共评出 12 个一等奖）和 3 个二等奖。成为获奖最高、最多的实验课题。

◎由语文教学本体改革研究中心主办、济源市教委承办的"构建'学习语言'语文教学新体系第四届年会"在济源市召开，著名特级教师钱梦龙、首都师大教授饶杰腾与会，高度评价语文本教学改革。钱梦龙在报告中盛赞"洪氏理论"和开明版语文实验课本是"民族的、现代的、科学的"。洪镇涛作会议主题报告并上示范课，马鹏举主持赛课和论文评比活动。各地实验教师代表 700 余人与会。

◎洪镇涛先后应邀赴湖南永兴、广州、珠海等地讲学，宣讲语感教学并上示范课。

◎语文教学本体改革研究中心与河南平煤公司教委联合开办"开明版中小学语文实验课本培训班"。 来自13个省市的130余名实验老师参与培训,马鹏举组织并指导教材培训。

◎洪镇涛先后应邀赴湖南隆四、浙江衢州讲学,宣讲语感教学并上示范课。

◎山西音像教育出版社录制和出版《洪镇涛语文教学专辑》,在全国发行。

◎新语文课程标准出台,重视"语感"和"积累",强调"感悟,积累,运用",与洪镇涛的主张不谋而合。

◎"构建'学习语言'语文教学新体系"课题,由全国中语会推荐,中国教育学会审批为该会直属"十五"科研规划重点课题。课题更名为"语文本体教学研究与实验"。

◎深圳市宝安区16所小学和6所中学在区教育局支持下,成立了"洪镇涛语文本体教学研究与实验学校协会",由副局长王熙远担任会长。洪镇涛及广东省教研室主任白平应邀到会。

◎武汉市硚口区举行"语文本体教学实验结题鉴定会",来自华中师范大学和湖北省教研室的专家对该课题实验作出了很高的评价。洪镇涛、马鹏举与会。

◎由中国教育学会主办、武汉市教育学会承办,语文教学本体改革研究中心协办的"全国中小学语文本体教学展示报告会"在武汉召开。中国教育学会副会长郭永福到汉主持会议,钱梦龙、巢宗祺、方智范、洪镇涛作报告,各实验基地展示了观摩课。为一个课题举办全国性的演示报告会,在中国教育学会是个首例。与会1000余人,武汉市教育界领导出席大会。

2002 年

◎洪镇涛参加全国中语会组织的"新世纪中语西部行名师赴宁夏讲学团",赴银川、中卫讲学,宣讲语感教学并上示范课。

◎洪镇涛应邀赴沈阳讲学，宣讲语感教学并上示范课。

◎语文本体教学研究与实验成果《在语言的天空里飞翔》一书由北京开明出版社出版。

◎洪镇涛应邀赴湖北省房县讲学，宣讲语感教学并上示范课。湖北省房县、神农架、郧县、竹山县、竹溪县、十堰市等地600余名中小学教师与会。

2003 年

◎洪镇涛参加教育部举办的"课程教材建设研讨会"。

◎洪镇涛应邀赴西安讲学，宣讲语感教学并上示范课。

◎洪镇涛、马鹏举应邀赴十堰市茅箭区实验学校讲学，宣讲语感教学并上示范课，在该校建立实验基地。

◎洪镇涛应北京师范大学邀请，赴北京讲学，宣讲语感教学并上示范课。

◎洪镇涛应邀赴温州讲学，宣讲语感教学并上示范课。

2004 年

◎洪镇涛参加全国中语会组织的"新世纪中语西部行名师赴黔讲学团"，赴贵阳、遵义讲学，宣讲语感教学并上示范课。

◎洪镇涛应中国作协诗歌学会邀请，赴北京讲学，宣讲语感教学并上示范课。

◎洪镇涛应河北省修辞学会邀请，赴石家庄讲学，宣讲语感教学并上示范课。

◎武汉市人民政府授予语感教学研究与实验课题武汉地区负责人王先海第二届"武汉市十大名师"称号。

2005 年

◎湖北省教育学会举办"湖北中语名师风采展示会"，洪镇涛作为湖北名师，在会上宣讲语感教学并上示范课。

◎洪镇涛应邀赴河北邢台讲学，宣讲语感教学并上示范课。

◎应全国青语会邀请，洪镇涛赴白洋淀讲学，宣讲语感教学并上示范课。

◎应福建语文学会邀请，洪镇涛参加武夷山"中国语文教育高端论坛首届年会"，作大会发言，宣讲语感教学。

◎洪镇涛应邀赴佳木斯讲学，宣讲语感教学并上示范课。

◎内蒙古喀喇沁旗教育局及田家炳中学举办"洪镇涛语文教育思想研讨会（首届）"，洪镇涛应邀赴会，宣讲语感教学并上示范课。建立语感教学实验基地。

◎中国教育学会"十五"重点课题"语文本体教学研究与实验"，经中国教育学会组织的专家组鉴定，实验成功，顺利结题。

◎《洪镇涛语感教学实录》由开明出版社出版，全国发行。该书为实验教师提供了语感教学范例。

◎《洪镇涛语感培养教程》（丛书），由开明出版社出版。该丛书分"诵读"和"阅读"两个系列，计六册，覆盖小学、初中、高中三个学段。该丛书为实验学校提供了校本教材。

2006 年

◎马鹏举《蓦然回首——记语文教师洪镇涛》（报告文学）由武汉出版社出版，为政府推出的"名师丛书"之一。

◎应新疆教科院邀请，洪镇涛赴乌鲁木齐讲学，宣讲语感教学并上示范课。近千名中小学语文教师与会。

◎"语文本体教学研究与实验"课题更名为"语感教学研究与实验"，被批准为中国教育学会"十一五"科研规划重点课题，继续在全国范围内滚动实验。

◎中国教育学会"十一五"科研规划重点课题"语感教学研究与实验"课题研讨会在武昌区陆家街中学举行，正式拉开"十一五"研究与实验的序幕。武汉市陆家街中学、武汉中学等 17 所学校正式被批准成为"十一五"课题实验学校。武汉市王先海名师工作室徒弟、武昌区教育局名师工作室中学语文团队成员、青年协作组成员以及来自全市各实验学校的领导和教师代表 130 余人参加了这次研讨活动。黄敏、舒芳分别执教语感教学研讨课《秋颂》和《只摘一颗樱桃》。

◎《中学语文教学》2006 年第 8 期设"返璞归真的语感教学"专栏，同期刊发有关语感教学的 5 篇文章。

2007 年

◎洪镇涛应邀赴新疆昌吉州讲学，宣讲语感教学并上示范课。

◎洪镇涛应邀赴新疆沙州塆讲学，宣讲语感教学并上示范课，建立语感教学实验基地。

2008 年

◎由武汉市教育学会主办、中国教育学会语感教学研究与实验课题组协办的"传承与创新：语感教学演示报告会"在武汉四中召开，来自武汉城市圈的中小学老师及南京、四川、十堰、上海、深圳、襄阳等地语感实验区的教师代表、教研工作者 1600 余人与会。11 名优秀的中小学青年教师展示语感教学技艺。全国中语会理事长陈金明莅会并作学术报告，盛赞语感教学。洪镇涛作主题报告并上示范课。

◎内蒙古喀喇沁旗教育局和田家炳中学举办"第二届洪镇涛语文教育思想研讨会"，洪镇涛应邀赴会，宣讲语感教学并上示范课。

◎语感教学研究与实验专题组与全国中语会会报——《语文学习报》达成合作协议，双方共同开展和推广语感课题实验活动。

◎语感教学研究与实验专题组在武汉市第四中学开办"语感教学研究员高级研修班"。语感教学实验教师童其贵、沈嵘上语感展示课。洪镇涛进行现场朗诵指导，气氛热烈，效果显著。

2009 年

◎酝酿多年的"涛海语文"网站创建开通，标志着语感课题研究与实验进入信息化时代。

◎专题组在指导全国各实验基地学校做好中期总结或结题前的各项资

料收集整理工作的基础上，对课题实验成绩突出的优秀课题组、优秀实验学校、优秀实验校长、优秀实验教师、优秀研究员等进行了表彰。

◎专题组在武汉市实验学校举行课题中期评估现场观摩活动。语感教学实验教师孟亚清、张练兵、陆培芳分别执教《牡丹的拒绝》《将进酒》《让作文语言靓起来》，给参加观摩活动的30多所实验学校的老师以很好的启示。语感教学研究专家马鹏举认为三节课具有"实""创""美""活"的特点；语感教学研究专家、特级教师黄若儒从语感与思维的角度，对三位教师如何品味语言，如何启发思维做了精彩的点评；语感教学流派创始人洪镇涛对活动进行了总结，认为武汉市实验学校的课题研究"态度认真，过程完整，认识深刻，成果丰富"，为各实验学校的中期评估树立了样板。

◎根据中国教育学会中学语文教学专业委员会"十一五"科研规划重点课题科研项目管理办法关于结题的有关规定和要求，专题组决定对已完成课题研究的子课题予以结题，积极促进各实验校的结题准备工作，广泛进行语感课题"十一五"成果收集和宣传，进一步推进课题实验的开展。

2010年

◎洪镇涛赴北京参加"中国教育学会中学语文教学研究会成立30周年座谈会暨2010年工作会议"，中国教育学会中学语文教学专业委员会为表彰洪镇涛"三十年来对我国中学语文教育事业的杰出贡献"，为洪镇涛颁发了中国"中学语文教育终身成就奖"，充分肯定了洪镇涛在语文教育事业中所取得的卓越成就。

◎专题组在袁隆平的母校——武汉四中举行全国语感说课大赛，来自全国语感实验基地的50余名研究员和实验教师参与大赛。

◎武汉市常码头中学举行"十一五"科研规划重点课题《语感教学研究与实验》子课题《语感教学中的写作教学研究与实验》结题评审会议。由此正式拉开各实验校"十一五"课题结题序幕。

◎ 2010年8月，王先海接任语感教学研究与实验总课题组（语感教学研究中心）秘书长，开明出版社教育与学术分社副社长魏红岩为副秘书长，负责课题全国各实验区（基地校）的研究与实验工作。洪镇涛、马鹏举因年事已高退居二线指导工作。

◎ 2003—2010 年，语文本体改革研究中心（语感课题组）学术委员会连续 8 届应邀参与"楚天杯"湖北省中小学作文大赛的培训、命题及评审工作，累计 20 余万中小学生及老师参与该项赛事，共评选出 12000 余名"楚天作文之星"，出版了《楚天好作文》等书籍，很好地宣传了语感理念和展示了荆楚学子的风采。

2011 年

◎专题组学术委员会在武汉市第四中学进行课题年度论文、案例、课件评选活动。

◎洪镇涛、王先海、王晓明等语感教学专题组成员应邀到河南省洛阳市第 48 中学参加语感教学研究与实验子课题的结题评审并讲学，受到当地教育界领导和广大教师的热烈欢迎。洛阳市电视台及报社同时予以报道。

◎王先海、杨廷山、王晓明开展为期一周的语感课题巡讲推介之旅，先后到达枣阳、襄阳、南漳、保康等地，得到当地教育局领导和语文教师的欢迎。

◎应中国文章学研究会和河南师范大学的邀请，洪镇涛赴河南省新乡市为 800 多名中小学教师作《我的语文教学观》主题报告和演示课。语感课题组秘书王晓明随行。洪老师精湛的教学艺术使与会老师深受教益。

◎专题组在武汉市新洲区第一中学开展语感说课比赛活动，60 名参赛选手进行了激烈角逐，充分体现了语感教学理念在新课改背景下的课堂教学优势。

2012 年

◎专题组学术委员会在武汉市第四中学评选 2011 年度论文、案例、课件，一批高质量的优秀论文、案例、课件在"涛海语文网"展示，推进了语感课题的实验与实践。

◎应武汉市黄陂区盘龙一中的邀请，洪镇涛、马鹏举、王先海等出席该校举行的实验基地学校授牌仪式。

◎湖北省鄂州市第二中学、武汉市东西湖区第二中学、武汉市光谷第四小学、武汉市第十七中学、武汉市第十一初级学校、武汉市第四中学、武汉市慈惠中学、武汉市吴家山三中、武汉西藏中学、武汉市六十四中学等申请成为"十二五"滚动实验基地学校。

◎7—12月，为提升语感教学的理论水平与实验能力，壮大语感教学研究与实验队伍，促进新课程背景下的语感教学研究与实验课题深入开展，课题组组建了"语感教学明星团"。洪镇涛、马鹏举、王先海、张大勇等语感专家先后授课。来自全国各实验区40名老师参加了"语感教学明星团"培训。培训的主要课程有《语感教学概论》《语感教学中的朗读与朗读技巧》《语感教学阅读中的语言品味》《语感教学中学生的主体地位》《语感教学论文写作》《语感教学中的提问设计》《语感教学中的作文训练》《语感教学教案的制作》等。培训活动历时半年，课题组收到培训教师论文36篇，课例33篇，代表作品25篇。打磨语感教学示范课8节。

◎9月，课题组学术委员会在武汉四中隆重举办了"洪镇涛语文教育思想与语文新课程改革研讨会"。华中师范大学教授杨道麟、《新课程研究》杂志策划总监刘中林、江汉大学教授马鹏举、湖北省特级教师王先海参与研讨，华中师范大学部分硕士研究生列席会议。

与会专家一致认为：洪老师的语感教学是语言、文章和文学并重，是"道法兼备"，其"洪氏教学法"必将载入中国教育史册；洪老师的语文教改业绩是全方位、立体式的，这在近现代，甚至当代的语文教育家中，绝无仅有；洪先生在继承中创新，创立了语感教学流派，获得我国"中学语文教育终身成就奖"当之无愧。

会议认为，课题组当前的紧迫任务是要将洪镇涛老师的语文教学理论、

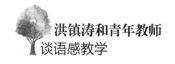

教学方法、教学艺术切切实实传承下来，变成更广泛的社会财富。

◎专题组课题网站"涛海语文网"日臻完善。在"十一五""十二五"的语感教学研究与实验中，为广大语感教学实验区、实验基地学校、实验研究员以及全国广大师生提供了免费服务平台，积极传播了课题实验经验，推广了课题实验成果。2012年上半年在"涛海语文网"上建语文工作室33个，并初步完成涛海语文网站的构架建设。

◎12月8日，课题组与湖北省教育厅湖北名师名校俱乐部"淘师湾"网站在武汉市第四中学举行了主题为"增进了解、合作共赢"联谊会议。

课题组秘书长王先海和"淘师湾"网彭文波经理分别介绍了"涛海语文"网站和"淘师湾"的优势和特点，针对双方的具体情况提出了几点合作意向：一是"涛海语文"与"淘师湾"互相建立链接。包括图片、Flash等；二是"淘师湾"对"涛海语文"进行相关的宣传推广；三是利用"淘师湾"网站研修活动，进一步打造"语感教学明星"；四是互相参与，优势互补，建立长期友好合作关系。

◎12月，应武汉市吴家山第二中学之邀，专题组与武汉市教育界名师"王先海工作室"共同举办"送课下校"活动。语感教学明星、全国语感教学大赛一等奖获得者、武汉市武珞路中学的李劢老师和语感教学明星、武汉市盘龙开发区第一中学黄莹老师分别讲授《我的老师》和《纸船》，充分展示了语感教学的魅力与风采。语感研究专家马鹏举、王先海、张寿平高度评价了本次活动。

2013年

◎2月，专题组学术委员会在武汉四中召开会议，对2012年度征集的116篇语感教学论文、案例、研究报告、课件等进行评审。评审专家一致认为，2012年的论文水平有显著提高，特别是部分语感教学的实践案例，是语感教学实验中的宝贵经验，有较高的推广及应用价值。

◎3月，专题组秘书处召开专题会议，认为：语感教学研究与实验课题已走过 20 个春秋。语感教学犹如星星之火渐成燎原之势，她已惠及全国 20 多个省市数十万师生，语感教学流派已成为全国中小学语文教学的四大流派之一。为总结"十一五"以来的语感教学经验，专题组决定对 2007—2013 年 8 年来的近 2000 篇语感教学论文、研究报告、课件、课堂实录和读书笔记等进行严格遴选，结集出版。

◎ 4 月，"语感教学研究与实验"总课题组秘书长王先海应邀参加全国中语会 2013 年工作会议。会议传达了中国教育学会关于"学术引领、科研创新、强化服务、规范发展"的发展思路，进一步明确了语文教育实施"立德树人"工程的社会责任，明确了"搭建学术平台、开展学术研究、推广教改成果、提供专业服务、规范学会活动"等学会工作任务。

◎ 10 月，洪镇涛、王先海应邀赴京，向开明出版社焦向英社长专题汇报并就语感课题的推进工作进行了开拓性商谈。开明出版社教育与学术分社副社长、语感课题总课题组副秘书长魏红岩全程参与会见与商谈。焦向英社长高度评价了语文本体改革研究 20 年以来的成就，赞扬洪镇涛解决了"吕叔湘先生提出的语文教学的'少慢差费'问题"，"影响了新课标和教材的编写"，"惠及了一亿多中小学生"，"产生了巨大的社会效益"，并鼓励课题组继续将这项事业坚持做下去，表示开明出版社要一如既往地支持语感教学研究与实验这项伟大的事业。会见结束后，专题组整理了《与北京开明出版社焦向英社长会商记要》，向各实验区负责人做了传达，并上传于"语感教学门户网站"。

◎ 10 月，洪镇涛、王先海应邀参加中国教育学会中学语文教学专业委员会第 10 届年会，中语会理事长苏立康教授主持会议。会议主题为"总结、反思和发展：总结反思，谱写语文教育新篇章；立德树人，实现语文教育中国梦"。全国中语界老前辈刘国正、张定远、洪镇涛、欧阳代娜、魏书生、李希贵、张国生等莅会并讲话。在"阅读教学论坛"上，洪镇涛作重要发言。他强调了语文教学的本体就是语言，语言有三个层次，即通过范文学习语言，一是学习精粹语言，建立诵读系统；二是学习目标语言，建立阅读系统；三是学习伙伴语言，建立操作系统。语文教学的任务就是组织学生学习语言，学习语言的表达。语文教学要以学生为主体，着力培养学生的语感，且由语感到语理。如潮的掌声代表了与会者的赞赏和敬意。湖北省教研室主任秦训刚高度评价了洪老师的讲话，他赞誉"洪老师是我们的前辈，他创造了一座丰碑，是真正的大家"。大会组织了换届工作，顾之川当选为全国中语会理事长，郑国民为常务副理事长，张鹏举等为副理事长，人教社中语室主任王本华兼任秘书长，苏立康教授担任中语会顾问。

◎ 12 月，开明出版社焦向英社长提议，将"涛海语文网"更名为"语感教学网"，北京开明出版社予以资金支持。

2014 年

◎ 1 月，聘请姚文革、张寿平、童其贵、陈敦桥、刘清旭为中国教育学会直属"十二五"重点科研课题"语感教学研究与实验"（课题批准号 17060437）总课题组秘书暨武汉市新洲区、东西湖区、江岸区、全国西藏中学、黄陂区负责人。全国语感教学流派创始人洪镇涛先生亲自颁发聘书。

◎ 1 月，总课题组学术委员会整理"十五""十一五""十二五"以来各实验区参赛论文和案例（含实录），并通过网站、电子邮箱、信函等方式向全国语感教学实验基地以《轻舟穿越万重山——语感教学二十年》（正式出版时定名为《开拓与坚守——语感教学二十年》）为书名征稿，决定以此书向语感教学改革实验 20 周年献礼。

◎ 2 月，在开明出版社的支持下，全面改版后的"语感教学"门户网站——"语感教学网"正式上线运行，成为全国语感教学研究与实验的专业门户网站和广大语感教学志愿者理论研究和经验交流的重要平台。

◎ 2 月，中国教育学会中学语文教学专业委员会决定启动 2014—2018 年度课题申报工作。"语感教学研究与实验"专题组重新申报并获得批准（课题批准号为：20140701016），全国中语会同意在全国范围内积极开展"语感教学研究与实验"第三轮滚动实验。

◎3月，语感教学总课题组在武汉市育才高中隆重举行"语感教学流派"说课大赛，来自安徽淮南市，武汉东西湖区、江岸区、硚口区、武昌区、新洲区、黄陂区、汉阳区等全国各实验区的教师代表参加现场角逐，评选出一等奖选手10名，作为跟踪培养的语感教学实验明星后备队伍。

◎3月，总课题组学术委员会对来自全国各实验区的研究论文、案例、课件200余篇（件）进行了评审，集中检阅了2013年度语感教学研究与实验成果。

◎3月，武汉市硚口区第四届王先海首席教师工作室启动会议在武汉四中隆重召开，确立了本届工作室坚持以"语感教学理念"为基本理念，以"语感教学研究与实验"课题为必修任务的工作方针。

◎5月，经语感教学研究与实验总课题组审核批准，湖北省武汉市光谷第八小学为"语感教学研究与实验"课题实验基地学校，并予授牌。

◎7月，王先海赴武汉大学给刘道玉基金会"路石教育"培训班100余名学员宣讲语感教学理念。

◎8月，应华中师范大学之邀，王先海给免费师范生研究生班300余名学员宣讲语感教学理念。

◎9月，应河南安阳师范学院之邀，洪镇涛给该院国培班学员300余人讲课和作报告。

◎9月，洪镇涛应邀赴湖北黄冈师范学院为300多名研究生作专场报告，并以黄冈师院杰出校友身份接受专访。洪镇涛向该校校史馆赠送专著，黄冈师院副校长王芹出席仪式并讲话。

◎10月，洪镇涛、马鹏举、王先海等应邀到湖北武汉新洲区第一中学讲学，听课教师200余人。

◎11月，洪镇涛应邀到湖北大学宣讲语感教学理念并上示范课。

◎12月，经语感教学研究与实验专题组审核批准，武汉市黄陂区第

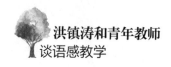
二中学、横店中学为语感教学研究与实验课题实验基地学校，并予授牌。

2015 年

◎ 2 月，为适应语感教学的发展需要，聘请武汉东湖高新技术开发区教育发展研究院副院长夏循藻为该实验区"语感教学研究与实验"（课题批准号 17060437）负责人。

◎ 3 月，课题组秘书王晓明赴京与开明出版社社长焦向英先生协商出版《开拓与坚守——语感教学二十年》事宜。焦社长充分肯定了语感教学在语文教学历史上的地位，他说"语感教学惠及了全国一亿多中小学师生，在语文教学历史上的意义是不可估量的"，表示开明出版社定会一如既往地支持语感教学研究与实验这项惠及全国师生的伟大事业。

◎ 3 月，专题组在武汉市第十五中学举办语感教学流派（湖北赛区）说课比赛和教案评比活动，参赛选手 42 人，参赛作品 86 件。

◎ 4 月，专题组组织专家对武汉市光谷第八小学承担的语感教学研究与实验子课题《在语言实践中习得语感的研究与实验》进行中期评估，马鹏举、王先海、王晓明、杨廷山、姚文革、顾绍山、沈爱贞、陈贞武、夏循藻等专家、领导与会。

◎ 4 月，武汉市黄陂区第二中学举行《小说阅读教学中语感能力培养的研究与实验》开题论证会。马鹏举、王先海、刘晓鸣等专家参加开题论证会议。

◎ 5 月，全国中语会"十二五"规划重点课题《语感教学研究与实验》第三轮全国范围实验顺利通过开题评审。

◎ 7—8 月，王先海受华中师范大学的委托分别给河南、江苏、深圳、珠海等省市名师工作室 800 余名国培班学员作语感教学课题研究专场报告。

◎ 9 月，专题组聘请朱圣权、喻宜发、张大勇、陈立学、杨友生、葛江海等为中国教育学会直属"十二五"重点科研课题"语感教学研究与实验"（课题批准号 17060437）总课题组秘书暨武汉市江汉区、青山区、汉南区、汉阳区、武昌区、全国西藏中学实验区负责人。语感教学流派创始人洪镇涛亲自颁发聘书。

◎ 10 月，被誉为"语感教学工具书""语感教学流派百科全书"的《开拓与坚守——语感教学二十年》在北京开明出版社隆重出版，全国发行。

◎ 10 月，专题组组织专家对武汉市黄陂区横店中学承担的语感教学研究与实验子课题举行了开题论证会。洪镇涛、马鹏举、王先海、王晓明、夏循藻等专家和黄陂区教研室领导刘清旭与会。

◎ 10 月，应武汉市光谷第八小学之邀，洪镇涛为来自光谷高新开发区、洪山区的近百名中小学语文老师作专题报告和朗读指导。

◎ 11 月，应东西湖区教育局之邀，洪镇涛为东西湖区近百名中小学教科室主任及课题负责人作语感教学专题报告。

◎ 12 月，专题组学术委员会对 2015 年度语感教学论文、案例、课件进行了评审，集中检阅了 2014 年度语感教学研究与实验的成果。

◎ 12 月，王先海应邀参与中国教育电视台和中国教师教育网组织的吉林省名师培训，为吉林省白城市名师工作坊、长岭县名师工作坊 500 余名教师代表作专题报告。

2016 年

◎ 4 月，专题组在武汉市第十五中学举办了湖北省语感教学流派说课比赛和教案评比活动，参赛选手 46 人，参赛作品 76 份。

◎ 6 月 9 日，"著名语文教育家洪镇涛教育思想研讨暨从教六十年纪念"筹备委员会正式成立，并发布通告。通告高度概括总结了洪镇涛长期致力于中小学语文教学改革、对我国语文教育做出的四大贡献：一是创立了"变'讲堂'为'学堂'，变'研究语言'为'学习语言'"的语文教育本体论（亦称学习语言论）；二是创构了以"学习语言"为核心、以语言为本体、以学生为主体的语感教学新体系；三是创建并形成了我国语文教育的一个流派——语感教学流派；四是创编了以语文教学本体论为指导思想的开明

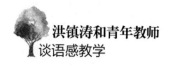

版中、小学教材和教师指导用书。

　　◎ 10 月 30 日，由武汉市教育学会主办，中国教育学会语感教学研究与实验专题组协办、武汉市第六中学承办的"著名语文教育家洪镇涛语文教育思想研讨会"在武汉市第六中学学术报告厅隆重举行。武汉市教育学会为此次纪念活动出版了《武汉教育学刊》纪念专号。近 300 名嘉宾参加会议。著名语文教育家欧阳代娜、陈日亮，全国中语会理事长顾之川，北京开明出版社社长陈滨滨、副社长咸平、副总编柴星，山东教育报刊社原总编陶继新，《内蒙古教育》主编孙志毅，深圳市宝安区教育局副局长熊俊峰，内蒙古赤峰田家炳中学校长巴易尘，江西金太阳教育研究院图书总策划崔志强，北京外研社分社副社长吕志敏，全国中语会原副理事长、湖北省中语会原理事长史绍典，中国一级作家、华中师范大学博士生导师晓苏，湖北省中语会秘书长、湖北省教研室副主任蒋红森，华中师范大学教授杨道麟，湖北黄冈师范学院教授袁小鹏，《中学语文》杂志社主编潘纪平、社长聂进；武汉市委教育工委书记徐定斌，武汉市政府原副秘书长、原武汉市教委老领导罗友松，原武汉教育学院副院长李扬镜、雷洪声，武汉市教育局基教处原处长于尚斌，武汉市教科院书记李碧武，武汉市教科院副院长朱长华，武汉出版社副社长梁杰，武汉市儒家文化研究专业委员会名誉理事长胡藻之，武汉市江岸区教育局书记周春江，以及来自省内外数十名语文特级教师与会。省内外十余家新闻媒体和网站到会采访和报道，盛赞这次纪念活动是一场"教育盛筵"。